Reclam
LESEBUCH

Goethe-Brevier

Herausgegeben von
Johannes John

Philipp Reclam jun. Stuttgart

Mit 17 Abbildungen

Universal-Bibliothek Nr. 8576

Einbandentwurf: Reichert Buchgestaltung Stuttgart
unter Verwendung einer Photographie von Johannes John:
Goethes Gartenhaus in Weimar
Gesamtherstellung: Reclam, Ditzingen. Printed in Germany 1989
RECLAM und UNIVERSAL-BIBLIOTHEK sind eingetragene Warenzeichen
der Philipp Reclam jun. GmbH & Co., Stuttgart
ISBN 3-15-028576-3

Inhalt

Einleitung
7

I
Kindheit und Jugend
15

II
Reisen und Fluchten
49

III
Selbstbetrachtung und Selbsterkenntnis
81

IV
Kunst und Künstlerexistenz
115

V
Das Lob der Geselligkeit
149

VI
Denken und Tun
181

VII
Freundschaft und Liebe
211

VIII
Natur, Naturbetrachtung,
Naturerforschung
253

IX
Von den Pflichten
293

X
Abschiede, Alter, Tod
313

XI
Vorgänger, Zeitgenossen,
Nachwelt
353

Editorische Notiz
389

Textnachweise
391

Einleitung

»Was man auch gegen solche Sammlungen sagen kann, welche die Autoren zerstückelt mitteilen, sie bringen doch manche gute Wirkung hervor. Sind wir doch nicht immer so gefaßt und so geistreich, daß wir ein ganzes Werk nach seinem Wert in uns aufzunehmen vermöchten. Streichen wir nicht in einem Buche Stellen an, die sich unmittelbar auf uns beziehen?«

Was Goethe hier, im Dritten Teil von *Dichtung und Wahrheit*, auf frühere Lektüreeindrücke einer zu seiner Zeit weitverbreiteten und vielgelesenen Shakespeare-Anthologie rückblickend, zum Lobe solcher Sammlungen überhaupt anmerkt, könnte, genau besehen, natürlich auch die beste Begründung für dieses Brevier liefern, das Goethe selbst in seinem Sprachgebrauch bewußt ambivalent wohl als ›höchst bedenkliches‹ Vorhaben klassifiziert hätte. Das Unternehmen nämlich, den zahllosen historischen (und historisch gewordenen) sowie den zahlreichen verfügbaren Goethe-Anthologien eine weitere hinzuzufügen. Was nicht gerechtfertigt werden muß, sollte dennoch erläutert werden: die Absicht wird, wie es bei Goethe an anderer Stelle heißt, deshalb eingeleitet, der Inhalt in aller Kürze bevorwortet.

Es ist gewiß kein Zufall, daß die eingangs zitierte Passage, in der Goethe seine Wertschätzung solcher Anthologien (von denen im übrigen nicht wenige in seiner Bibliothek am Frauenplan in Weimar standen) nachdrücklich unterstreicht, sich in jenem großen autobiographischen Werk findet, mit dem Goethe am Ende des ersten Jahrzehnts nach der Jahrhundertwende beginnt, den eigenen Lebensgang zu rekapitulieren – zu einer Zeit also, da für Goethe persönliche und politische Krisen zusammentrafen, und ihm zumal nach Schillers Tod im Mai 1805 das Ende eines Lebensabschnitts schmerzhafter bewußt wurde, als dies die literarhistorischen Termini des Übergangs von der klassischen Epoche zum Spät- und Alterswerk vermitteln können.

Kurze Zeit vor der Publikation von *Dichtung und Wahrheit* war im letzten Teil von Goethes ehrgeizigstem naturwissenschaftlichen Projekt, seiner 1810 veröffentlichten *Farbenlehre*, bereits eine »Confession des Verfassers« erschienen. Beide Texte spiegeln die Erkenntnisstufen eines Subjekts wider, das sich selbst im Lichte wie im Schatten privater und geschichtlicher Ereignisse »historisch geworden« war und nunmehr den Versuch unternimmt, Stationen wie Resultate der eigenen Entwicklung gemäß jener Hauptaufgabe jeder Biographie mitzuteilen, wie sie in *Dichtung und Wahrheit* einleitend ja programmatisch entworfen wurde, nämlich »den Menschen in seinen Zeitverhältnissen darzustellen, und zu zeigen, inwiefern ihm das Ganze widerstrebt, inwiefern es ihn begünstigt, wie er sich eine Welt- und Menschenansicht daraus gebildet, und wie er sie, wenn er Künstler, Dichter, Schriftsteller ist, wieder nach außen abgespiegelt.«

Beides gehört in diesem Konzept also untrennbar zusammen: Erkenntnis und Mitteilung, und diese eindeutig soziale Ausrichtung seiner autobiographischen Untersuchungen führen über die genannten Texte hinaus auch auf anderen Gebieten zu Ergebnissen vielfältiger und eigener Art. Goethes umfangreiche Spruchlyrik sowie seine lange Zeit übersehene und deshalb vernachlässigte Aphoristik nehmen hier ihren Ursprung: knappe, kurze Einsichten, oft lakonisch und lapidar formuliert.

Und was möglicherweise am wenigsten zu erwarten gewesen wäre, tritt ein: je mehr Goethe, wie er es in einem Aphorismus seiner (später so betitelten) *Maximen und Reflexionen* ausdrückt, zum »Epitomator seiner selbst« wird, desto weniger verfestigen sich die Früchte des eigenen Denkens wie Erlebens zu ›Lehren in Goldbuchstaben‹. Im Gegenteil: fast immer tragen diese Einsichten die Signatur ihrer Entstehung und öffnen sich der Vielfalt eines Lebens, das in seinem erfahrenen Reichtum, aber auch in all seinen Widersprüchen erfaßt werden soll.

Auf einem solch komplexen und vielschichtigen Lebensbegriff zu insistieren, der durchgängige Entwicklungslinien ebenso kennt wie er Sprünge, Brüche und Fluchten einschließt, ist Goethe jederzeit ein fundamentales Anliegen geblieben, weshalb der Ton hier auch oft appellativ werden kann. »Gedenke zu leben« heißt es wohl am prägnantesten in *Wilhelm Meisters Lehrjahren*, »Leben schafft Leben« oder »So lang man lebt, sei man lebendig« an anderer Stelle, schließlich in *Wilhelm Meisters Wanderjahre*: »Das Leben gehört den Lebendigen an …« – die Sammlung solcher und verwandter Zitate ließe sich fortsetzen und zu einer eigenen Anthologie zusammenfügen.

Oft genug wird ein solches Plädoyer dann gegen alle vorgefaßten Meinungen, theoretischen Entwürfe und Weltanschauungen ausgespielt. »Das tägliche Leben ist, wie gesagt, lehrreicher als das wirksamste Buch«, zeigt sich Goethe im Gespräch mit Eckermann im März 1830 überzeugt. Und daß diese Forderung nach prinzipieller Offenheit und Unabschließbarkeit des Denkens, die aus einer vitalen intellektuellen Neugier entspringt, eben keiner bestimmten Lebensepoche zugeordnet werden kann, sondern bis ins hohe Alter hinein Gültigkeit beansprucht, unterstreicht Goethe, wenn er in seinem Altersroman *Wilhelm Meisters Wanderjahre* schreibt: »Altes Fundament ehrt man, darf aber das Recht nicht aufgeben, irgendwo wieder einmal von vorn zu gründen.«

Einen solchermaßen ›lebendigen‹ Goethe zu präsentieren, ist das vornehmlichste Ziel dieser Sammlung, die sich aus diesem Grunde auch nicht auf das dichterische Werk beschränkt, sondern darüber hinaus Briefe, Tagebücher und Gespräche ebenso berücksichtigt wie Goethes naturwissenschaftliche Schriften. Schon Kanzler Müller, einer der wichtigsten Gesprächspartner der letzten Lebensjahrzehnte, berichtet von Goethes Fähigkeit, »auch die entgegengesetzten Ansichten auffassen und gelten« lassen zu können; und von beidem, einer Spannbreite des Denkens, das sich an nahezu allen Wissensgebieten interessiert zeigt, wie einem zunehmend ausgeprägteren Ethos des Geltenlassens und der Toleranz, wird die nachfolgende Auswahl einen Eindruck vermitteln.

Widerspruchsfreiheit war dabei das letzte, was – insbesondere innerhalb der einzelnen Kapitel – angestrebt wurde. Was Adolf Muschg anläßlich einer Besprechung der *Wanderjahre* feststellt, daß nämlich früher oder später »der Roman jedem Satz einen Gegensatz« erwecke, kann durchaus auch für dieses Brevier gelten – freilich nicht als Lapsus oder aus Nachlässigkeit, sondern vielmehr als Kalkül und aus einer reflektierten methodischen Absicht heraus, wie sie Goethe in eigener Sache schon im berühmten Brief an Schiller vom Juli 1796 im Rahmen der Diskussion über die *Lehrjahre* freimütig eingeräumt hatte: »... und ich komme mir vor, wie einer, der, nachdem er viele und große Zahlen übereinander gestellt, endlich mutwillig selbst Additionsfehler machte, um die letzte Summe, aus Gott weiß was für einer Grille, zu verringern.«

Natürlich wußte Goethe sehr genau, warum er solche Additionsfehler in seine Rechnungen einbaute, ging es ihm doch mit diesen bewußt einkalkulierten Differenzen stets um die Nutzbarmachung, die produktive Anwendung solcher notwendigerweise subjektiven Einsichten – und damit in erster Linie um zeitgenössische wie zukünftige Leser. »Die Lehre mag sich indessen stellen, wie sie will, das Leben geht seinen Gang fort«, heißt es in der *Geschichte der Farbenlehre*, womit Goethe noch deutlicher zum Ausdruck bringen will: die Rechnung geht nicht auf, weil sie nicht aufgehen soll, und sie soll nicht aufgehen, weil nicht die Summe, nicht das Ziel Goethe am wichtigsten ist, sondern der Weg dorthin, der in seinem Verständnis immer auch Umwege miteinschließt.

»Es ist nichts inkonsequenter als die höchste Konsequenz«, stellt hierzu apodiktisch ein Aphorismus fest, und daß Goethe es mit einer solchen Überzeugung seiner Umgebung nicht immer leicht gemacht hat, weiß – aus ihrer Sicht – Charlotte von Stein zu schildern, wenn sie von einer Unterhaltung mit Goethe über die *Lehrjahre* berichtet: »Wie ich dem Autor sagte, ich wäre aufs Ende der Personnagen sehr neugierig, wie er es ausführen würde, so sagte er mir, im Leben brauche man nicht konsequent zu sein, aber freilich in einem Roman verlange man es. Ich stutzte ordentlich, daß er das Herz hatte, mir das zu sagen, und unsere Unterhaltung war am Ende.«

Max Frisch hat mit Blick auf die *Maximen und Reflexionen* diese Vorgehensweise, die Goethe immer mehr auch zur Lebenshaltung wurde, präzise und anschaulich beschrieben: ». . . er stellt dem Gedanken, ohne ihn zu widerrufen, eine Erfahrung gegenüber, die eher widerspricht, mindestens eindämmt, eine Erfahrung, die der gleiche Kopf, der eben jenen Gedanken geboren hat, ebenfalls gelten läßt, einfach weil es eine Erfahrung ist, eine lebendige, eine wirkliche.« Was hier gewissermaßen noch in den ›Innenraum‹ des dichterischen Schaffensprozesses verlagert ist, zielt aber immer auf mögliche Leser, weshalb es hier auch angebracht scheint, das vielstrapazierte Wort vom intendierten »Dialog mit dem Leser« zu gebrauchen. Daß jedes ausgesprochene Wort tot ist, »wenn es nicht durch ein folgendes, dem Hörer gemäßes am Leben erhalten wird«, bildet eine Grundüberzeugung Goethes, woraus zugleich die Pflicht abgeleitet wird, das Mitgeteilte zu prüfen, zu ergänzen und gegebenenfalls zu modifizieren: und was für die mündliche Rede gilt, trifft mutatis mutandis auch für jegliche Form der schriftlichen Überlieferung zu.

Historizität und Bedingtheit jeglicher menschlicher Äußerung räumen dem Individuum somit nicht nur ein Recht auf nahezu jede Art der Meinungsänderung ein – denn: »die Zeit rückt fort und in ihr Gesinnungen, Meinungen, Vorurteile und Liebhabereien« –, sie verpflichten es zum anderen aber auch zu einer beständigen Neuformulierung der eigenen Ansichten. Dies ist, in nuce und in Kürze, der Kern Goethescher Hermeneutik, er bildet auch das Fundament, auf dem fast alle seine Äußerungen – auch in dieser Auswahl – ruhen.

»Ist es nicht aus einem Stück, so ist es doch aus einem Sinn«, lautet eine der meistzitierten Wendungen Goethes über seine *Wanderjahre*, die in ihrer typischen, formelhaften Kürze den eigentlichen Kern des Problems eher überspielt, handelt es sich bei diesem »Sinn« doch um nichts, was offensichtlich mitgeteilt würde, sondern vielmehr um ein Fazit, das zu einem wesentlichen Teil vom jeweiligen Leser selbst erschlossen werden muß. Gedankenanstoß und produktive Weiterentwicklung: Goethe macht diese Eigenleistung zur unabdingbaren Voraussetzung jedes Verstehensprozesses und ist auch nicht bereit, den Leser aus dieser Verantwortung zu entlassen, »da in allen allgemeinen Sprüchen, sie mögen noch so gut durchdacht sein, etwas Unfaßliches für denjenigen liegt, der sie nicht anwenden, der ihnen die nötigen Beispiele nicht unterlegen kann ...«

Diese Absicht, einen zuallererst vitalen, keinesfalls zeitlos-entrückten, möglicherweise auch überraschend neuen Goethe vorzustellen, hat auch die Gliederung des Breviers bestimmt, die sich von einer doppelten Chronologisierung leiten ließ. Versuchen schon die einzelnen Kapitel in ihrer Abfolge einen Lebensbogen nachzuvollziehen, dem einzelne Sach- und Themenschwerpunkte zugeordnet wurden, ohne daß diese mit gewissen Lebensepochen gleichgesetzt werden sollten, so legen – cum grano salis – die einzelnen Kapitel diesen Weg jeweils noch einmal zurück und laden die Leserin und den Leser damit auf eine Reise ein, für die Goethe in einem Paralipomenon zu *Dichtung und Wahrheit* die ebenso emphatische wie zweifellos beneidenswerte Formel fand: »Mein Leben ein einzig Abenteuer.«

I

Aller Anfang ist heiter
Der Anfang ist an allen Sachen schwer …

Kindheit und Jugend

... denn wer wäre imstande, von der Fülle der Kindheit würdig zu sprechen!

Dichtung und Wahrheit, Erster Teil

Am 28. August 1749, mittags mit dem Glockenschlage zwölf, kam ich in Frankfurt am Main auf die Welt. Die Konstellation war glücklich; die Sonne stand im Zeichen der Jungfrau, und kulminierte für den Tag; Jupiter und Venus blickten sie freundlich an, Merkur nicht widerwärtig; Saturn und Mars verhielten sich gleichgültig: nur der Mond, der soeben voll ward, übte die Kraft seines Gegenscheins um so mehr, als zugleich seine Planetenstunde eingetreten war. Er widersetzte sich daher meiner Geburt, die nicht eher erfolgen konnte, als bis diese Stunde vorübergegangen.

Dichtung und Wahrheit, Erster Teil

Wenn man von einem Kinde redet, spricht man niemals den Gegenstand, immer nur seine Hoffnungen aus.

Wilhelm Meisters Lehrjahre, Achtes Buch

Ja, lieber Wilhelm, meinem Herzen sind die Kinder am nächsten auf der Erde. Wenn ich ihnen zusehe und in dem kleinen Dinge die Keime aller Tugenden, aller Kräfte sehe, die sie einmal so nötig brauchen werden; wenn ich in dem Eigensinne künftige Standhaftigkeit und Festigkeit des Charakters, in dem Mutwillen guten Humor und Leichtigkeit, über die Gefahren der Welt hinzuschlüpfen, erblicke, alles so unverdorben, so ganz! – immer, immer wiederhole ich dann die goldenen Worte des Lehrers der Menschen: »Wenn ihr nicht werdet wie eines von diesen!« Und nun, mein Bester, sie, die unseresgleichen sind, die wir als unsere Muster ansehen sollten, behandeln wir als Untertanen. Sie sollen keinen Willen haben! – Haben wir denn keinen? und wo liegt das Vorrecht? – Weil wir älter sind und gescheiter! – Guter Gott von deinem Himmel, alte Kinder siehst du und junge Kinder, und nichts weiter; und an welchen du mehr Freude hast, das hat dein Sohn schon lange verkündigt.

Die Leiden des jungen Werthers, Erstes Buch

Christus hat recht, uns auf die Kinder zu weisen, von ihnen kann man leben lernen und selig werden.

Brief an Charlotte von Stein,
22. September 1781

Aller Anfang ist heiter, die Schwelle ist der Platz der Erwartung. Der Knabe staunt, der Eindruck bestimmt ihn, er lernt spielend, der Ernst überrascht ihn. Die Nachahmung ist uns angeboren, das Nachzuahmende wird nicht leicht erkannt.

Wilhelm Meisters Lehrjahre, Siebentes Buch

... man spielte zusammen weiter fort, welches unter Kindern immer ein erprobtes Versöhnungsmittel bleibt.

Dichtung und Wahrheit, Erster Teil

Goethes Elternhaus am Hirschgraben
Kupferstich nach dem Aquarell von
Friedrich Wilhelm Oelkeskamp
um 1825
(Freies Deutsches Hochstift,
Frankfurter Goethe-Museum, Frankfurt am Main)

Kinder wissen beim Spiele aus allem alles zu machen: ein Stab wird zur Flinte, ein Stückchen Holz zum Degen, jedes Bündelchen zur Puppe, und jeder Winkel zur Hütte.

Wilhelm Meisters Lehrjahre, Erstes Buch

Die Kinder haben, fuhr Wilhelm fort, in wohleingerichteten und geordneten Häusern eine Empfindung, wie ungefähr Ratten und Mäuse haben mögen: sie sind aufmerksam auf alle Ritzen und Löcher, wo sie zu einem verbotenen Naschwerk gelangen können; sie genießen es mit einer solchen verstohlnen wollüstigen Furcht, die einen großen Teil des kindischen Glücks ausmacht.

Wilhelm Meisters Lehrjahre, Erstes Buch

Schon seit meinen frühsten Zeiten fühlte ich einen Untersuchungstrieb gegen natürliche Dinge. Man legt es manchmal als eine Anlage zur Grausamkeit aus, daß Kinder solche Gegenstände, mit denen sie eine Zeitlang gespielt, die sie bald so, bald so gehandhabt, endlich zerstücken, zerreißen und zersetzen. Doch pflegt sich auch die Neugierde, das Verlangen, zu erfahren, wie solche Dinge zusammenhängen, wie sie inwendig aussehen, auf diese Weise an den Tag zu legen. Ich erinnere mich, daß ich als Kind Blumen zerpflückt, um zu sehen, wie die Blätter in den Kelch, oder auch Vögel berupft, um zu beobachten, wie die Federn in die Flügel eingefügt waren. Ist doch Kindern dieses nicht zu verdenken, da ja selbst Naturforscher öfter durch Trennen und Sondern als durch Vereinigen und Verknüpfen, mehr durch Töten als durch Beleben sich zu unterrichten glauben.

Dichtung und Wahrheit, Erster Teil

Die größte Freude lag bei mir in der Erfindung und in der Beschäftigung der Einbildungskraft.

Wilhelm Meisters Lehrjahre, Erstes Buch

Wer sich mit reiner Erfahrung begnügt und darnach handelt, der hat Wahres genug. Das heranwachsende Kind ist weise in diesem Sinne.

Wilhelm Meisters Wanderjahre, Zweites Buch

Kinder sind die allerbesten Erzieher, antwortet Goethe, denn sie hören williger und aufmerksamer einander zu und reden untereinander eine verständlichere Sprache als wir …

Gespräch mit Frédéric Soret, 18. Juli 1824

Felix war in den Garten gesprungen, Wilhelm folgte ihm mit Entzücken, der schönste Morgen zeigte jeden Gegenstand mit neuen Reizen, und Wilhelm genoß den heitersten Augenblick. Felix war neu in der freien und herrlichen Welt, und sein Vater nicht viel bekannter mit den Gegenständen, nach denen der Kleine wiederholt und unermüdet fragte. Sie gesellten sich endlich zum Gärtner, der die Namen und den Gebrauch mancher

Pflanzen hererzählen mußte; Wilhelm sah die Natur durch ein neues Organ, und die Neugierde, die Wißbegierde des Kindes ließen ihn erst fühlen, welch ein schwaches Interesse er an den Dingen außer sich genommen hatte, wie wenig er kannte und wußte. An diesem Tage, dem vergnügtesten seines Lebens, schien auch seine eigne Bildung erst anzufangen: er fühlte die Notwendigkeit, sich zu belehren, indem er zu lehren aufgefordert ward.

Wilhelm Meisters Lehrjahre, Achtes Buch

Wenn ich von mir rechne, der Umgang mit Kindern macht mich froh und jung.

An Johann Friedrich Krafft, 13. Juli 1779

Deshalb leben Kinder in Schnellurteilen, um nicht zu sagen in Vorurteilen; denn bis das schnell, aber einseitig Gefaßte sich auslöscht, um einem Allgemeinern Platz zu machen, erfordert es Zeit. Hierauf zu achten, ist eine der größten Pflichten des Erziehers.

Maximen und Reflexionen

Wo Anmaßung mir wohlgefällt?
An Kindern: denen gehört die Welt.

Zahme Xenien

Über Erziehung. Er hat einen Jüngling von zwanzig Jahren seit dem fünften gebildet, nun erzieht er nach denselben Grundsätzen sein Kind von sechs Jahren.

»Daß man das Kind auf eignen Beinen stehen, mit eignen Augen sehen lasse, auf daß es selbstständig bleibe«, ist ihm wie mir eine Hauptsache. Wirklich und wahr! Das erste ihm oft mehr wie das letzte, kraft seiner Anbetung der Gegenwart. Er scheint sehr kinderlieb zu sein.

Aus dem Tagebuch der Friederike Bruns,
12. Juli 1795

Wer viel mit Kindern lebt, wird finden, daß keine äußere Einwirkung auf sie ohne Gegenwirkung bleibt.

Maximen und Reflexionen

Der Knabe war mit einem neuen Spielwerke beschäftigt; der Vater suchte es ihm besser, ordentlicher, zweckmäßiger einzurichten; aber auch in dem Augenblicke verlor das Kind die Lust daran. Du bist ein wahrer Mensch! rief Wilhelm aus; komm, mein Sohn! komm, mein Bruder, laß uns in der Welt zwecklos hinspielen, so gut wir können!

Wilhelm Meisters Lehrjahre, Achtes Buch

Denn wir können die Kinder nach unserem Sinne nicht formen;
So wie Gott sie uns gab, so muß man sie haben und lieben,
Sie erziehen aufs beste und jeglichen lassen gewähren.
Denn der eine hat die, die anderen andere Gaben ...

Hermann und Dorothea, Dritter Gesang

Das Kind, an und für sich betrachtet, mit seinesgleichen und in Beziehungen, die seinen Kräften angemessen sind, scheint so verständig, so vernünftig, daß nichts drüber geht, und zugleich so bequem, heiter und gewandt, daß man keine weitre Bildung für dasselbe wünschen möchte.

Dichtung und Wahrheit, Erster Teil

Als Enkel des Schultheißen waren mir die heimlichen Gebrechen einer solchen Republik nicht unbekannt geblieben, um so weniger, als Kinder ein ganz eignes Erstaunen fühlen und zu emsigen Untersuchungen angereizt werden, sobald ihnen etwas, das sie bisher unbedingt verehrt, einigermaßen verdächtig wird. Der vergebliche Verdruß rechtschaffener Männer im Widerstreit mit solchen, die von Parteien zu gewinnen, wohl gar zu bestechen sind, war mir nur zu deutlich geworden, ich haßte jede Ungerechtigkeit über die Maßen: denn die Kinder sind alle moralische Rigoristen.

Dichtung und Wahrheit, Zweiter Teil

Die Kinder sind ein rechter Probierstein auf Lüge und Wahrheit: es ist ihnen noch gar nicht so sehr wie den Alten um den Selbstbetrug Not.

Brief an Charlotte von Stein, 5. Oktober 1784

Die Kinder haben, wie die Hunde, einen so scharfen und feinen Geruch, daß sie alles entdecken und auswittern, und das Schlimme vor allem anderen. Sie wissen auch immer ganz genau, wie dieser oder jener Hausfreund zu ihren Eltern steht, und da sie nun in der Regel noch keine Verstellung üben, so können sie uns als die trefflichsten Barometer dienen, um an ihnen den Grad unserer Gunst oder Ungunst bei den Ihrigen wahrzunehmen.

Gespräch mit Eckermann, 17. März 1830

Es ist ein frommer Wunsch aller Väter, das, was ihnen selbst abgegangen, an den Söhnen realisiert zu sehen, so ohngefähr, als wenn man zum zweitenmal lebte und die Erfahrungen des ersten Lebenslaufes nun erst recht nutzen wollte.

Dichtung und Wahrheit, Erster Teil

Die Kinder, als strebende Naturen, wählen sich gewöhnlich im Hause das Beispiel dessen, der am meisten zu leben und zu genießen scheint.

Unterhaltungen deutscher Ausgewanderten

Eine leidenschaftliche Neigung des Kindes zum Greise ist keineswegs eine seltene, aber selten benutzte Erscheinung. Hier gewahre man den Bezug des Enkels zum Großvater, des spätgebornen Erben zum überraschten zärtlichen Vater. In diesem Verhältnis entwickelt sich eigentlich der Klugsinn der Kinder; sie sind aufmerksam auf Würde, Erfahrung, Gewalt des Älteren; rein geborne Seelen empfinden dabei das Bedürfnis einer ehrfurchtsvollen Neigung; das Alter wird hievon ergriffen und festgehalten. Empfindet und benutzt die Jugend ihr

Übergewicht, um kindliche Zwecke zu erreichen, kindische Bedürfnisse zu befriedigen, so versöhnt uns die Anmut mit frühzeitiger Schalkheit. Höchst rührend aber bleibt das heranstrebende Gefühl des Knaben, der, von dem hohen Geiste des Alters erregt, in sich selbst ein Staunen fühlt, das ihm weissagt, auch dergleichen könne sich in ihm entwickeln.

West-östlicher Divan, Noten und Abhandlungen

Was ein junger Mensch geschrieben hat, wird auch wieder am besten von jungen Leuten genossen werden. Und dann denke man nicht, daß die Welt so sehr in der Kultur und gutem Geschmack vorschritte, daß selbst die Jugend schon über eine solche rohere Epoche hinaus wäre! Wenn auch die Welt im Ganzen vorschreitet, die Jugend muß doch immer wieder von vorne anfangen und als Individuum die Epochen der Welt-Kultur durchmachen. Mich irritiert das nicht mehr, und ich habe längst einen Vers darauf gemacht, der so lautet:

Johannisfeuer sei unverwehrt,
Die Freude nie verloren!
Besen werden immer stumpf gekehrt
Und Jungens immer geboren.

Ich brauche nur zum Fenster hinauszusehen, um in straßenkehrenden Besen und herumlaufenden Kindern die Symbole der sich ewig abnutzenden und immer sich verjüngenden Welt beständig vor Augen zu haben. Kinderspiele und Jugend-Vergnügungen erhalten sich daher und pflanzen sich von Jahrhundert zu Jahrhundert fort; denn so absurd sie auch einem reiferen Alter erscheinen mögen, Kinder bleiben doch immer Kinder und sind sich zu allen Zeiten ähnlich. Deshalb soll man auch die Johannisfeuer nicht verbieten und den lieben Kindern die Freude daran nicht verderben.

Gespräch mit Eckermann, 17. Januar 1827

Doch wieder jung in seinen Kindern werden,
Auf ewge Tage sich zu freun,
Das ist das höchste Glück auf Erden
Und ist der ganzen Welt gemein.

Maskenzug 1818

Wüchsen die Kinder in der Art fort, wie sie sich andeuten, so hätten wir lauter Genies.

Dichtung und Wahrheit, Erster Teil

Wir können die kleinen Geschöpfe, die vor uns herumwandeln, nicht anders als mit Vergnügen, ja mit Bewunderung ansehen: denn meist versprechen sie mehr, als sie halten, und es scheint, als wenn die Natur unter andern schelmischen Streichen, die sie uns spielt, auch hier sich ganz besonders vorgesetzt, uns zum besten zu haben.

Dichtung und Wahrheit, Erster Teil

Kinder halten nicht, was sie versprechen, junge Leute sehr selten, und wenn sie Wort halten, hält es ihnen die Welt nicht.

Die Wahlverwandtschaften, Erster Teil

Übrigens war ich den Lügen und der Verstellung abgeneigt, und überhaupt keineswegs leichtsinnig; vielmehr zeigte sich der innere Ernst, mit dem ich schon früh mich und die Welt betrachtete, auch in meinem Äußern, und ich ward, oft freundlich, oft auch spöttisch, über eine gewisse Würde berufen, die ich mir herausnahm. Denn ob es mir zwar an guten ausgesuchten Freunden nicht fehlte, so waren wir doch immer die Minderzahl gegen jene, die uns mit rohem Mutwillen anzufechten ein Vergnügen fanden, und uns freilich oft sehr unsanft aus jenen märchenhaften selbstgefälligen Träumen aufweckten, in die wir uns, ich erfindend und meine Gespielen teilnehmend, nur allzugern verloren. Nun wurden wir abermals gewahr, daß man, anstatt sich der Weichlichkeit und phantastischen Vergnügungen hinzugeben, wohl eher Ursache habe, sich abzuhärten, um die unvermeidlichen Übel entweder zu ertragen, oder ihnen entgegen zu wirken.

Unter die Übungen des Stoizismus, den ich deshalb, so ernstlich als es einem Knaben möglich ist, bei mir ausbildete, gehörten auch die Duldungen körperlicher Leiden. Unsere Lehrer behandelten uns oft sehr unfreundlich und ungeschickt mit Schlägen und Püffen, gegen die wir uns um so mehr verhärteten, als Widersetzlichkeit oder Gegenwirkung aufs höchste verpönt war.

Dichtung und Wahrheit, Erster Teil

Ich brauche nur in unserm lieben Weimar zum Fenster hinaus zu sehen, um gewahr zu werden, wie es bei uns steht. – Als neulich der Schnee lag und meine Nachbarskinder ihre kleinen Schlitten auf der Straße probieren wollten, sogleich war ein Polizeidiener nahe, und ich sah die armen Dingerchen fliehen, so schnell sie konnten. Jetzt, wo die Frühlingssonne sie aus den Häusern lockt und sie mit ihresgleichen vor ihren Türen gerne ein Spielchen machten, sehe ich sie immer geniert, als wären sie nicht sicher und als fürchteten sie das Herannahen irgend eines polizeilichen Machthabers. – Es darf kein Bube mit der Peitsche knallen, oder singen, oder rufen, sogleich ist die Polizei da, es ihm zu verbieten. Es geht bei uns alles dahin, die liebe Jugend frühzeitig zahm zu machen und alle Natur, alle Originalität und alle Wildheit auszutreiben, so daß am Ende nichts übrig bleibt als der Philister.

Gespräch mit Eckermann, 12. März 1828

Gewalt ist eher mit Gewalt zu vertreiben; aber ein gutgesinntes, zur Liebe und Teilnahme geneigtes Kind weiß dem Hohn und dem bösen Willen wenig entgegenzusetzen.

Dichtung und Wahrheit, Erster Teil

Er pflegte gern zu behaupten, daß sowohl bei der Erziehung der Kinder als bei der Leitung der Völker nichts ungeschickter und barbarischer sei als Verbote, als verbietende Gesetze und Anordnungen.

Die Wahlverwandtschaften, Zweiter Teil

So pflegen Kinder und Volk das Große, das Erhabene in ein Spiel, ja in eine Posse zu verwandeln; und wie sollten sie auch sonst im Stande sein, es auszuhalten und zu ertragen!

Dichtung und Wahrheit, Erster Teil

Man schmeichelt sich ins Leben hinein, aber das Leben schmeichelt uns nicht.

Die Wahlverwandtschaften, Zweiter Teil

Der Anfang ist an allen Sachen schwer;
Bei vielen Werken fällt er nicht ins Auge.
Der Landmann deckt den Samen mit der Egge,
Und nur ein guter Sommer reift die Frucht ...

Theaterrede. Prolog vom 7. Mai 1791

Allein die Jugend nimmt das aus der Kindheit mit herüber, daß sie guten Gesellen nichts nachträgt, daß eine unbefangene Wohlgewogenheit zwar unangenehm berührt werden kann, aber nicht zu verletzen ist.

Dichtung und Wahrheit, Vierter Teil

Des Menschen Leben lebt im Blut, und wo
Bewegt das Blut sich wie im Jüngling so?
Das ist lebendig Blut in frischer Kraft,
Das neues Leben sich aus Leben schafft.
Da regt sich alles, da wird was getan,
Das Schwache fällt, das Tüchtige tritt heran.

Indessen wir die halbe Welt gewonnen,
Was habt Ihr denn getan? genickt, gesonnen,
Geträumt, erwogen, Plan und immer Plan.

Faust II

In der Jugend traut man sich zu, daß man den Menschen Paläste bauen könne, und wenn's um und an kömmt, so hat man alle Hände voll zu tun, um ihren Mist beiseite bringen zu können.

Brief an Johann Caspar Lavater, 6. März 1780

Dies ist der Jugend edelster Beruf!
Die Welt, sie war nicht, eh ich sie erschuf;
Die Sonne führt' ich aus dem Meer herauf;
Mit mir begann der Mond des Wechsels Lauf;
Da schmückte sich der Tag auf meinen Wegen,
Die Erde grünte, blühte mir entgegen.
Auf meinen Wink, in jener ersten Nacht,
Entfaltete sich aller Sterne Pracht.

Faust II

Ich habe wieder geschlafen, ich bin sehr matt. Wie wird's morgen sein. Mein armer Kopf dreht sich. Morgen, will ich ausgehen, und sie sehn. Vielleicht hat ihre ungerechte Kälte gegen mich nachgelassen. Hat sie's nicht, so bin ich gewiß, einen gedoppelten Anfall von Fieber morgen abend zu kriegen. Es sei! Ich bin nicht mehr Herr über mich. Was tat ich neulich, als ich von meinem unbändigen Pferde weggerissen ward? Ich konnte es nicht einhalten, ich sah meinen Tod, wenigstens einen schröcklichen Fall vor Augen. Ich wagt' es, und stürzte mich herunter. Da hatte ich Herz. Ich bin vielleicht nicht der herzhafteste, bin nur geboren in Gefahr herzhaft zu werden. Aber ich bin jetzt in Gefahr, und doch nicht herzhaft. Gott! Freund! weißt du, was ich meine? Gute Nacht. Mein Gehirn ist in Unordnung. O wäre die Sonne wieder da! Unzufriedenheit! Ich weiß wahrlich nicht mehr, was ich schreibe.

Mittwochs früh.

Ich habe eine schröckliche Nacht gehabt. Es träumte mir von der Sara. O Behrisch, ich bin etwas ruhiger, aber nicht viel. Ich werde sie heute sehen. Wir probieren unsre Minna bei Obermanns und sie wird drüben sein. Ha, wenn sie fortführe, sich kalt gegen mich zu stellen! Ich könnte sie strafen. Die schröcklichste Eifersucht sollte sie quälen. Doch nein, nein, das kann ich nicht.

Brief an Ernst Wolfgang Behrisch,
10./11. November 1767

Der Jugend Nachtgefährt' ist Leidenschaft,
Ein wildes Feuer leuchtet ihrem Pfad . . .

Des Epimenides Erwachen, Erster Aufzug

Das sogenannte Aus-sich-Schöpfen macht gewöhnlich falsche Originale und Manieristen.

Maximen und Reflexionen

Beschränkt und unerfahren, hält die Jugend
Sich für ein einzig auserwähltes Wesen
Und alles über alle sich erlaubt.

Torquato Tasso, Zweiter Aufzug

Indessen darf man die Jugend nur gewähren lassen: nicht sehr lange haftet sie an falschen Maximen; das Leben reißt oder lockt sie bald davon wieder los.

Dichtung und Wahrheit, Zweiter Teil

Wenn man der Jugend reine Wahrheit sagt,
Die gelben Schnäbeln keineswegs behagt,
Sie aber hinterdrein nach Jahren
Das alles derb an eigner Haut erfahren,
Dann dünkeln sie, es käm aus eignem Schopf;
Da heißt es denn: der Meister war ein Tropf.

Faust II

Mit einer jugendlich eingegangenen Freundschaft ist es ein ähnlicher Fall. Indem man sich in ersten, hoffnungsreich sich entwickelnden Tagen einer solchen Verbindung hingibt, geschieht es ganz unbedingt: an einen Zwiespalt ist jetzt und in alle Ewigkeit nicht zu denken. Dieses erste Hingeben steht viel höher als das von leidenschaftlich Liebenden am Altar ausgesprochene Bündnis, denn es ist ganz rein, von keiner Begierde, deren Befriedigung einen Rückschritt befürchten läßt, gesteigert; und daher scheint es unmöglich, einen in der Jugend geschlossenen Freundschaftsbund aufzugeben, wenn auch die hervortretenden Differenzen mehr als einmal ihn zu zerreißen bedrohlich obwalten.

Voß und Stolberg, 1820

So wenig man sich wieder Brüder und Schwestern schaffen kann, wenn Vater und Mutter tot sind, so wenig kann man sich Freunde erwerben, wie die sind, die ein früheres, völlig verschwundenes Jugendverhältnis uns verschaffte. Wir haben im Alter noch Überzeugung und Wahl, aber die süße Notwendigkeit der Jugend erscheint uns nicht wieder.

Brief an Jean George d'Orville,
13. September 1799

Die Neigung der Jugend zum Geheimnis, zu Zeremonien und großen Worten ist außerordentlich und oft ein Zeichen einer gewissen Tiefe des Charakters. Man will in diesen Jahren sein ganzes Wesen, wenn auch nur dunkel und unbestimmt, ergriffen und berührt fühlen.

Wilhelm Meisters Lehrjahre, Achtes Buch

Meldet mir, was ihr für ein Leben lebt? ...
Ich lebe hier, wie – wie – ich weiß selbst nicht recht wie.
Doch so ohngefähr

So wie ein Vogel, der auf einem Ast
Im schönsten Wald, sich, Freiheit atmend wiegt.
Der ungestört die sanfte Luft genießt.

Mit seinen Fittichen von Baum zu Baum
von Busch zu Busch sich singend hinzuschwingen.

Genug, stellt euch ein Vöglein, auf einem grünen Ästelein in allen seinen Freuden für, so leb ich. Heut hab ich angefangen, Collegia zu hören.

Brief an Johann Jacob Riese, 21. Oktober 1765

Mamsell,
So launisch, wie ein Kind, das zahnt;
Bald schüchtern, wie ein Kaufmann, den man mahnt,
Bald still, wie ein Hypochondrist,
Und sittig, wie ein Mennonist,
Und folgsam, wie ein gutes Lamm;
Bald lustig, wie ein Bräutigam,
Leb ich, und bin halb krank und halb gesund,
Am ganzen Leibe wohl, nur in dem Halse wund;
Sehr mißvergnügt, daß meine Lunge
Nicht so viel Atem reicht, als meine Zunge
Zu manchen Zeiten braucht, wenn sie mit Stolz erzählt,
Was ich bei Euch gehabt, und was mir jetzt hier fehlt.

Brief an Friederike Oeser, 6. November 1768

Daß doch die Jugend immer zwischen den Extremen schwankt! Ich finde nichts natürlicher, als alles zu verbinden, was uns Vergnügen und Vorteil bringt. Liebst du den einen, so mag der andere bezahlen; es kommt nur darauf an, daß wir klug genug sind, sie beide auseinander zu halten.

Wilhelm Meisters Lehrjahre, Erstes Buch

Das ist ein trauriger Brief, ein rechter ängstlicher Ton gegen meine launischen, närrischen Briefe. So ist's. Eine Wetterfahne, die sich dreht, immer dreht, und seit einiger Zeit, da der Wind meist aus Norden kömmt, sich weniger dreht, aber doch immer so, daß gerne die Welt aus der Jahrszeit hinaus sein möchte – Aber Gott versteht mich.

Meine Liebe läßt dich grüßen, ich liebe sie immer wie stets, sie mich? Ich glaub's einsweilen.

Brief an Ernst Wolfgang Behrisch,
2. November 1767

Und leider kann man nichts versprechen,
Was unserm Herzen widerspricht.

Aus: Abschied

Glückliche Jugend! Glückliche Zeiten des ersten Liebesbedürfnisses! Der Mensch ist dann wie ein Kind, das sich am Echo stundenlang ergötzt, die Unkosten des Gespräches allein trägt und mit der Unterhaltung wohl zufrieden ist, wenn der unsichtbare Gegenpart auch nur die letzten Silben der ausgerufenen Worte wiederholt.

Wilhelm Meisters Lehrjahre, Erstes Buch

Selbstbetrug

Der Vorhang schwebet hin und her
Bei meiner Nachbarin:
Gewiß, sie lauschet überquer,
Ob ich zu Hause bin,

Und ob der eifersüchtge Groll,
Den ich am Tag gehegt,
Sich, wie er nun auf immer soll,
Im tiefen Herzen regt.

Doch leider hat das schöne Kind
Dergleichen nicht gefühlt.
Ich seh, es ist der Abendwind,
Der mit dem Vorhang spielt.

Doch bin ich, wie ich bin,
Und nimm mich nur hin!
Willst du Beßre besitzen,
So laß dir sie schnitzen.
Ich bin nun, wie ich bin;
So nimm mich nur hin!

Aus: Liebhaber in allen Gestalten

Am Flusse

Verfließet, vielgeliebte Lieder,
Zum Meere der Vergangenheit!
Kein Knabe sing' entzückt euch wieder,
Kein Mädchen in der Blütenzeit.

Ihr sanget nur von meiner Lieben;
Nun spricht sie meiner Treue Hohn.
Ihr wart ins Wasser eingeschrieben:
So fließt denn auch mit ihm davon!

... denn die Jugend, die so reich an eingehüllten Kräften ist, weiß nicht, was sie verschleudert, wenn sie dem Schmerz, den ein Verlust erregt, noch so viele erzwungene Leiden zugesellt, als wollte sie dem Verlornen dadurch noch erst einen rechten Wert geben.

Wilhelm Meisters Lehrjahre, Zweites Buch

Erster Verlust

Ach, wer bringt die schönen Tage,
Jene Tage der ersten Liebe,
Ach, wer bringt nur eine Stunde
Jener holden Zeit zurück!

Einsam nähr ich meine Wunde,
Und mit stets erneuter Klage
Traur ich ums verlorne Glück.

Ach, wer bringt die schönen Tage,
Jene holde Zeit zurück!

Jugendeindrücke verlöschen nicht, auch in ihren kleinsten Teilen.

Wilhelm Meisters Lehrjahre, Achtes Buch

Unter die damaligen Verrücktheiten, die aus dem Begriff entstanden, man müsse sich in einen Naturzustand zu versetzen suchen, gehörte denn auch das Baden im freien Wasser, unter offnem Himmel; und unsre

Freunde konnten auch hier, nach allenfalls überstandener Schicklichkeit, auch dieses Unschickliche nicht unterlassen. Darmstadt, ohne fließendes Gewässer, in einer sandigen Fläche gelegen, mag doch einen Teich in der Nähe haben, von dem ich nur bei dieser Gelegenheit gehört. Die heiß genaturten und sich immer mehr erhitzenden Freunde suchten Labsal in diesem Weiher; nackte Jünglinge bei hellem Sonnenschein zu sehen, mochte wohl in dieser Gegend als etwas Besonderes erscheinen; es gab Skandal auf alle Fälle.

Dichtung und Wahrheit, Vierter Teil

Jugend ist Trunkenheit ohne Wein ...

West-östlicher Divan

Ja, wenn man in der Jugend nicht tolle Streiche machte, und mitunter einen Buckel voll Schläge mit hinwegnähme, was wollte man denn im Alter für Betrachtungs-Stoff haben?

Gespräch mit Kanzler Müller, 18. Mai 1821

Ja, ja, mein Guter, man muß jung sein, um große Dinge zu tun.

Gespräch mit Eckermann, 11. März 1828

... denn wenn einer in seinem zwanzigsten Jahre nicht jung ist, wie soll er es in seinem vierzigsten sein.

Gespräch mit Eckermann, 12. März 1828

Ein andres Wort von Goethe aus derselben Zeit beweist recht deutlich seine gänzliche Entfernung von aller Philisterei und Engherzigkeit. Wenn er in Heidelberg durch die Straßen ging, so konnte es nicht fehlen, daß die Begegnenden, und zumal die Studenten, stehnblieben, auch wohl in ehrerbietiger Entfernung ihm nachfolgten. Da wandte er sich einmal zu dem begleitenden Sulpiz Boisserée und sagte: »Wie wär's, wenn ich hier an der Ecke vor den Augen der Studenten ein paar Scheiben zerschlüge? Da würde morgen in der Zeitung zu lesen sein: der berühmte Dichter Goethe hat bei seiner Durchreise durch Heidelberg ein paar Scheiben eingeschlagen!, und die Jungen hätten dann doch ein Vorbild, wenn sie's auch einmal täten.«

Jugenderinnerungen von Gustav Parthey,
September 1815

»Sag nur, wie trägst du so behäglich
Der tollen Jugend anmaßliches Wesen?«
Fürwahr, sie wären unerträglich,
Wär ich nicht auch unerträglich gewesen.

Zahme Xenien

Und besonders bedarf die Jugend, daß man sie leite.

Hermann und Dorothea, Fünfter Gesang

Laßt mir die jungen Leute nur
Und ergetzt euch an ihren Gaben!
Es will doch Großmama Natur
Manchmal einen närrischen Einfall haben.

Sprichwörtlich

Ich hör es gern, wenn auch die Jugend plappert;
Das Neue klingt, das Alte klappert.

Zahme Xenien

...
Die Jugend ist um ihretwillen hier,
Es wäre törig zu verlangen:
Komm, ältle du mit mir.

Zahme Xenien

In der Jugend bald die Vorzüge des Alters gewahr zu werden, im Alter die Vorzüge der Jugend zu erhalten, beides ist nur ein Glück.

Maximen und Reflexionen

Überhaupt, wenn man mit der Welt nicht ganz fremd werden will, so muß man die jungen Leute gelten lassen für das, was sie sind, und muß es wenigstens mit einigen halten, damit man erfahre, was die übrigen treiben.

Brief an Karl Friedrich Graf von Reinhard, 8. Mai 1811

Für uns ältere ist es immer schwer, junge Leute kennen zu lernen, entweder sie verbergen sich vor uns oder wir beurteilen sie aus unserm Standpunkt.

Brief an Friedrich Heinrich Jacobi,
27. Dezember 1794

»Der Jugend Führer sei das Alter; beiden sei
Nur, wenn sie als Verbundne wandeln, Glück
beschert.«
»Dergleichen Reden hören freilich gut sich an;
Doch hat es allerlei Bedenkliches damit ...«

Paläophron und Neoterpe

Nur durch der Jugend frisches Auge mag
Das längst Bekannte neubelebt uns rühren,
Wenn das Erstaunen, das wir längst verschmäht,
Von Kindes Munde hold uns widerklingt.

Die natürliche Tochter, Dritter Aufzug

Die Zeit rückt fort und in ihr Gesinnungen, Meinungen, Vorurteile und Liebhabereien. Fällt die Jugend eines Sohnes gerade in die Zeit der Umwendung, so kann man versichert sein, daß er mit seinem Vater nichts gemein haben wird. Wenn dieser in einer Periode lebte, wo man Lust hatte sich manches zuzueignen, dieses Eigentum zu sichern, zu beschränken, einzuengen und in der Absonderung von der Welt seinen Genuß zu befestigen, so wird jener sodann sich auszudehnen suchen, mitteilen, verbreiten und das Verschlossene eröffnen.

Die Wahlverwandtschaften, Zweiter Teil

Die jungen Leute sind neue Aperçus der Natur.

Maximen und Reflexionen

Zu vollenden ist nicht die Sache des Schülers, es ist genug, wenn er sich übt.

Wilhelm Meisters Lehrjahre, Erstes Buch

Fähigkeiten werden vorausgesetzt, sie sollen zu Fertigkeiten werden. Dies ist der Zweck aller Erziehung, dies ist die laute deutliche Absicht der Eltern und Vorgesetzten, die stille, nur halbbewußte der Kinder selbst.

Die Wahlverwandtschaften, Erster Teil

Der echte Schüler lernt aus dem Bekannten das Unbekannte entwickeln und nähert sich dem Meister.

Wilhelm Meisters Wanderjahre, Drittes Buch

Was mit so viel Fröhlichkeit begonnen wird, muß ein glückliches Ende erreichen. Ich habe nie gezweifelt, daß man sein Fortkommen in der Welt finden könne, wenn es einem Ernst ist . . .

Wilhelm Meisters Lehrjahre, Erstes Buch

Goethe und Fritz von Stein
Gestochener Schattenriß. Anonym
um 1783

Der Zufriedne

Vielfach ist der Menschen Streben,
Ihre Unruh, ihr Verdruß;
Auch ist manches Gut gegeben,
Mancher liebliche Genuß.
Doch das größte Glück im Leben
Und der reichlichste Gewinn
Ist ein guter leichter Sinn.

Aus: Antworten bei einem gesellschaftlichen Fragespiel

Es betrügt sich kein Mensch, der in seiner Jugend noch soviel erwartet. Aber wie er damals die Ahndung in seinem Herzen empfand, so muß er auch die Erfüllung in seinem Herzen suchen, nicht außer sich.

Maximen und Reflexionen

Es ist das beneidenswerte Glück der Jugend, die Eindrücke in aller Frische und Kraft zu empfangen und zu genießen. Bei zunehmender kritischer Erkenntnis versiegt allgemach die Quelle jener ungetrübten Freuden. Jeder Mensch ist ein Adam, denn jeder wird einmal aus dem Paradiese – der warmen Gefühle vertrieben.

Gespräch mit Johann Christian Lobe, Juli 1820

Der Mensch kann seine Jugendeindrücke nicht los werden, und dieses geht so weit, daß selbst mangelhafte

Dinge, woran er sich in solchen Jahren gewöhnt, und in deren Umgebung er jene glückliche Zeit gelebt hat, ihm auch später in dem Grade lieb und wert bleiben, daß er darüber wie verblendet ist, und er das Fehlerhafte nicht einsieht.

Gespräch mit Eckermann, 12. April 1829

Wenn die Jugend ein Fehler ist, so legt man ihn sehr bald ab.

Maximen und Reflexionen

... denn niemand glaube die ersten Eindrücke der Jugend verwinden zu können. Ist er in einer löblichen Freiheit, umgeben von schönen und edlen Gegenständen, in dem Umgange mit guten Menschen aufgewachsen, haben ihn seine Meister das gelehrt, was er zuerst wissen mußte, um das übrige leichter zu begreifen, hat er gelernt, was er nie zu verlernen braucht, wurden seine ersten Handlungen so geleitet, daß er das Gute künftig leichter und bequemer vollbringen kann, ohne sich irgend etwas abgewöhnen zu müssen – so wird dieser Mensch ein reineres, vollkommeneres und glücklicheres Leben führen als ein anderer, der seine ersten Jugendkräfte im Widerstand und im Irrtum zugesetzt hat.

Wilhelm Meisters Lehrjahre, Zweites Buch

II

Man reist ja nicht, um anzukommen,
sondern um zu reisen …

Reisen und Fluchten

Auf die Reise, meine Herren!

Zum Schäkspears-Tag, 1771

Wenn Sie von mir reden, so reden Sie so von mir. Sie haben viele Schüler, die Sie nie wiedersehen, in die Welt gestreut, und sich so viele Freunde gesät; sie werden alle Frucht bringen. Erlauben Sie mir einen Vorzug vor vielen! Nennen Sie mich keinen Weggegangenen, nennen Sie mich einen Verschickten. Wenn Sie jemand fragt: Wie steht um ihn? So sagen Sie: Gut! Ich hab ihn mit allem versehen, was er braucht an Kenntnissen und Instrumenten, um die Welt zu nützen, und hab 'en auf Reisen geschickt, daß er allerlei Erfahrungen macht, allerlei Seltenheiten auftreibt und sie endlich mit der Zeit in mein Cabinet bringt.

Brief an Adam Friedrich Oeser, 14. Februar 1769

Doch ist es immer besser, man reise in der Jugend, wo man die Dinge einzeln genießt und oft über ihren Wert schätzt.

Brief an Friedrich von Stein, 21. Dezember 1798

... denn eine große Reise zu tun, ist für einen jungen Mann äußerst nützlich.

Wilhelm Meisters Lehrjahre, Achtes Buch

Gewinnen Sie es über sich, eine Reise wird Sie, muß Sie zerstreuen!

Die Leiden des jungen Werthers, Zweites Buch

Man beschloß Wilhelms Abreise zum zweitenmal, und wir finden ihn auf seinem Pferde, den Mantelsack hinter sich, erheitert durch freie Luft und Bewegung, dem Gebirge sich nähern, wo er einige Aufträge ausrichten sollte.

Er durchstrich langsam Täler und Berge mit der Empfindung des größten Vergnügens. Überhangende Felsen, rauschende Wasserbäche, bewachsene Wände, tiefe Gründe sah er hier zum erstenmal, und doch hatten seine frühsten Jugendträume schon in solchen Gegenden geschwebt. Er fühlte sich bei diesem Anblicke wieder verjüngt; alle erduldeten Schmerzen waren aus seiner Seele weggewaschen . . .

Wilhelm Meisters Lehrjahre, Zweites Buch

Jetzt lebe wohl! Genieße das Leben auf der Reise und ziehe hin, wo Du es vergnüglich und nützlich findest. Vor dem ersten halben Jahre bedürfen wir Deiner nicht; Du kannst Dich also nach Belieben in der Welt umsehen, denn die beste Bildung findet ein gescheiter Mensch auf Reisen.

Wilhelm Meisters Lehrjahre, Fünftes Buch

In die Welt hinaus!
Außer dem Haus
Ist immer das beste Leben;
Wem's zu Hause gefällt,
Ist nicht für die Welt –
Mag er leben!

Zahme Xenien

So stark ich auch ritt, überfiel mich doch die Nacht. Der Weg war nicht zu verfehlen, und der Mond beleuchtete mein leidenschaftliches Unternehmen. Die Nacht war windig und schauerlich, ich sprengte zu, um nicht bis morgen früh auf ihren Anblick warten zu müssen.

Es war schon spät, als ich in Sesenheim mein Pferd einstellte.

Dichtung und Wahrheit, Dritter Teil

... Ich finde bei Nacht das Reisen gefährlich.

Reineke Fuchs, Dritter Gesang

Mir ist's eine sonderbare Empfindung, unbekannt in der Welt herumzuziehen, es ist mir, als wenn ich mein Verhältnis zu den Menschen und den Sachen weit wahrer fühlte. Ich heiße Weber, bin ein Maler, habe Jura studiert oder ein Reisender überhaupt, betrage mich sehr höflich gegen jedermann, und bin überall wohl aufgenommen. Mit Frauens hab ich noch gar nichts zu schaffen gehabt. Eine reine Ruh und Sicherheit umgibt mich, bisher ist mir noch alles zu Glück geschlagen, die Luft hellt sich aus, es wird diese Nacht sehr frieren. Es ist erstes Viertel, ich hab einen Wunsch auf den Vollmond, wenn ihn die Götter erhören, wär's großen Danks wert. Ich nehm auch nur mit der Hälfte vorlieb.

Brief an Charlotte von Stein; aus dem Harz,
6. Dezember 1777

Ich muß nun machen, daß ich wegkomme! Ein Ladenbedienter, aus der Montagischen Buchhandlung, hat mich erkannt, der in der Hoffmannischen ehmals stand. So muß dem Autor nichts Guts von den Buchhändlern kommen. Ich habe es ihm aber grade ins Gesicht, mit der größten Gelassenheit, geleugnet, daß ich's sei.

Den Pastor Schäffer hab ich gesehen und sein Kabinett, unter dem angenommenen Namen Möller, den ich auch behalten werde. Nun leb wohl, ich setze mich auf nach München.

Tagebuch der italienischen Reise; Regensburg,
5. September 1786

Ich war von je her überzeugt, daß man entweder *unbekannt* oder *unerkannt* durch die Welt gehe, so daß ich auf kleinen oder größeren Reisen, insofern es nur möglich war, meinen Namen verbarg . . .

Brief an Johann Heinrich Meyer,
30. Dezember 1795

Morgen sonntags d. 3. Sept. geh ich von hier ab, niemand weiß es noch, niemand vermutet meine Abreise so nah.

Ich muß machen, daß ich fortkomme, es wird sonst zu spät im Jahr.

Brief an Charlotte von Stein; Karlsbad,
2. September 1786

Früh drei Uhr stahl ich mich aus Karlsbad, weil man mich sonst nicht fortgelassen hätte. Die Gesellschaft, die den achtundzwanzigsten August, meinen Geburtstag, auf eine sehr freundliche Weise feiern mochte, erwarb sich wohl dadurch ein Recht, mich festzuhalten; allein hier war nicht länger zu säumen. Ich warf mich ganz allein, nur einen Mantelsack und Dachsranzen aufpakkend, in eine Postchaise und gelangte halb acht Uhr nach Zwota, an einem schönen stillen Nebelmorgen. Die obern Wolken streifig und wollig, die untern schwer. Mir schienen das gute Anzeichen. Ich hoffte, nach einem so schlimmen Sommer einen guten Herbst zu genießen. Um zwölf in Eger, bei heißem Sonnenschein; und nun erinnerte ich mich, daß dieser Ort dieselbe Polhöhe habe wie meine Vaterstadt, und ich freute mich, wieder einmal bei klarem Himmel unter dem funfzigsten Grade zu Mittag zu essen.

Italienische Reise, 3. September 1786

Heute schreibe ich unter dem neunundvierzigsten Grade. Er läßt sich gut an. Der Morgen war kühl, und man klagt auch hier über Nässe und Kälte des Sommers; aber es entwickelte sich ein herrlicher gelinder Tag. Die milde Luft, die ein großer Fluß mitbringt, ist ganz etwas Eigenes. Das Obst ist nicht sonderlich. Gute Birnen hab' ich gespeist; aber ich sehne mich nach Trauben und Feigen.

Italienische Reise, 3. September 1786

Nun soll es gerade auf Innsbruck. Was laß ich nicht alles rechts und links liegen, um den einen Gedanken auszuführen, der fast zu alt in meiner Seele geworden ist!

Italienische Reise; München, 6. September 1786

Als ich um fünf Uhr von München wegfuhr, hatte sich der Himmel aufgeklärt. An den Tiroler Bergen standen die Wolken in ungeheuern Massen fest. Die Streifen der untern Regionen bewegten sich auch nicht. Der Weg geht auf den Höhen, wo man unten die Isar fließen sieht, über zusammengeschwemmte Kieshügel hin. Hier wird uns die Arbeit der Strömungen des uralten Meeres faßlich.

Italienische Reise; Mittenwald, 7. September 1786

Von Innsbruck herauf wird es immer schöner, da hilft kein Beschreiben. Auf den gebahntesten Wegen steigt man eine Schlucht herauf, die das Wasser nach dem Inn zu sendet, eine Schlucht, die den Augen unzählige Abwechselungen bietet. Wenn der Weg nah am schroffsten Felsen hergeht, ja in ihn hineingehauen ist, so erblickt man die Seite gegenüber sanft abhängig, so daß noch kann der schönste Feldbau darauf geübt werden. Es liegen Dörfer, Häuser, Häuschen, Hütten, alles weiß angestrichen, zwischen Feldern und Hecken auf der abhängenden hohen und breiten Fläche. Bald verändert sich das Ganze; das Benutzbare wird zur Wiese, bis sich auch das in einen steilen Abhang verliert.

Italienische Reise; auf dem Brenner,
8. September 1786

Zu meiner Welterschaffung habe ich manches erobert, doch nichts ganz Neues und Unerwartetes.

Italienische Reise; auf dem Brenner,
8. September 1786

... denn ich muß gestehen, da meine Reise eigentlich eine Flucht war vor allen den Unbilden, die ich unter dem einundfunfzigsten Grade erlitten, daß ich Hoffnung hatte, unter dem achtundvierzigsten ein wahres Gosen zu betreten.

Italienische Reise; auf dem Brenner,
8. September 1786

Mir ist jetzt nur um die sinnlichen Eindrücke zu tun, die kein Buch, kein Bild gibt. Die Sache ist, daß ich wieder Interesse an der Welt nehme, meinen Beobachtungsgeist versuche und prüfe, wie weit es mit meinen Wissenschaften und Kenntnissen geht, ob mein Auge licht, rein und hell ist, wie viel ich in der Geschwindigkeit fassen kann, und ob die Falten, die sich in mein Gemüt geschlagen und gedrückt haben, wieder auszutilgen sind.

Italienische Reise; Trient, 11. September 1786

Wie sehr wünschte ich meine Freunde einen Augenblick neben mich, daß sie sich der Aussicht freuen könnten, die vor mir liegt!

Italienische Reise; Torbole, 12. September 1786

Dadurch, daß ich immer wieder unter neue Menschen komme, erreiche ich durchaus meine Absicht; man muß das Volk nur untereinander reden hören, was das für ein lebendiges Bild des ganzen Landes gibt.

Italienische Reise; Terni, 27. Oktober 1786

Morgen abend also in Rom. Ich glaube es noch jetzt kaum, und wenn dieser Wunsch erfüllt ist, was soll ich mir nachher wünschen?

Italienische Reise; Città Castellana, 28. Oktober 1786

Ja, ich bin endlich in dieser Hauptstadt der Welt angelangt! ...

Nun bin ich hier und ruhig und, wie es scheint, auf mein ganzes Leben beruhigt. Denn es geht, man darf wohl sagen, ein neues Leben an, wenn man das Ganze mit Augen sieht, das man teilweise in- und auswendig kennt. Alle Träume meiner Jugend seh ich nun lebendig ...

Italienische Reise; Rom, 1. November 1786

Nun bin ich sieben Tage hier, und nach und nach tritt in meiner Seele der allgemeine Begriff dieser Stadt hervor. Wir gehn fleißig hin und wider, ich mache mir die Plane des alten und neuen Roms bekannt, betrachte die Ruinen, die Gebäude, besuche ein und die andere Villa, die größten Merkwürdigkeiten werden ganz langsam behan-

Johann Heinrich Wilhelm Tischbein:
Goethe als Reisender in der Campagna di Roma
Ölgemälde auf Leinwand. Ausschnitt
1786–1788

delt, ich tue nur die Augen auf und seh und geh und komme wieder, denn man kann sich nur in Rom auf Rom vorbereiten.

Italienische Reise; Rom, 7. November 1786

Ich lebe nun hier mit einer Klarheit und Ruhe, von der ich lange kein Gefühl hatte. Meine Übung, alle Dinge, wie sie sind, zu sehen und abzulesen, meine Treue, das Auge licht sein zu lassen, meine völlige Entäußerung von aller Prätention kommen mir einmal wieder recht zustatten und machen mich im stillen höchst glücklich. Alle Tage ein neuer merkwürdiger Gegenstand, täglich frische, große, seltsame Bilder und ein Ganzes, das man sich lange denkt und träumt, nie mit der Einbildungskraft erreicht.

Italienische Reise; Rom, 10. November 1786

Das ist das Angenehme auf Reisen, daß auch das Gewöhnliche durch Neuheit und Überraschung das Ansehen eines Abenteuers gewinnt.

Italienische Reise; Neapel, 9. März 1787

Ich habe viel gesehen und noch mehr gedacht: die Welt eröffnet sich mehr und mehr, auch alles, was ich schon lange weiß, wird mir erst eigen. Welch ein früh wissendes und spät übendes Geschöpf ist doch der Mensch!

Italienische Reise; Neapel, 17. März 1787

Reisen lern ich wohl auf dieser Reise, ob ich leben lerne, weiß ich nicht.

Italienische Reise; Neapel, 26. März 1787

Aus Italien, dem formreichen, war ich in das gestaltlose Deutschland zurückgewiesen, heiteren Himmel mit einem düsteren zu vertauschen; die Freunde, statt mich zu trösten und wieder an sich zu ziehen, brachten mich zur Verzweiflung. Mein Entzücken über entfernteste, kaum bekannte Gegenstände, mein Leiden, meine Klagen über das Verlorne schien sie zu beleidigen, ich vermißte jede Teilnahme, niemand verstand meine Sprache.

Schicksal der Handschrift

Um zu begreifen, daß der Himmel überall blau ist, braucht man nicht um die Welt zu reisen.

Wilhelm Meisters Wanderjahre, Zweites Buch

... denn es wird wohl auch drüben nicht anders sein als hier.

Wilhelm Meisters Wanderjahre, Erstes Buch

Einem andern Dresdner, Kriegsrat Hase – der während der Jahre 1775 bis 1777, als er den »Leipziger Musenalmanach« herausgab, Goethes Leipziger Lieder darin zum Abdruck gebracht hat –, sagte Goethe auf seine Klage, daß ihm das Glück versagt bleibe, Italien zu sehen: »Seien Sie des froh; denn sonst würde Ihnen hier der Himmel nie blau genug sein.«

Karlsbad, 1820

»Euch darf ich's wohl gestehen, – seit ich über den Ponte molle heimwärts fuhr, habe ich keinen glücklichen Tag mehr gehabt.« Und dabei waltete tiefe Rührung über seinen Zügen!

Gespräch mit Kanzler Müller, 30. Mai 1814

Eure Exzellenz haben oft im Scherz gesagt, daß das Fortreisen eine recht gute Sache sei, wenn nur das Wiederkommen nicht wäre.

Brief Eckermanns an Goethe; Genf, 12. September 1830

Jeder denkt doch eigentlich für sein Geld auf der Reise zu *genießen*. Er erwartet alle die Gegenstände, von denen er so vieles hat reden hören, nicht zu finden, wie der Himmel und die Umstände wollen, sondern so rein, wie sie in seiner Imagination stehen und fast nichts findet er so, fast nichts kann er so genießen. Hier ist was zerstört, hier was angekleckt, hier stinkt's, hier raucht's, hier ist Schmutz etc., so in den Wirtshäusern, mit den Menschen etc.

Der Genuß auf einer Reise ist, wenn man ihn rein haben will, ein abstrakter Genuß, ich muß die Unbequemlichkeiten, Widerwärtigkeiten, das was mit mir nicht stimmt, was ich nicht erwarte, alles muß ich beiseite bringen, in dem Kunstwerk nur den Gedanken des Künstlers, die erste Ausführung, das Leben der ersten Zeit, da das Werk entstand, heraussuchen und es wieder rein in meine Seele bringen, abgeschieden von allem, was die Zeit, der alles unterworfen ist, und der Wechsel der Dinge darauf gewürkt haben. Dann hab ich einen reinen bleibenden Genuß und um dessentwillen bin ich gereist, nicht um des augenblicklichen Wohlseins oder Spaßes willen. Mit der Betrachtung und dem Genuß der Natur ist's eben das. Trifft's dann aber auch einmal zusammen, daß alles paßt, dann ist's ein großes Geschenk, ich habe solche Augenblicke gehabt.

Tagebuch der italienischen Reise; an Charlotte von Stein, 25. September 1786

Meine Begriffe von Welt weiten sich nun gar schön aus, ich habe zweimal das Meer gesehn, das Mittländische und Adriatische, nur gleichsam zum Besuch, in Neapel wollen wir bekannter werden.

Es rückt alles auf einmal in mir herauf. Warum nicht früher! Warum nicht wohlfeiler!

Wie viel tausend Sachen, ja wie ganz neu und von vornen alles, hab ich dir nicht zu sagen.

An Charlotte von Stein; Rom, 10. Februar 1787

Ich kann noch nichts sagen, denn es wird nur. Hätte ich Zeit, ich wollte euch große Schätze zurückbringen ... Ich Wandrer raffe auf, was ich kann. Wie anders sehe ich gegen die erste Zeit, was würde es in Jahren sein. Sagen kann ich nichts; aber wollte Gott, ich hätte Freunde und Lieben um mich, mit mir, daß man sich teilen, vereint würken und genießen könnte.

Brief an Johann Gottfried Herder: Rom, 13. Januar 1787

Goethe: Villa Borghese in Rom
Feder und Aquarell
1787
(Freies Deutsches Hochstift,
Frankfurter Goethe-Museum, Frankfurt am Main)

Es freut mich, daß Knebel mit Ihnen ist, Gesellschaft ist zu allen Dingen nütze, ich habe ein Gelübde getan, nie wieder allein zu reisen.

Brief an Herzog Carl August; Rom, 3. Februar 1787

Goethe sagte neulich einmal: »Man reist ja nicht, um anzukommen, sondern um zu reisen.«

Caroline Herder an ihren Mann, 12. September 1788

Man muß nur alles Gute und Bequeme, was man zu Hause verließ, eine Zeitlang aus dem Sinne schlagen, so kann es wohl angehen. Abwechslung gibt es genug und viel zu sehen und zu hören. Der Herzog ist recht wohl. Die Armee steht um eine große Stadt, über ein Paar Flüsse weg und man schießt Tag und Nacht.

Brief an Christiane Vulpius, 29. Mai 1793

Schreibe mir, wie du deinen Hamburger Aufenthalt benutzest, da die Einrichtung der Hamburger Akademie nicht so viel gewährt, als die Ankündigung hoffen ließ. Das große Leben und Treiben um dich her wird dich bei aufmerksamer Betrachtung über Tausend Dinge am besten belehren.

Brief an Friedrich von Stein, 23. Oktober 1793

Ich freue mich herzlich, dich wieder zu sehen und dir zu sagen: daß zu Hause, bei seinem Liebchen das beste in der Welt ist, denn am Ende wer's nicht hat, sucht ein Zuhause und ein Liebchen.

Brief an Christiane Vulpius, 29. Juli 1795

Mit meinen Reisen wird es künftig nicht viel werden, wenn ich dich nicht mitnehmen kann. Denn jetzt schon möchte ich lieber bei dir zurück sein, dir im grünen Alkoven eine gute Nacht und einen guten Morgen bieten und mein Frühstück aus deiner Hand empfangen.

Brief an Christiane Vulpius, 23. September 1797

Gestehen wir überhaupt, daß Reisende, die sich aus ihrer häuslichen Beschränkung entfernen, gewissermaßen in eine nicht nur fremde, sondern völlig freie Natur einzutreten glauben; welchen Wahn man damals um so eher hegen konnte, als man noch nicht durch polizeiliche Untersuchung der Pässe, durch Zollabgaben und andere dergleichen Hindernisse jeden Augenblick erinnert wurde, es sei draußen noch bedingter und schlimmer als zu Hause.

Dichtung und Wahrheit, Vierter Teil

Auch mir kommt, indem ich andre sich fortbewegen sehe, die Lust wieder an, in die Welt wieder einmal hinaus zu blicken. Ich hoffe dazu Ihre Erlaubnis.

Brief an Herzog Carl August, 6. Juni 1797

Freund Meyer ist in der Schweiz und ich gehe, ihn zu besuchen. Was weiter aus uns werden wird, weiß ich nicht ...

Was mir diese Reise nehmen und geben wird, muß ich nun abwarten; ich kenne mich hierüber und weiß, daß alles, was von außen an mich gelangt, sehr späte Früchte bringt.

Brief an Christian Gottfried Körner, 20. Juli 1797

Die Reise gleicht einem Spiel; es ist immer Gewinn und Verlust dabei, und meist von der unerwarteten Seite, man empfängt mehr oder weniger, als man hofft, man kann ungestraft eine Weile hinschlendern, und dann ist man wieder genötigt, sich einen Augenblick zusammenzunehmen. Für Naturen wie die meine, die sich gerne festsetzen und die Dinge festhalten, ist eine Reise unschätzbar, sie belebt, berichtigt, belehrt und bildet.

Brief an Friedrich Schiller, 14. Oktober 1797

Kaum hatte ich mich in Zürich mit dem guten Meyer zusammengefunden, kaum waren wir zusammen hier angelangt, kaum hatte ich mich an seinen mitgebrachten Arbeiten, an der angenehmen Gegend und ihrer Kultur erfreut, als die nahen Gebirge mir eine gewisse Unruhe gaben, und das schöne Wetter den Wunsch unterhielt, mich ihnen zu nähern, ja sie zu besteigen. Der Instinkt, der mich dazu trieb, war sehr zusammengesetzt und undeutlich; ich erinnerte mich des Effekts, den diese Gegenstände vor zwanzig Jahren auf mich gemacht, der Eindruck war im ganzen geblieben, die Teile waren verloschen und ich fühlte ein wundersames Verlangen, jene Erfahrungen zu wiederholen und zu rektifizieren. Ich war ein anderer Mensch geworden und also mußten mir die Gegenstände auch anders erscheinen.

Brief an Friedrich Schiller; Stäfa, 14. Oktober 1797

Vor einem Jahre besuchte ich die Schweiz noch eben am Rande ihrer alten Verfassung; ich sah sie freilich mit andern Augen als vor zwanzig Jahren, und die Rekapitulation war mir in manchem Sinne wichtig.

Brief an Friedrich von Stein, 21. Dezember 1798

Ohne den mindesten Anstoß bin ich vergnügt und gesund nach Frankfurt gelangt und überlege in einer ruhigen und heitern Wohnung nun erst: was es heiße, in meinen Jahren in die Welt zu gehen. In früherer Zeit imponieren und verwirren uns die Gegenstände mehr, weil wir sie nicht beurteilen noch zusammenfassen können, aber wir werden doch mit ihnen leichter fertig, weil wir nur aufnehmen, was in unserm Wege liegt, und rechts und links wenig achten. Später kennen wir die Dinge mehr, es interessiert uns deren eine größere Anzahl und wir würden uns gar übel befinden, wenn uns nicht Gemütsruhe und Methode in diesen Fällen zu Hülfe käme.

Brief an Friedrich Schiller, 9. August 1797

Reisebeschreibungen aus verschiedenen Jahren sind gleichsam als Chroniken solcher Gegenstände anzusehen; die eigentlichen augenblicklichen Zustände werden aufgefaßt und festgehalten, indessen sich in der Wirklichkeit manches verändert und sich nach wenigen Jahren ganz neue Erscheinungen dem Beobachter darbieten.

Philipp Hackert

Seine Reisen haben ihn nicht klüger gemacht. Er flieht die Welt, weil sie sich nicht nach ihm richten will.

Brief an Cornelie Goethe, 6. Dezember 1765

Und ich betrachte mit Erstaunen, wie man reisen kann, ohne etwas außer sich gewahr zu werden ...

Italienische Reise; Venedig, 11. Oktober 1786

Der Reisende kann selten aus sich selbst herausgehen, was er von Schicksalen zu melden hat, ist wenig bedeutend, und meistens schreibt er mit selbstgefälligem Entzücken.

Brief an die Herzogin Louise, 23. Dezember 1786

Für einen Reisenden geziemt sich ein skeptischer Realism.

Brief an Friedrich Schiller; Frankfurt, 12. August 1797

Sie sprang in den Kahn und ruderte sich bis mitten in den See: dann zog sie eine Reisebeschreibung hervor, ließ sich von den bewegten Wellen schaukeln, las, träumte sich in die Fremde, und immer fand sie dort ihren Freund; seinem Herzen war sie noch immer nahe geblieben, er dem ihrigen.

Die Wahlverwandtschaften, Erster Teil

Nun glaub ich, sagte er, auf dem rechten Wege zu sein, da ich mich immerfort als einen Reisenden betrachte, der vielem entsagt, um vieles zu genießen. Ich bin an den Wechsel gewöhnt, ja er wird mir Bedürfnis, wie man in der Oper immer wieder auf eine neue Dekoration wartet, gerade weil schon so viele dagewesen. Was ich mir von dem besten und dem schlechtesten Wirtshause versprechen darf, ist mir bekannt; es mag so gut oder so schlimm sein, als es will, nirgends find ich das Gewohnte, und am Ende läuft es auf eins hinaus, ganz von einer notwendigen Gewohnheit oder ganz von der willkürlichsten Zufälligkeit abzuhangen. Wenigstens habe ich jetzt nicht den Verdruß, daß etwas verlegt oder verloren ist, daß mir ein tägliches Wohnzimmer unbrauchbar wird, weil ich es muß reparieren lassen, daß man mir eine liebe Tasse zerbricht und es mir eine ganze Zeit aus keiner andern schmecken will. Alles dessen bin ich überhoben, und wenn mir das Haus über dem Kopf zu brennen anfängt, so packen meine Leute gelassen ein und auf, und wir fahren zu Hofraum und Stadt hinaus. Und bei allen diesen Vorteilen, wenn ich es genau berechne, habe ich am Ende des Jahres nicht mehr ausgegeben, als es mich zu Hause gekostet hätte.

Die Wahlverwandtschaften, Zweiter Teil

Eine Reise zerstreut uns von dem, was wir haben, und gibt uns selten das, was wir brauchen, erregt vielmehr neue Bedürfnisse, bringt uns in neue Verhältnisse, denen wir in einem gewissen Alter nicht mehr gewachsen sind.

Brief an Friedrich Heinrich Jacobi,
27. Dezember 1794

»Und Ihr, mein Herr, Ihr reist so immer fort?«
»Ach, daß Gewerb und Pflicht uns dazu treiben!
Mit wie viel Schmerz verläßt man manchen Ort,
Und darf doch nun einmal nicht bleiben!«

Faust I

Sonderbare Pflichten des Wanderers habe ich auszuüben und ganz eigene Prüfungen zu bestehen. Wie lächle ich manchmal, wenn ich die Bedingungen durchlese, die mir der Verein, die ich mir selbst vorschrieb! Manches wird gehalten, manches übertreten ...

Nicht über drei Tage soll ich unter *einem* Dache bleiben. Keine Herberge soll ich verlassen, ohne daß ich mich wenigstens eine Meile von ihr entferne. Diese Gebote sind wahrhaft geeignet, meine Jahre zu Wanderjahren zu machen und zu verhindern, daß auch nicht die geringste Versuchung des Ansiedelns bei mir sich finde.

Wilhelm Meisters Wanderjahre, Erstes Buch

Bleibe nicht am Boden heften,
Frisch gewagt und frisch hinaus!
Kopf und Arm mit heitern Kräften,

Überall sind sie zu Haus;
Wo wir uns der Sonne freuen,
Sind wir jede Sorge los:
Daß wir uns in ihr zerstreuen,
Darum ist die Welt so groß.

Wilhelm Meisters Wanderjahre, Drittes Buch

Verweile nicht und sei dir selbst ein Traum,
Und wie du reisest, danke jedem Raum,
Bequeme dich dem Heißen wie dem Kalten;
Dir wird die Welt, du wirst ihr nie veralten.

Sprichwörtlich

Da deine freundliche Stimme mir bis in diese Wälder folgt, entgegne sogleich mit heitern Worten, um zu vermelden, daß es mir besonders wohl geht; denn vom Hause, nach einem so harten Winter, nach einer gewaltsamen Krankheit und einsam tätigen Monaten, beinahe lebensunfähig wegzugehen, war nicht zu verwundern. Reise, neue Gegenstände, Veränderung aller Art, sogar auch Unbequemlichkeit, neue An- und Eingewöhnung riefen mich eigentlich wieder ins Leben.

Brief an Karl Friedrich Zelter, 24. Juli 1823

Wenn einer schiffet und reiset,
Sammelt er nach und nach immer ein,
Was sich am Leben, mit mancher Pein,
Wieder ausschälet und weiset.

Sprichwörtlich

Es begegnet uns auf Reisen, wo wir entweder mit fremden oder doch lange nicht gesehenen Personen, es sei nun an ihrem Wohnort oder auch unterwegs, zusammentreffen, daß wir sie ganz anders finden, als wir sie zu denken gewohnt waren.

Tag- und Jahreshefte, 1807

Wir lernen die Menschen nicht kennen, wenn sie zu uns kommen; wir müssen zu ihnen gehen, um zu erfahren, wie es mit ihnen steht.

Die Wahlverwandtschaften, Zweiter Teil

Wenn man dagegen bei andern gewesen ist und hat sie mit ihren Umgebungen, Gewohnheiten, in ihren notwendigen, unausweichlichen Zuständen gesehen, wie sie um sich wirken oder wie sie sich fügen, so gehört schon Unverstand und böser Wille dazu, um das lächerlich zu finden, was uns in mehr als einem Sinne ehrwürdig scheinen müßte.

Die Wahlverwandtschaften, Zweiter Teil

Ich lobe sehr Ihren Entschluß, nach Spanien zu gehen; denn wer einmal fremde Literaturen genießen, sich von der bewohnten Welt einen Begriff machen, über Nationen, ihren Ursprung und ihre Verhältnisse denken will, der tut wohl, manche Länder zu bereisen, um sich ein Anschauen zu verschaffen, das durch keine Lectur erregt werden kann.

Brief an Wilhelm von Humboldt, 26. Mai 1799

Dies ist der eigentlichste Gewinn der Reisen, und jeder hat nach seiner Art und Weise genugsamen Vorteil davon. Das Bekannte wird neu durch unerwartete Bezüge, und erregt, mit neuen Gegenständen verknüpft, Aufmerksamkeit, Nachdenken und Urteil.

Geschichte meines botanischen Studiums

Bei Goethe, der sehr heiter war, traf ich einen interessanten jungen Amerikaner aus Boston, Cogswell, der schon drei Jahre in Europa umherreist. Seine Bewunderung Lord Byrons, den Goethe für den einzigsten großen Dichter jetziger Zeit erklärte. Seine witzigen französischen Epigramms. »Wären wir zwanzig Jahre jünger«, sagte Goethe zu Meyer, »so segelten wir noch nach Nordamerika.« – »Und wenn's dreißig Jahre wären, könnte es auch nichts schaden«, sagte dieser trocken.

Gespräch mit Kanzler Müller, 10. Mai 1819

Nur durch *Reisen* können neue Entdeckungen und Ansichten lebendig und rasch verbreitet werden.

Gespräch mit Kanzler Müller, 16. Dezember 1822

Wir Deutschen, versetzte Goethe freundlich, haben es jedoch Ihrer Nation in dieser Hinsicht um ein halbes Jahrhundert zuvorgetan. Ich beschäftige mich seit fünfzig Jahren mit der englischen Sprache und Literatur, so daß ich Ihre Schriftsteller und das Leben und die Einrichtung Ihres Landes sehr gut kenne. Käme ich nach England hinüber, ich würde kein Fremder sein.

Gespräch mit Eckermann, 10. Januar 1825

Durch die Gelassenheit, womit ich meinen Weg mache, lerne ich, freilich etwas spät, noch reisen.

Brief an Johann Heinrich Meyer,
11. September 1797

Im Wagen zu unsern Füßen lag ein aus Binsen geflochtener Korb mit zwei Handgriffen, der meine Aufmerksamkeit erregte. »Ich habe ihn, sagte Goethe, aus Marienbad mitgebracht, wo man solche Körbe in allen Größen hat, und ich bin so an ihn gewöhnt, daß ich nicht reisen kann, ohne ihn bei mir zu führen. Sie sehen, wenn er leer ist, legt er sich zusammen und nimmt wenig Raum ein; gefüllt dehnt er sich nach allen Seiten aus und faßt mehr, als man denken sollte. Er ist weich und biegsam und dabei so zähe und stark, daß man die schwersten Sachen darin fortbringen kann.«

Er sieht sehr malerisch und sogar antik aus, sagte ich.

»Sie haben Recht, sagte Goethe, er kommt der Antike nahe, denn er ist nicht allein so vernünftig und zweckmäßig als möglich, sondern er hat auch dabei die einfachste, gefälligste Form, so daß man also sagen kann: er steht auf dem höchsten Punkt der Vollendung. Auf meinen mineralogischen Exkursionen in den böhmischen Gebirgen ist er mir besonders zustatten gekommen. Jetzt enthält er unser Frühstück. Hätte ich einen Hammer mit, so möchte es auch heute nicht an Gelegenheit fehlen, hin und wieder ein Stückchen abzuschlagen und ihn mit Steinen gefüllt zurückzubringen.«

Gespräch mit Eckermann, 24. September 1827

Gutes zu empfangen, zu erweisen,
Alter! geh auf Reisen ...

Zahme Xenien

Am liebsten aber wünschte der Verfasser vorstehender Gedichte als ein Reisender angesehen zu werden, dem es zum Lobe gereicht, wenn er sich der fremden Landesart mit Neigung bequemt, deren Sprachgebrauch sich anzueignen trachtet, Gesinnungen zu teilen, Sitten aufzunehmen versteht.

West-östlicher Divan, Noten und Abhandlungen

Er sah die Welt nicht mehr wie ein Zugvogel an, ein Gebäude nicht mehr für eine geschwind zusammengestellte Laube, die vertrocknet, ehe man sie verläßt. Alles, was er anzulegen gedachte, sollte dem Knaben entgegenwachsen, und alles, was er herstellte, sollte eine Dauer auf einige Geschlechter haben. In diesem Sinne waren seine Lehrjahre geendigt, und mit dem Gefühl des Vaters hatte er auch alle Tugenden eines Bürgers erworben.

Wilhelm Meisters Lehrjahre, Achtes Buch

Die Zeit ist vorüber, wo man abenteuerlich in die weite Welt rannte; durch die Bemühungen wissenschaftlicher, weislich beschreibender, künstlerisch nachbildender Weltumreiser sind wir überall bekannt genug, daß wir ungefähr wissen, was zu erwarten sei.

Wilhelm Meisters Wanderjahre, Drittes Buch

Der Reisende betätigt vollkommen seinen Beruf, durch methodische Untersuchung, Aufgrabung bedeutender Altertümer, an Bau- und Bildwerken so wie an Inschriften.

Rezension der »Reisen und Untersuchungen in Griechenland« von Peter Olaf Bröndsted, 1826

Was ich nicht erlernt hab
Das hab ich erwandert.

Zur Naturwissenschaft überhaupt, Erster Band

III

... aber der Mensch ist ein wahrer Narziß ...

Selbstbetrachtung und Selbsterkenntnis

In einem biographischen Versuch ziemt es wohl, von sich selbst zu reden.

Dichtung und Wahrheit, Zweiter Teil

Das Leben eines Menschen ist sein Charakter.

Italienische Reise; Frascati, 2. Oktober 1787

Nicht allein das Angeborene, sondern auch das Erworbene ist der Mensch.

Maximen und Reflexionen

Ich gleiche ziemlich einem Chamäleon.

Brief an Ludwig Ysenburg von Buri,
2. Juni 1764

Jeder hat sein eigen Glück unter den Händen, wie der Künstler eine rohe Materie, die er zu einer Gestalt umbilden will. Aber es ist mit dieser Kunst wie mit allen; nur die Fähigkeit dazu wird uns angeboren, sie will gelernt und sorgfältig ausgeübt sein.

Wilhelm Meisters Lehrjahre, Erstes Buch

Einer meiner Hauptmängel ist, daß ich etwas heftig bin. Sie kennen ja die cholerische Temperamente, hingegen vergißt niemand leichter eine Beleidigung als ich.

Brief an Ludwig Ysenburg von Buri,
23. Mai 1764

Eigenheiten, die werden schon haften;
Kultiviere deine Eigenschaften!

Sprichwörtlich

Es ist gut, daß man einmal alles tue, was man tun kann, um die Ehre zu haben, sich näher kennen zu lernen.

Brief an Johann Heinrich Merck, 7. März 1775

Überhaupt, um die Welt recht zu betrachten (wozu Sie doch auch Lust bezeugen) muß man sie weder für zu schlimm, noch zu gut halten; Liebe und Haß sind gar nah verwandt, und beide machen uns trüb sehen.

Brief an Hetzler junior, 24. August 1770

Unser Geist scheint auch zwei Seiten zu haben, die ohne einander nicht bestehen können. Licht und Finsternis, Gutes und Böses, Hohes und Tiefes, Edles und Niedriges und noch so viel andere Gegensätze scheinen, nur in veränderten Portionen, die Ingredienzien der menschlichen Natur zu sein ...

Die guten Weiber

Zwei Seelen wohnen, ach! in meiner Brust,
Die eine will sich von der andern trennen;
Die eine hält, in derber Liebeslust,
Sich an die Welt mit klammernden Organen;
Die andre hebt gewaltsam sich vom Dust
Zu den Gefilden hoher Ahnen.

Faust I

Und so hatte ich das Glück zu sagen, daß, durch eine unerwartete Bekanntschaft, alles, was in mir von Selbstgefälligkeit, Bespiegelungslust, Eitelkeit, Stolz und Hochmut ruhen oder wirken mochte, einer sehr harten Prüfung ausgesetzt ward, die in ihrer Art einzig, der Zeit keineswegs gemäß, und nur desto eindringender und empfindlicher war.

Denn das bedeutendste Ereignis, was die wichtigsten Folgen für mich haben sollte, war die Bekanntschaft und die daran sich knüpfende nähere Verbindung mit Herder.

Dichtung und Wahrheit, Zweiter Teil

Denn gewöhnlich wehrt sich der Mensch so lange, als er kann, den Toren, den er im Busen hegt, zu verabschieden, einen Hauptirrtum zu bekennen und eine Wahrheit einzugestehen, die ihn zur Verzweiflung bringt.

Wilhelm Meisters Lehrjahre, Zweites Buch

Glücklich, wer den Fehlschluß von seinen Wünschen auf seine Kräfte bald gewahr wird!

Wilhelm Meisters Lehrjahre, Zweites Buch

Diese Woche viel auf dem Eis, in immer gleicher fast zu reiner Stimmung. Schöne Aufklärungen über mich selbst und unsre Wirtschaft, Stille und Vorahndung der Weisheit. Immer fortwährende Freude an Wirtschaft, Ersparnis, Auskommen. Schöne Ruhe in meinem Hauswesen gegen vorm Jahr. Bestimmteres Gefühl von Einschränkung, und dadurch der wahren Ausbreitung

Tagebuch vom Februar 1778

Wundersam Gefühl vom Eintritt ins dreißigste Jahr. Und Verändrung mancher Gesichtspunkte.

Tagebuch vom 31. August 1778

Ich bin nicht zu dieser Welt gemacht, wie man aus seinem Haus tritt, geht man auf lauter Kot. Und weil ich mich nicht um Lumperei kümmre, nicht klatsche und solche Rapporteurs nicht halte, handle ich oft dumm. – Viel Arbeit in mir selbst, zu viel Sinnens, daß abends mein ganzes Wesen zwischen den Augenknochen sich zusammen zu drängen scheint. Hoffnung auf Leichtigkeit durch Gewohnheit.

Tagebuch vom 15. Dezember 1778

Das Elend wird mir nach und nach so prosaisch wie ein Kaminfeuer. Aber ich lasse doch nicht ab von meinen Gedanken und ringe mit dem unerkannten Engel, sollt ich mir die Hüfte ausrenken. Es weiß kein Mensch, was ich tue und mit wieviel Feinden ich kämpfe, um das Wenige hervorzubringen. Bei meinem Streben und Streiten und Bemühen bitt ich euch, nicht zu lachen, zuschauende Götter. Allenfalls lächlen mögt ihr, und mir beistehen.

Tagebuch vom 25. Juli 1779

Zu Hause aufgeräumt, meine Papiere durchgesehen und alle alten Schalen verbrannt. Andre Zeiten andre Sorgen. Stiller Rückblick aufs Leben, auf die Verworrenheit, Betriebsamkeit, Wißbegierde der Jugend, wie sie überall herumschweift, um etwas Befriedigendes zu finden. Wie ich besonders in Geheimnissen, dunklen imaginativen Verhältnissen eine Wollust gefunden habe. Wie ich alles Wissenschaftliche nur halb angegriffen und bald wieder habe fahren lassen, wie eine Art von demütiger Selbstgefälligkeit durch alles geht, was ich damals schrieb. Wie kurzsinnig in menschlichen und göttlichen Dingen ich mich umgedreht habe. Wie des Tuns, auch des zweckmäßigen Denkens und Dichtens so wenig, wie in zeitverderbender Empfindung und Schatten Leidenschaft gar viel Tage vertan, wie wenig mir davon zu Nutz kommen und da die Hälfte nun des Lebens vorüber ist, wie nun kein Weg zurückgelegt, sondern vielmehr ich nur dastehe wie einer, der sich aus dem Wasser rettet und den die Sonne anfängt wohltätig abzutrocknen. Die Zeit, daß ich im Treiben der Welt bin seit 75 Oktbr. getrau ich noch nicht zu übersehen. Gott helfe weiter. Und gebe Lichter, daß wir uns nicht selbst so viel im Wege stehn. Lasse uns von Morgen zum Abend das Gehörige tun und gebe uns klare Begriffe von den Folgen der Dinge. Daß man nicht sei wie Menschen, die den ganzen Tag über Kopfweh klagen und gegen Kopfweh brauchen und alle Abend zu viel Wein zu sich nehmen. Möge die Idee des Reinen, die sich bis auf den Bissen erstreckt, den ich in Mund nehme, immer lichter in mir werden.

Tagebuch vom 7. August 1779

Was ich trage an mir und andern, sieht kein Mensch.

Tagebuch vom 13. Mai 1780

Ich legte mich zeitig zu Bette, mein gewöhnlich Mittel, wenn mir's in der Welt unheimlich wird ...

Brief an Charlotte von Stein, 9. September 1782

Der Schlaf heilt bei mir vieles ...

Brief an Charlotte von Stein, 3. April 1785

Es liegen in der menschlichen Natur wunderbare Kräfte, erwiderte Goethe, und eben wenn wir es am wenigsten hoffen, hat sie etwas Gutes für uns in Bereitschaft. – Ich habe in meinem Leben Zeiten gehabt, wo ich mit Tränen einschlief; aber in meinen Träumen kamen nun die lieblichsten Gestalten, mich zu trösten und zu beglücken, und ich stand am andern Morgen wieder frisch und froh auf den Füßen.

Gespräch mit Eckermann, 12. März 1828

Ich mache diese Reise nicht, um mich selbst zu betriegen, sondern um mich an den Gegenständen kennen zu lernen ...

Italienische Reise; Verona, 17. September 1786

Kehr ich nun in mich selbst zurück, wie man doch so gern tut bei jeder Gelegenheit, so entdecke ich ein Gefühl, das mich unendlich freut, ja, das ich sogar auszusprechen wage. Wer sich mit Ernst hier umsieht und Augen hat zu sehen, muß solid werden, er muß einen Begriff von Solidität fassen, der ihm nie so lebendig ward.

Der Geist wird zur Tüchtigkeit gestempelt, gelangt zu einem Ernst ohne Trockenheit, zu einem gesetzten Wesen mit Freude. Mir wenigstens ist es, als wenn ich die Dinge dieser Welt nie so richtig geschätzt hätte als hier. Ich freue mich der gesegneten Folgen auf mein ganzes Leben.

Und so laßt mich aufraffen, wie es kommen will, die Ordnung wird sich geben. Ich bin nicht hier, um nach meiner Art zu genießen; befleißigen will ich mich der großen Gegenstände, lernen und mich ausbilden, ehe ich vierzig Jahre alt werde.

Italienische Reise; Rom, 10. November 1786

Schon habe ich viel in meinem Innren gewonnen, schon habe ich viele Ideen, auf denen ich fest hielt, die mich und andre unglücklich machten, hingegeben und ich bin um vieles freier. Täglich werf ich eine neue Schale ab und hoffe, als ein Mensch wiederzukehren.

Brief an Charlotte von Stein; Rom,
6. Januar 1787

Es bleibt wohl dabei, meine Lieben, daß ich ein Mensch bin, der von der Mühe lebt.

Italienische Reise, 12. September 1787

Wenn man mit einem lebt, soll man mit allen leben, einen hört, soll man alle hören. Vor sich allein ist man wohl reine, ein andrer verrückt uns die Vorstellung durch seine, hört man den dritten so kommt man durch die Parallaxe wieder aufs erste Wahre zurück.

Tagebuch, 15. Dezember 1778

Meine Seele ist wie ein ewiges Feuerwerk ohne Rast.

Brief an Charlotte von Stein, 30. Juni 1780

Ich war mir guter, edler, großer Zwecke bewußt, konnte aber niemals die Bedingungen begreifen, unter denen ich wirkte; was mir mangelte, merkt' ich wohl, was an mir zu viel sei, gleichfalls; deshalb unterließ ich nicht mich zu bilden, nach außen und von innen. Und doch blieb es beim alten. Ich verfolgte jeden Zweck mit Ernst, Gewalt und Treue; dabei gelang mir oft, widerspenstige Bedingungen vollkommen zu überwinden, oft aber auch scheiterte ich daran, weil ich nachgeben und umgehen nicht lernen konnte. Und so ging mein Leben hin unter Tun und Genießen, Leiden und Widerstreben, unter Liebe, Zufriedenheit, Haß und Mißfallen anderer. Hieran spiegele sich, dem das gleiche Schicksal geworden.

Selbstschilderung

Cellini sagt, wenn ein Mann, der glaubt etwas geleistet und ein bedeutendes Leben geführt zu haben, im vierzigsten Jahre steht, so soll er seine Lebensbeschreibung beginnen, die ereignisvolle Zeit seiner Jugend treulich aufzeichnen und in der Folge weiter fortfahren.

Selbstbiographie, 1823

Frech wohl bin ich geworden; es ist kein Wunder. Ihr Götter
Wißt, und wißt nicht allein, daß ich auch fromm bin und treu.

Venetianische Epigramme

Ich habe niemals einen präsumptuoseren Menschen gekannt als mich selbst, und daß ich das sage, zeigt schon, daß wahr ist was ich sage.

Niemals glaubte ich, daß etwas zu erreichen wäre, immer dacht ich, ich hätt es schon. Man hätte mir eine Krone aufsetzen können und ich hätte gedacht, das verstehe sich von selbst. Und doch war ich gerade dadurch nur ein Mensch wie andre. Aber daß ich das über meine Kräfte Ergriffne durchzuarbeiten, das über mein Verdienst Erhaltne zu verdienen suchte, dadurch unterschied ich mich bloß von einem wahrhaft Wahnsinnigen.

Erst war ich den Menschen unbequem durch meinen Irrtum, dann durch meinen Ernst. Ich mochte mich stellen wie ich wollte, so war ich allein.

Selbstschilderung

Wenn wir einen Brief, den wir unter gewissen Umständen geschrieben und gesiegelt haben, der aber den Freund, an den er gerichtet war, nicht antrifft, sondern wieder zu uns zurückgebracht wird, nach einiger Zeit eröffnen, überfällt uns eine sonderbare Empfindung, indem wir unser eignes Siegel erbrechen und uns mit unserm veränderten Selbst wie mit einer dritten Person unterhalten.

Wilhelm Meisters Lehrjahre, Zweites Buch

Immer tätiger, nach innen und außen fortwirkender poetischer Bildungstrieb macht den Mittelpunkt und die Base seiner Existenz; hat man den gefaßt, so lösen sich alle übrigen anscheinenden Widersprüche. Da dieser Trieb rastlos ist, so muß er, um sich nicht stofflos selbst zu verzehren, sich nach außen wenden und, da er nicht beschauend, sondern nur praktisch ist, nach außen ihrer Richtung entgegen wirken. Daher die vielen falschen Tendenzen zur bildenden Kunst, zu der er kein Organ, zum tätigen Leben, wozu er keine Biegsamkeit, zu den Wissenschaften, wozu er nicht genug Beharrlichkeit hat. Da er sich aber gegen alle drei bildend verhält, auf Realität des Stoffs und Gehalts und auf Einheit und Schicklichkeit der Form überall dringen muß, so sind selbst diese falschen Richtungen des Strebens nicht unfruchtbar nach außen und innen.

... Eine Besonderheit, die ihn sowohl als Künstler als auch als Menschen immer bestimmt, ist die Reizbarkeit und Beweglichkeit, welche sogleich die Stimmung von dem gegenwärtigen Gegenstand empfängt, und ihn also entweder fliehen oder sich mit ihm vereinigen muß. So ist es mit Büchern, mit Menschen und Gesellschaften;

er darf nicht lesen, ohne durch das Buch bestimmt zu werden, er ist nicht gestimmt, ohne daß er, die Richtung sei ihm so wenig eigen als möglich, tätig dagegen zu wirken und etwas Ähnliches hervorzubringen strebt.

Selbstschilderung, 1797

Denn obgleich in der Empirie fast alles einzeln unangenehm auf mich wirkt, so tut doch das Ganze sehr wohl, wenn man endlich zum Bewußtsein seiner eignen Besonnenheit kommt. Leben Sie recht wohl und interpretieren Sie sich, da Sie mich kennen, meine oft wunderlichen Worte, denn es wäre mir unmöglich, mich selbst zu rektifizieren und diese rhapsodischen Grillen in einen Zusammenhang und Bestand zu bringen.

Brief an Friedrich Schiller, 12. August 1797

Die Existenzen fremder Menschen sind die besten Spiegel, worin wir die unsrige erkennen können.

Brief an Charlotte von Stein, 9. September 1783

Denn ein bedeutendes Individuum weiß uns immer für sich einzunehmen, und wenn wir seine Vorzüge anerkennen, so lassen wir das, was wir an ihm problematisch finden, auf sich beruhen; ja was uns an Gesinnungen und Meinungen desselben nicht ganz gemäß ist, ist uns wenigstens nicht zuwider: denn jeder Einzelne muß ja in seiner Eigentümlichkeit betrachtet werden und man hat neben seinem Naturell auch noch seine früheren Umgebungen, seine Bildungsgelegenheiten und die Stufen, auf denen er gegenwärtig steht, in Anschlag zu bringen.

Brief an Karl Friedrich von Reinhard,
8. Mai 1811

... aber der Mensch ist ein wahrer Narziß; er bespiegelt sich überall gern selbst, er legt sich als Folie der ganzen Welt unter.

Die Wahlverwandtschaften, Erster Teil

Die wenigsten Menschen lieben an dem andern das was er ist, nur das was sie ihm leihen, sich, ihre Vorstellung von ihm, lieben sie.

Aus einem Gespräch mit Friedrich Wilhelm Riemer

... denn jeder Mensch ist beschränkt genug, den andern zu seinem Ebenbild erziehen zu wollen.

Wilhelm Meisters Lehrjahre, Zweites Buch

Der Mensch erkennt sich nur im Menschen, nur
Das Leben lehret jedem was er sei.

Torquato Tasso, Zweiter Aufzug

... und es ist doch immer die Individualität eines Jeden, die ihn hindert, die Individualitäten der andern in ihrem ganzen Umfang gewahr zu werden.

Brief an Karl Ludwig von Knebel, 3. Januar 1807

Jeder ist selbst nur ein Individuum und kann sich auch eigentlich nur fürs Individuelle interessieren. Das Allgemeine findet sich von selbst, dringt sich auf, erhält sich, vermehrt sich. Wir benutzen's, aber wir lieben es nicht.

Wir lieben nur das Individuelle; daher die große Freude an Vorträgen, Bekenntnissen, Memoiren, Briefen und Anekdoten abgeschiedener, selbst unbedeutender Menschen.

Über Autobiographie

Jeder Mensch in seiner Beschränktheit muß sich nach und nach eine Methode bilden, um nur zu leben. Er lernt sich allmählich kennen, auch die Zustände der Außenwelt, er fügt sich darein, setzt sich aber wieder auf sich selbst zurück und formt sich zuletzt Maximen des Betragens, womit er auch ganz gut durchkommt, sich andern mitteilt, von andern empfängt und je nachdem er Widerspruch oder Einstimmung erfährt, sich entfernt oder anschließt, und so halten wir's mit uns selbst und mit unsern Freunden. Selten ist es aber, daß Personen gleichsam die Hälften von einander ausmachen, sich nicht abstoßen, sondern sich anschließen und einander ergänzen.

Ferneres in bezug auf mein Verhältnis zu Schiller

Erkenne dich! – Was soll das heißen?
Es heißt: Sei nur! und sei auch nicht!
Es ist eben ein Spruch der lieben Weisen,
Der sich in der Kürze widerspricht.

Sprichwörtlich

Es ist so angenehm, selbstzufrieden sich mancher Hindernisse zu erinnern, die wir oft mit einem peinlichen Gefühle für unüberwindlich hielten, und dasjenige, was wir jetzt, entwickelt, *sind*, mit dem zu vergleichen, was wir damals, unentwickelt, *waren*.

Wilhelm Meisters Lehrjahre, Erstes Buch

Sie haben recht, versetzte er mit einiger Verlegenheit, der Mensch ist dem Menschen das Interessanteste und sollte ihn vielleicht ganz allein interessieren. Alles andere, was uns umgibt, ist entweder nur Element, in dem wir leben, oder Werkzeug, dessen wir uns bedienen. Je mehr wir uns dabei aufhalten, je mehr wir darauf merken und teil daran nehmen, desto schwächer wird das Gefühl unsers eignen Wertes und das Gefühl der Gesellschaft.

Wilhelm Meisters Lehrjahre, Zweites Buch

Das Betragen ist ein Spiegel, in welchem jeder sein Bild zeigt.

Die Wahlverwandtschaften, Zweiter Teil

Jeder Mensch soll Freude an sich selbst haben, und glücklich, wer sie hat. Hat er sie aber, wie kann er sich verwehren, dieses angenehme Gefühl merken zu lassen? Wie soll er mitten im Dasein verbergen, daß er eine Freude am Dasein habe? Fände die gute Gesellschaft, denn von der ist doch hier allein die Rede, nur alsdann diese Äußerungen tadelhaft, wenn sie zu lebhaft werden, wenn des einen Menschen Freude an sich und seinem Wesen die andern hindert, Freude an dem ihrigen zu haben und sie zu zeigen, so wäre nichts dabei zu erinnern, und von diesem Übermaß ist auch wohl der Tadel zuerst ausgegangen. Aber was soll eine wunderlich-verneinende Strenge gegen etwas Unvermeidliches? Warum will man nicht eine Äußerung läßlich und erträglich finden, die man denn doch mehr oder weniger sich von Zeit zu Zeit selbst erlaubt? ja, ohne die eine gute Gesellschaft gar nicht existieren könnte: denn das Gefallen an sich selbst, das Verlangen, dieses Selbstgefühl andern mitzuteilen, macht gefällig, das Gefühl eigner Anmut macht anmutig. Wollte Gott, alle Menschen wären eitel, wären es aber mit Bewußtsein, mit Maß und im rechten Sinne: so würden wir in der gebildeten Welt die glücklichsten Menschen sein.

Wilhelm Meisters Wanderjahre, Zweites Buch

... denn der Eigenname eines Menschen ist nicht etwa wie ein Mantel, der bloß um ihn her hängt und an dem man allenfalls noch zupfen und zerren kann, sondern ein vollkommen passendes Kleid, ja wie die Haut selbst ihm über und über angewachsen, an der man nicht schaben und schinden darf, ohne ihn selbst zu verletzen.

Dichtung und Wahrheit, Zweiter Teil

Ich will alles, was ich kann, spielend treiben, was mir eben kommt und so lange die Lust daran währt. So hab ich in meiner Jugend gespielt unbewußt; so will ich's bewußt fortsetzen durch mein übriges Leben.

Gespräch mit Friedrich Wilhelm Riemer, Anfang 1807

... ich bin ein sehr irdischer Mensch ...

Brief an Johann Caspar Lavater, 28. Oktober 1779

Er geht nicht in die Kirche, auch nicht zum Abendmahl, betet auch selten. Denn, sagt er, ich bin dazu nicht genug Lügner... Vor der christlichen Religion hat er Hochachtung, nicht aber in der Gestalt, wie sie unsere Theologen vorstellten.

Johann Christian Kestner; an August Friedrich von Hennings, Herbst 1772

Da ich zwar kein Widerchrist, kein Unchrist, aber doch ein dezidierter Nichtchrist bin ...

Brief an Johann Caspar Lavater, 29. Juli 1782

Goethe sagte einmal zu Rühle: »Ich heidnisch? Nun, ich habe doch Gretchen hinrichten und Ottilien verhungern lassen, ist denn das den Leuten nicht christlich genug? Was wollen sie noch Christlicheres?«

Karl August Varnhagen von Ense, Tagebuch vom 28. Juni 1843

Goethe hat einem Durchreisenden offenbart, er sei in der Naturkunde und Philosophie ein Atheist, in der Kunst ein Heide und dem Gefühl nach ein Christ! – Jetzt wissen wir es also ganz naiv von ihm selber, wieso er es nirgend zur Wahrheit bringt.

Dorothea von Schlegel an ihre Söhne,
28. November 1817

Ich glaubte an Gott und die Natur, und an den Sieg des Edlen über das Schlechte; aber das war den frommen Seelen nicht genug, ich sollte auch glauben, daß Drei Eins sei und Eins Drei; das aber widerstrebte dem Wahrheitsgefühl meiner Seele; auch sah ich nicht ein, daß mir damit auch nur im mindesten wäre geholfen gewesen.

Gespräch mit Eckermann, 4. Januar 1824

Des religiosen Gefühls wird sich kein Mensch erwehren, dabei aber ist es ihm unmöglich, solches in sich allein zu verarbeiten, deswegen sucht er oder macht sich Proselyten.

Das letztere ist meine Art nicht, das erstere aber hab ich treulich durchgeführt und, von Erschaffung der Welt an, keine Confession gefunden, zu der ich mich völlig hätte bekennen mögen.

Brief an Sulpiz Boisserée, 22. März 1831

Nehmen wir sodann das bedeutende Wort vor: *Erkenne dich selbst*, so müssen wir es nicht im asketischen Sinne auslegen. Es ist keineswegs die Heautognosie unserer modernen Hypochondristen, Humoristen und Heautontimorumenen damit gemeint; sondern es heißt ganz einfach: Gib einigermaßen Acht auf dich selbst, nimm Notiz von dir selbst, damit du gewahr werdest, wie du zu deinesgleichen und der Welt zu stehen kommst. Hierzu bedarf es keiner psychologischen Quälereien; jeder tüchtige Mensch weiß und erfährt, was es heißen soll; es ist ein guter Rat, der einem jeden praktisch zum größten Vorteil gedeiht.

Maximen und Reflexionen

Es gibt problematische Naturen, die keiner Lage gewachsen sind, in der sie sich befinden, und denen keine genug tut. Daraus entsteht der ungeheure Widerstreit, der das Leben ohne Genuß verzehrt.

Maximen und Reflexionen

Wohl unglückselig ist der Mann,
Der unterläßt das, was er kann,
Und unterfängt sich, was er nicht versteht;
Kein Wunder, daß er zu Grunde geht.

Sprichwörtlich

Manchmal gedenke ich Rousseaus und seines hypochondrischen Jammers, und doch wird mir begreiflich, wie eine so schöne Organisation verschoben werden konnte. Fühlt' ich nicht solchen Anteil an den natürlichen Dingen und säh' ich nicht, daß in der scheinbaren Verwirrung hundert Beobachtungen sich vergleichen

Goethes rechtes Auge im Spiegel
Holzschnitt nach einer Zeichnung Goethes
um 1791
(Goethe: Die Schriften zur Naturwissenschaft.
Abt. 1. Bd. 3. Weimar: Böhlau, 1951. S. 33)

und ordnen lassen, wie der Feldmesser mit einer durchgezogenen Linie viele einzelne Messungen probiert, ich hielte mich oft selbst für toll.

Italienische Reise; Neapel, 17. März 1787

Ein Zustand, der alle Tage neuen Verdruß zuzieht, ist nicht der rechte.

Maximen und Reflexionen

Was ist das mit der Philosophie und besonders mit der neuen für eine wunderliche Sache! In sich selbst hineinzugehen, seinen eignen Geist über seinen Operationen zu ertappen, sich ganz in sich zu verschließen, um die Gegenstände desto besser kennen zu lernen! Ist das wohl der rechte Weg? Der Hypochondrist, sieht der die Sachen besser an, weil er immer in sich gräbt und sich untergräbt?

Der Sammler und die Seinigen, Zweiter Brief

Die große Schwierigkeit bei psychologischen Reflexionen ist, daß man immer das Innere und Äußere parallel oder vielmehr verflochten betrachten muß. Es ist immerfort Systole und Diastole, Einatmen und Ausatmen des lebendigen Wesens; kann man es auch nicht aussprechen, so beobachte man es genau und merke darauf.

Maximen und Reflexionen

Es ist eine schauderhafte Empfindung, wenn ein edler Mensch mit Bewußtsein auf dem Punkte steht, wo er über sich selbst aufgeklärt werden soll. Alle Übergänge sind Krisen, und ist eine Krise nicht Krankheit? Wie ungern tritt man nach einer Krankheit vor den Spiegel! Die Besserung fühlt man, und man sieht nur die Wirkung des vergangenen Übels.

Wilhelm Meisters Lehrjahre, Achtes Buch

Jeder Mensch findet sich von den frühsten Momenten seines Lebens an, erst unbewußt, dann halb, endlich ganz bewußt, immerfort bedingt, begrenzt in seiner Stellung. Weil aber niemand Zweck und Ziel seines Daseins kennt, vielmehr das Geheimnis desselben von höchster Hand verborgen wird, so tastet er nur, greift zu, läßt fahren, steht stille, bewegt sich, zaudert und übereilt sich, und auf wie mancherlei Weise denn alle Irrtümer entstehen, die uns verwirren.

Wilhelm Meisters Wanderjahre, Drittes Buch

Sich in seiner Beschränktheit gefallen ist ein elender Zustand; in Gegenwart des besten seine Beschränktheit fühlen ist freilich ängstlich, aber diese Angst erhebt.

Handschrift von 1801

Willst du dir aber das Beste tun,
So bleib nicht auf dir selber ruhn,
Sondern folg eines Meisters Sinn;
Mit ihm zu irren ist dir Gewinn.

Sprichwörtlich

Von Natur zu gelassener Betrachtung der Dinge aufgelegt, werde ich doch grimmig, sobald ich sehe, daß man dem Menschen das Unmögliche abfordert.

Gespräch mit Johann Daniel Falk, 9. Mai 1808

Handle besonnen ist die praktische Seite von: *Erkenne dich selbst*. Beides darf weder als Gesetz noch als Forderung betrachtet werden; es ist aufgestellt wie das Schwarze der Scheibe, das man immer auf dem Korn haben muß, wenn man es auch nicht immer trifft. Die Menschen würden verständiger und glücklicher sein, wenn sie zwischen dem unendlichen Ziel und dem bedingten Zweck den Unterschied zu finden wüßten und sich nach und nach ablauerten, wie weit ihre Mittel denn eigentlich reichen.

Brief an Johann Friedrich Rochlitz,
23. November 1829

Doch wir bespiegeln ja uns immer selbst in allem, was wir hervorbrachten.

Wilhelm Meisters Wanderjahre, Drittes Buch

Erkenne dich! – Was hab ich da für Lohn?
Erkenn ich mich, so muß ich gleich davon.

Sprichwörtlich

Man läßt sich seine Mängel vorhalten, man läßt sich strafen, man leidet manches um ihrer willen mit Geduld; aber ungeduldig wird man, wenn man sie ablegen soll.

Gewisse Mängel sind notwendig zum Dasein des einzelnen. Es würde uns unangenehm sein, wenn alte Freunde gewisse Eigenheiten ablegten.

Man sagt: »Er stirbt bald«, wenn einer etwas gegen seine Art und Weise tut.

Die Wahlverwandtschaften, Zweiter Teil

Wir sind nie entfernter von unsern Wünschen, als wenn wir uns einbilden, das Gewünschte zu besitzen.

Niemand ist mehr Sklave, als der sich für frei hält, ohne es zu sein.

Es darf sich einer nur für frei erklären, so fühlt er sich den Augenblick als bedingt. Wagt er es, sich für bedingt zu erklären, so fühlt er sich frei.

Die Wahlverwandtschaften, Zweiter Teil

Spricht man ja mit sich selbst nicht immer, wie man denkt, und es ist Pflicht, andern nur dasjenige zu sagen, was sie aufnehmen können. Der Mensch versteht nichts, als was ihm gemäß ist.

Wilhelm Meisters Wanderjahre, Erstes Buch

Der geringste Mensch kann komplett sein, wenn er sich innerhalb der Grenzen seiner Fähigkeiten und Fertigkeiten bewegt; aber selbst schöne *Vorzüge* werden verdunkelt, aufgehoben und vernichtet, wenn jenes unerläßlich geforderte Ebenmaß abgeht. Dieses Unheil wird sich in der neuern Zeit noch öfter hervortun; denn wer wird wohl den Forderungen einer durchaus gesteigerten Gegenwart und zwar in schnellster Bewegung genugtun können?

Nur klugtätige Menschen, die ihre Kräfte kennen und sie mit Maß und Gescheitigkeit benutzen, werden es im Weltwesen weit bringen.

Ein großer Fehler: daß man sich mehr dünkt, als man ist, und sich weniger schätzt, als man wert ist.

Wilhelm Meisters Wanderjahre, Zweites Buch

Kenne ich mein Verhältnis zu mir selbst und zur Außenwelt, so heiß ich's Wahrheit. Und so kann jeder seine eigene Wahrheit haben, und es ist doch immer dieselbige.

Maximen und Reflexionen

Der Mensch ist als wirklich in die Mitte einer wirklichen Welt gesetzt und mit solchen Organen begabt, daß er das Wirkliche und nebenbei das Mögliche erkennen und hervorbringen kann. Alle gesunde Menschen haben die Überzeugung ihres Daseins und eines Daseienden um sie her. Indessen gibt es auch einen hohlen Fleck im Gehirn, das heißt eine Stelle, wo sich kein Gegenstand abspiegelt, wie denn auch im Auge selbst ein Fleckchen ist, das nicht sieht. Wird der Mensch auf diese Stelle besonders aufmerksam, vertieft er sich darin, so verfällt er in eine Geisteskrankheit, ahnet hier *Dinge aus einer andern*

Welt, die aber eigentlich Undinge sind und weder Gestalt noch Begrenzung haben, sondern als leere Nacht-Räumlichkeit ängstigen und den, der sich nicht losreißt, mehr als gespensterhaft verfolgen.

Maximen und Reflexionen

Hiebei bekenn ich, daß mir von jeher die große und so bedeutend klingende Aufgabe: *erkenne dich selbst*, immer verdächtig vorkam, als eine List geheim verbündeter Priester, die den Menschen durch unerreichbare Forderungen verwirren und von der Tätigkeit gegen die Außenwelt zu einer innern falschen Beschaulichkeit verleiten wollten. Der Mensch kennt nur sich selbst, insofern er die Welt kennt, die er nur in sich und sich nur in ihr gewahr wird. Jeder neue Gegenstand, wohl beschaut, schließt ein neues Organ in uns auf.

Am allerfördersamsten aber sind unsere Nebenmenschen, welche den Vorteil haben, uns mit der Welt aus ihrem Standpunkt zu vergleichen und daher nähere Kenntnis von uns zu erlangen, als wir selbst gewinnen mögen.

Ich habe daher in reiferen Jahren große Aufmerksamkeit gehegt, inwiefern andere mich wohl erkennen möchten, damit ich in und an ihnen, wie an so viel Spiegeln, über mich selbst und über mein Inneres deutlicher werden könnte.

Bedeutende Fördernis durch ein einziges geistreiches Wort

Muß ich mich denn nicht selbst zugeben und voraussetzen, ohne jemals zu wissen, wie es eigentlich mit mir beschaffen sei, studiere ich mich nicht immer fort, ohne mich jemals zu begreifen, mich und andere, und doch kommt man fröhlich immer weiter und weiter.

Freundlicher Zuruf

Und was ist denn überhaupt Gutes an uns, wenn es nicht die Kraft und Neigung ist, die Mittel der äußeren Welt an uns heranzuziehen und unseren höheren Zwekken dienstbar zu machen. Ich darf wohl von mir selber reden und bescheiden sagen, wie ich fühle. Es ist wahr, ich habe in meinem langen Leben mancherlei getan und zu Stande gebracht, dessen ich mich allenfalls rühmen könnte. Was hatte ich aber, wenn wir ehrlich sein wollen, das eigentlich mein war, als die Fähigkeit und Neigung zu sehen und zu hören, zu unterscheiden und zu wählen, und das Gesehene und Gehörte mit einigem Geist zu beleben und mit einiger Geschicklichkeit wieder zu geben. Ich verdanke meine Werke keineswegs meiner eigenen Weisheit allein, sondern tausenden von Dingen und Personen außer mir, die mir dazu das Material boten. Es kamen Narren und Weise, helle Köpfe und bornierte, Kindheit und Jugend wie das reife Alter; alle sagten mir, wie es ihnen zu Sinne sei, was sie dachten, wie sie lebten und wirkten und welche Erfahrungen sie sich gesammelt, und ich hatte weiter nichts zu tun als zuzugreifen und das zu ernten, was andere für mich gesäet hatten.

Es ist im Grunde auch alles Torheit, ob einer etwas aus sich habe, oder ob er es von andern habe; ob einer durch sich wirke oder ob er durch andere wirke; die Hauptsache ist, *daß man ein großes Wollen habe und Geschick und Beharrlichkeit besitze es auszuführen*; alles übrige ist gleichgültig.

Gespräch mit Eckermann, 17. Februar 1832

Niemand wird sich selber kennen,
Sich von seinem Selbst-Ich trennen;
Doch probier' er jeden Tag,
Was nach außen endlich klar,
Was er ist und was er war,
Was er kann und was er mag.

Zahme Xenien

O ich kann wohl auch *bestialisch* sein, und verstehe mich gar sehr darauf, aber es ist doch verdrüßlich, die rauhe Seite herauskehren zu müssen.

Gespräch mit Kanzler Müller, 5. April 1824

Bei mir aber, der ich keine kriegerische Natur bin und keinen kriegerischen Sinn habe ...

Gespräch mit Eckermann, 14. März 1830

... da meine Natur conciliant ist ...

Brief an Karl Friedrich Zelter, 31. Oktober 1831

Ich war ein leidlicher Kerl, ließ mich auf keine Klatschereien ein, stand jedem in guten Dingen zu Diensten, und so kam ich durch.

Gespräch mit Kanzler Müller, 18. Februar 1830

Man hat mich immer als einen vom Glück besonders Begünstigten gepriesen; auch will ich mich nicht beklagen und den Gang meines Lebens nicht schelten. Allein im Grunde ist es nichts als Mühe und Arbeit gewesen, und ich kann wohl sagen, daß ich in mein fünf und siebzig Jahren keine vier Wochen eigentliches Behagen gehabt. Es war das ewige Wälzen eines Steines, der immer von neuem gehoben sein wollte.

Gespräch mit Eckermann, 27. Januar 1824

Ich traf ihn [Goethe] um 4 Uhr ganz allein und sehr gemütlich. ... Das Gespräch fiel auf *Selbstkenntnis.* »Ich behaupte, der Mensch kann sich nie selbst kennen lernen, sich nie rein als Objekt betrachten. Andere kennen mich viel besser als ich mich selbst. Nur *meine Bezüge* zur Außenwelt kann ich kennen und richtig würdigen lernen; darauf sollte man sich beschränken. Mit allem Streben nach Selbstkenntnis, das die Priester, das die Moral uns predigen, kommen wir nicht weiter im Leben, gelangen weder zu Resultaten noch zu wahrer innerer Besserung.

Doch will ich diese Ansicht nicht eben für ein Evangelium ausgeben. Was sind *Travers*? Falsche Stellungen zur Außenwelt. Wer hat sie nicht? Jede Lebensstufe hat die ihr eignen.«

Gespräch mit Kanzler Müller, 8. März 1824

Wenn wir nur etwas, das uns Sorge macht, aus unserer Gegenwart verbannen können, da glauben wir schon, nun sei es abgetan.

Die Wahlverwandtschaften, Erster Teil

Das Schlimme ist, fuhr Goethe fort, daß man im Leben so viel durch falsche Tendenzen ist gehindert worden und daß man nie eine solche Tendenz erkannt, als bis man sich bereits davon frei gemacht.

Woran aber, sagte ich, soll man sehen und wissen, daß eine Tendenz eine falsche sei?

Die falsche Tendenz, antwortete Goethe, ist nicht produktiv, und wenn sie es ist, so ist das Hervorgebrachte von keinem Wert. Dieses an andern gewahr zu werden, ist nicht so gar schwer, aber an sich selber, ist ein eigenes Ding und will eine große Freiheit des Geistes. Und selbst das Erkennen hilft nicht immer; man zaudert und zweifelt und kann sich nicht entschließen, so wie es schwer hält, sich von einem geliebten Mädchen los zu machen, von deren Untreue man längst wiederholte Beweise hat.

Gespräch mit Eckermann, 12. April 1829

Man verändert sich viel weniger, als man glaubt, und die Zustände bleiben sich auch meistens sehr ähnlich.

Wilhelm Meisters Wanderjahre, Erstes Buch

Der Mensch mag sich wenden wohin er will, er mag unternehmen was es auch sei, stets wird er auf jenen Weg wieder zurückkehren, den ihm die Natur einmal vorgezeichnet hat.

Dichtung und Wahrheit, Erster Teil

Man halte sich ans fortschreitende Leben und prüfe sich bei Gelegenheiten; denn da beweist sich's im Augenblick, ob wir lebendig sind, und bei späterer Betrachtung, ob wir lebendig waren.

Noch ein Wort für junge Dichter

Betrachten wir uns in jeder Lage des Lebens, so finden wir, daß wir äußerlich bedingt sind, vom ersten Atemzug bis zum letzten; daß uns aber jedoch die höchste Freiheit übrig geblieben ist, uns innerhalb unsrer selbst dergestalt auszubilden, daß wir uns mit der sittlichen Weltordnung in Einklang setzen und, was auch für Hindernisse sich hervortun, dadurch mit uns selbst zum Frieden gelangen können. Dies ist bald gesagt und geschrieben, steht aber auch nur als Aufgabe vor uns, deren Auflösung wir unsre Tage durchaus zu widmen haben.

Brief an Carl F. von Brühl, 23. Oktober 1828

IV

… denn was wäre die Welt ohne Kunst?

Kunst und Künstlerexistenz

Ich brauche Kunst, um fleißig zu sein.

Brief an Johann Jacob Riese, 21. Oktober 1765

Da ich ganz ohne Stolz bin, kann ich meiner innerlichen Überzeugung glauben, die mir sagt, daß ich einige Eigenschaften besitze, die zu einem Poeten erfordert werden, und daß ich durch Fleiß einmal einer werden könnte. Ich habe von meinem zehnten Jahre angefangen, Verse zu schreiben, und habe geglaubt, sie seien gut, jetzo in meinem 17. sehe ich, daß sie schlecht sind, aber ich bin doch 7 Jahre älter, und mache sie um 7 Jahre besser.

Brief an Cornelie Goethe, 11. Mai 1767

In der wahren Kunst gibt es keine Vorschule, wohl aber Vorbereitungen; die beste jedoch ist die Teilnahme des geringsten Schülers am Geschäft des Meisters.

Maximen und Reflexionen

Eigentümlichkeit des Ausdrucks ist Anfang und Ende aller Kunst.

Wilhelm Meisters Wanderjahre, Drittes Buch

Die Kunst ist nichts anders als das Licht der Natur.

Ephemerides

Die Natur wirkt nach Gesetzen, die sie sich in Eintracht mit dem Schöpfer vorschrieb, die Kunst nach Regeln, über die sie sich mit dem Genie einverstanden hat.

Maximen und Reflexionen

Das Erste und Letzte, was vom Genie gefordert wird, ist Wahrheitsliebe.

Maximen und Reflexionen

Weil nun aber alles, was ich mit Liebe in mich aufnahm, sich sogleich zu einer dichterischen Form anlegte ...

Dichtung und Wahrheit, Dritter Teil

In jedem Künstler liegt ein Keim von Verwegenheit, ohne den kein Talent denkbar ist, und dieser wird besonders rege, wenn man den Fähigen einschränken und zu einseitigen Zwecken dingen und brauchen will.

Maximen und Reflexionen

Alles Lyrische muß im Ganzen sehr vernünftig, im Einzelnen ein bißchen unvernünftig sein.

Maximen und Reflexionen

Ich komme immer auf mein Altes zurück. Wenn dem Künstler ein echter Gegenstand gegeben ist, so kann er etwas Echtes leisten.

Italienische Reise; Venedig, 5. Oktober 1786

Der Künstler kann nur arbeiten, Beifall läßt sich, wie Gegenliebe, wünschen, nicht erzwingen.

Brief an Philipp Friedrich Seidel,
27. Oktober 1787

In den Künsten wer nicht das Beste hat, hat nichts.

Brief an Johann Friedrich Reichardt,
2. November 1789

Warum wollen denn nun diese Arbeiten, wenn sie nicht vortrefflich sind, gar vernichtet werden?

Weil ein Gedicht entweder vortrefflich sein oder gar nicht existieren soll; weil jeder, der keine Anlage hat, das Beste zu leisten, sich der Kunst enthalten und sich vor jeder Verführung dazu ernstlich in acht nehmen sollte. Denn freilich regt sich in jedem Menschen ein gewisses unbestimmtes Verlangen, dasjenige, was er sieht, nachzuahmen; aber dieses Verlangen beweist gar nicht, daß auch die Kraft in uns wohne, mit dem, was wir unternehmen, zustande zu kommen.

Wilhelm Meisters Lehrjahre, Zweites Buch

Die höheren Forderungen sind an sich schon schätzbarer, auch unerfüllt, als niedrige, ganz erfüllte.

Maximen und Reflexionen

Wenn der Künstler nicht zugleich Handwerker ist, so ist er nichts, aber das Unglück! unsre meiste Künstler sind nur Handwerker ... Ja der Künstler muß eine so große Seele haben, wie der König, für den er Säle wölbt ...

Brief an Johann Gottfried Röderer,
21. September 1772

Meinen Tag habe ich bestmöglichst angewendet, um zu sehen und wiederzusehen, aber es geht mit der Kunst wie mit dem Leben: je weiter man hineinkommt, je breiter wird sie.

Italienische Reise; Bologna, 19. Oktober 1786

Gewöhnlich schrieb ich alles zur frühsten Tageszeit; aber auch abends, ja tief in die Nacht, wenn Wein und Geselligkeit die Lebensgeister erhöhten, konnte man von mir fordern, was man wollte; es kam nur auf eine Gelegenheit an, die einigen Charakter hatte, so war ich bereit und fertig.

Dichtung und Wahrheit, Dritter Teil.

Nun mache ich aber die Bemerkung, daß ich weder abends, noch in der Nacht jemals gearbeitet habe, son-

Johann Heinrich Wilhelm Tischbein:
Der lesende Goethe in der römischen Wohnung am Corso
Federzeichnung
um 1786/87

dern bloß des Morgens, wo ich den Rahm des Tages abschöpfte, da denn die übrige Zeit zu Käse gerinnen mochte.

Brief an Sulpiz Boisserée, 11. September 1820

Nehmt nur mein Leben hin in Bausch
Und Bogen, wie ich's führe;
Andre verschlafen ihren Rausch,
Meiner steht auf dem Papiere.

Zahme Xenien

Ich hatte in meinem Leben eine Zeit, wo ich täglich einen gedruckten Bogen von mir fordern konnte, und es gelang mir mit Leichtigkeit. Meine *Geschwister* habe ich in drei Tagen geschrieben. Meinen *Clavigo*, wie Sie wissen, in acht.

Gespräch mit Eckermann, 11. März 1828

... denn ich habe die Erfahrung wieder erneuert: daß ich nur in einer absoluten Einsamkeit arbeiten kann, und daß nicht etwa nur das Gespräch, sondern sogar schon die häusliche Gegenwart geliebter und geschätzter Personen meine poetischen Quellen gänzlich ableitet.

Brief an Friedrich Schiller, 9. Dezember 1797

... ich konnte Vierteljahre lang schweigen und dulden, wie ein Hund, aber meinen Zweck immer festhalten; trat ich dann mit der Ausführung hervor, so mußte ich *unbedingt* mit aller Kraft zum Ziele, mochte fallen rechts und links, was da wollte.

Gespräch mit Kanzler Müller, 31. März 1824

Ich wünsche nur, daß ich Sie wohl und poetisch tätig antreffen möge, denn es ist das nun einmal der beste Zustand, den Gott den Menschen hat gönnen wollen.

Brief an Friedrich Schiller, 23. Dezember 1795

Und so ist der Dichter zugleich Lehrer, Wahrsager, Freund der Götter und der Menschen. Wie! willst du, daß er zu einem kümmerlichen Gewerbe heruntersteige? Er, der wie ein Vogel gebaut ist, um die Welt zu überschweben, auf hohen Gipfeln zu nisten und seine Nahrung von Knospen und Früchten, einen Zweig mit dem andern leicht verwechselnd, zu nehmen, er sollte zugleich wie der Stier am Pfluge ziehen, wie der Hund sich auf eine Fährte gewöhnen oder vielleicht gar, an die Kette geschlossen, einen Meierhof durch sein Bellen sichern?

Wilhelm Meisters Lehrjahre, Zweites Buch

Freilich faßt der Kopf kein Kunstprodukt als nur in Gesellschaft mit dem Herzen.

Brief an Friedrich Schiller, 19. November 1796

Nein, der Dichter muß ganz *sich*, ganz in seinen geliebten Gegenständen leben. Er, der vom Himmel innerlich auf das köstlichste begabt ist, der einen sich immer selbst vermehrenden Schatz im Busen bewahrt, er muß auch von außen ungestört mit seinen Schätzen in der stillen Glückseligkeit leben, die ein Reicher vergebens mit aufgehäuften Gütern um sich hervorzubringen sucht. Sieh die Menschen an, wie sie nach Glück und Vergnügen rennen! Ihre Wünsche, ihre Mühe, ihr Geld jagen rastlos, und wonach? nach dem, was der Dichter von der Natur erhalten hat, nach dem Genuß der Welt, nach dem Mitgefühl seiner selbst in andern, nach einem harmonischen Zusammensein mit vielen oft unvereinbaren Dingen.

Was beunruhiget die Menschen, als daß sie ihre Begriffe nicht mit den Sachen verbinden können, daß der Genuß sich ihnen unter den Händen wegstiehlt, daß das Gewünschte zu spät kommt, und daß alles Erreichte und Erlangte auf ihr Herz nicht die Wirkung tut, welche die Begierde uns in der Ferne ahnen läßt. Gleichsam wie einen Gott hat das Schicksal den Dichter über dieses alles hinübergesetzt. Er sieht das Gewirre der Leidenschaften, Familien und Reiche sich zwecklos bewegen, er sieht die unauflöslichen Rätsel der Mißverständnisse, denen oft nur ein einsilbiges Wort zur Entwicklung fehlt, unsäglich verderbliche Verwirrungen verursachen. Er fühlt das Traurige und das Freudige jedes Menschenschicksals mit. Wenn der Weltmensch in einer abzehrenden Melancholie über großen Verlust seine Tage hinschleicht oder in ausgelassener Freude seinem Schicksale entgegengeht, so schreitet die empfängliche, leichtbewegliche Seele des Dichters wie die wandelnde Sonne von Nacht zu Tag fort, und mit leisen Übergängen stimmte seine Harfe zu Freude und Leid. Eingeboren auf dem Grund seines Herzens wächst die schöne Blume der Weisheit hervor, und wenn die andern wachend träumen und von ungeheuren Vorstellungen aus allen ihren Sinnen geängstiget werden, so lebt er den Traum des Lebens als Wachender, und das Seltenste, was geschieht, ist ihm zugleich Vergangenheit und Zukunft.

Wilhelm Meisters Lehrjahre, Zweites Buch

Jede Kunst verlangt den ganzen Menschen, der höchstmögliche Grad derselben die ganze Menschheit.

Propyläen; Einleitung, 1798

Die vornehmste Forderung, die an den Künstler gemacht wird, bleibt immer die: daß er sich an die Natur halten, sie studieren, sie nachbilden, etwas, das ihren Erscheinungen ähnlich ist, hervorbringen solle.

Wie groß, ja wie ungeheuer diese Anforderung sei, wird nicht immer bedacht, und der wahre Künstler selbst erfährt es nur bei fortschreitender Bildung. Die Natur ist von der Kunst durch eine ungeheure Kluft getrennt, welche das Genie selbst, ohne äußere Hülfsmittel, zu überschreiten nicht vermag.

Propyläen; Einleitung, 1798

Der Mensch ist der höchste, ja der eigentliche Gegenstand bildender Kunst! Um ihn zu verstehen, um sich aus dem Labyrinthe seines Baues herauszuwickeln, ist eine allgemeine Kenntnis der organischen Natur unerläßlich. Auch von den unorganischen Körpern, so wie von allgemeinen Naturwirkungen, besonders wenn sie, wie zum

Beispiel Ton und Farbe, zum Kunstgebrauch anwendbar sind, sollte der Künstler sich theoretisch belehren ...

Propyläen; Einleitung, 1798

Die Kunst ist eine Vermittlerin des Unaussprechlichen; darum scheint es eine Torheit, sie wieder durch Worte vermitteln zu wollen. Doch indem wir uns darin bemühen, findet sich für den Verstand so mancher Gewinn, der dem ausübenden Vermögen auch wieder zu Gute kommt.

Maximen und Reflexionen

Die Manifestation der Idee als des Schönen ist ebenso flüchtig als die Manifestation des Erhabenen, des Geistreichen, des Lustigen, des Lächerlichen. Dies ist die Ursache, warum so schwer darüber zu reden ist.

Maximen und Reflexionen

Das Schöne ist eine Manifestation geheimer Naturgesetze, die uns ohne dessen Erscheinung ewig wären verborgen geblieben.

Maximen und Reflexionen

... denn das letzte Produkt der sich immer steigernden Natur ist der schöne Mensch. Zwar kann sie ihn nur selten hervorbringen, weil ihren Ideen gar viele Bedingungen widerstreben, und selbst ihrer Allmacht ist es unmöglich, lange im Vollkommnen zu verweilen und dem hervorgebrachten Schönen eine Dauer zu geben. Denn genau genommen kann man sagen, es sei nur ein Augenblick, in welchem der schöne Mensch schön sei.

Dagegen tritt nun die Kunst ein: denn indem der Mensch auf den Gipfel der Natur gestellt ist, so sieht er sich wieder als eine ganze Natur an, die in sich abermals einen Gipfel hervorzubringen hat.

Winckelmann

Wem die Natur ihr offenbares Geheimnis zu enthüllen anfängt, der empfindet eine unwiderstehliche Sehnsucht nach ihrer würdigsten Auslegerin, der Kunst.

Maximen und Reflexionen

... denn was wäre die Welt ohne Kunst?

Tag- und Jahreshefte, 1805

Wollte Gott, ich könnte wieder von vorn anfangen und alle meine Arbeiten als ausgetretne Kinderschuhe hinter mir lassen und was Bessers machen.

Brief an Friedrich Schiller, 28. Februar 1798

Eines Menschen Leben, was ist's? Doch Tausende können
Reden über den Mann, was er und wie er's getan.

Weniger ist ein Gedicht; doch können es Tausend genießen,
Tausende tadeln. Mein Freund, lebe nur, dichte nur fort!

Venetianische Epigramme

Indem der Künstler irgendeinen Gegenstand der Natur ergreift, so gehört dieser schon nicht mehr der Natur an, ja man kann sagen: daß der Künstler ihn in diesem Augenblick erschaffe, indem er ihm das Bedeutende, Charakteristische, Interessante abgewinnt oder vielmehr erst den höhern Wert hineinlegt.

Propyläen; Einleitung, 1798

Es steht manches Schöne isoliert in der Welt, doch der Geist ist es, der Verknüpfungen zu entdecken und dadurch Kunstwerke hervorzubringen hat ...

Maximen und Reflexionen

Aber der Mensch ist nicht bloß ein denkendes, er ist zugleich ein empfindendes Wesen. Er ist ein Ganzes, eine Einheit vielfacher, innig verbundener Kräfte, und zu diesem Ganzen des Menschen muß das Kunstwerk reden, es muß dieser reichen Einheit, dieser einigen Mannigfaltigkeit in ihm entsprechen.

Der Sammler und die Seinigen, Sechster Brief

Ist doch wahre Kunst, rief er aus, wie gute Gesellschaft: sie nötigt uns auf die angenehmste Weise, das Maß zu erkennen, nach dem und zu dem unser Innerstes gebildet ist.

Wilhelm Meisters Lehrjahre, Achtes Buch

In den Darstellungen der Kunst ist das Allgemeine, das Charakteristische, das Ideale das erste, was erscheint, und das Individuelle füllt es gleichsam nur aus.

Gespräch mit Friedrich Wilhelm Riemer, 5. März 1809

Denn der innere Gehalt des bearbeiteten Gegenstandes ist der Anfang und das Ende der Kunst.

Dichtung und Wahrheit, Zweiter Teil

Ich weiß wohl, sagte Goethe, daß es schwer ist, aber die Auffassung und Darstellung des Besonderen ist auch das eigentliche Leben der Kunst.

Gespräch mit Eckermann, 29. Oktober 1823

Das verstand ich nicht und versteh es noch nicht; der Gegenstand ist es, der mich an einem Gemälde reizt, nicht die Kunst.

Wilhelm Meisters Lehrjahre, Erstes Buch

Natur und Idee läßt sich nicht trennen, ohne daß die Kunst sowie das Leben zerstört werde.

Wenn Künstler von Natur sprechen, subintelligieren sie immer die Idee, ohne sich's deutlich bewußt zu sein.

Ebenso geht's allen, die ausschließlich die Erfahrung anpreisen; sie bedenken nicht, daß die Erfahrung nur die Hälfte der Erfahrung ist.

Kurzgefaßte Miszellen aus den »Propyläen«, 1800

Es ist ein großer Vorteil für ein Kunstwerk, wenn es selbstständig, wenn es geschlossen ist. Ein ruhiger Gegenstand zeigt sich bloß in seinem Dasein, er ist also durch und in sich selbst geschlossen ...

Die Bildhauerkunst wird mit Recht so hoch gehalten, weil sie die Darstellung auf ihren höchsten Gipfel bringen kann und muß, weil sie den Menschen von allem, was ihm nicht wesentlich ist, entblößt.

Über Laokoon

Ein echtes Kunstwerk bleibt, wie ein Naturwerk, für unsern Verstand immer unendlich: es wird angeschaut, empfunden; es wirkt, es kann aber nicht eigentlich erkannt, viel weniger sein Wesen, sein Verdienst mit Worten ausgesprochen werden.

Über Laokoon

Die Kunst ruht auf einer Art religiosem Sinn, auf einem tiefen, unerschütterlichen Ernst; deswegen sie sich auch so gern mit der Religion vereinigt. Die Religion bedarf keines Kunstsinnes, sie ruht auf ihrem eignen Ernst; sie verleiht aber auch keinen, so wenig sie Geschmack gibt.

Maximen und Reflexionen

Das Schwierige leicht behandelt zu sehen, gibt uns das Anschauen des Unmöglichen.

Die Wahlverwandtschaften, Zweiter Teil

Nur aus innig verbundenem Ernst und Spiel kann wahre Kunst entspringen ...

Der Sammler und die Seinigen, Achter Brief

Alle Kunst gefällt nur, wenn sie den Charakter der Leichtigkeit hat. Sie muß wie improvisiert erscheinen.

Aus einem Gespräch mit Friedrich Wilhelm Riemer

Es ist eine ernsthafte Sache um die Kunst, wenn man es ein wenig streng nimmt, und sogar die Kenntnis ist schon ein Metier, welches man doch kaum glauben mag.

Brief an Herzog Carl August, 28. September 1787

... es hat doch im Grunde niemand einen rechten Begriff von der Schwierigkeit der Kunst als der Künstler selbst.

Italienische Reise; Rom, 8. Dezember 1787

Georg Melchior Kraus:
Goethe als Orest und Corona Schröter als Iphigenie bei der Uraufführung von Goethes »Iphigenie« im Redoutentheater von Weimar 6. April 1779
Ölgemälde auf Leinwand
(Ullstein Bilderdienst, Berlin)

Was mich betrifft, so sehe ich nur immer mehr ein, daß jeder nur sein Handwerk ernsthaft treiben und das übrige alles lustig nehmen soll. Ein paar Verse, die ich zu machen habe, interessieren mich mehr als viel wichtigere Dinge, auf die mir kein Einfluß gestattet ist ...

Brief an Karl Ludwig von Knebel, 10. August 1797

Bei jedem Kunstwerk, groß oder klein, bis ins Kleinste kommt alles auf die *Conception* an.

Maximen und Reflexionen

Man muß von den höchsten Maximen der Kunst und des Lebens in sich selbst nicht abweichen, auch nicht ein Haar, aber in der Empirie, in der Bewegung des Tages will ich lieber etwas Mittleres gelten lassen, als das Gute verkennen, oder auch nur daran mäkeln.

Brief an Karl Friedrich Zelter, 7. November 1816

Alle Künste fangen von dem Notwendigen an; allein es ist nicht leicht etwas Notwendiges in unserm Besitz oder zu unserm Gebrauch, dem wir nicht zugleich eine angenehme Gestalt geben, es an einen schicklichen Platz und mit andern Dingen in ein gewisses Verhältnis setzen können. Dieses natürliche Gefühl des Gehörigen und Schicklichen, welches die ersten Versuche von Kunst hervorbringt, darf den letzten Meister nicht verlassen, welcher die höchste Stufe der Kunst besteigen will; es ist so nahe mit dem Gefühl des Möglichen und Tulichen verknüpft, und diese zusammen sind eigentlich die Base von jeder Kunst.

Kunst und Handwerk, 1797

Man weicht der Welt nicht sicherer aus als durch die Kunst, und man verknüpft sich nicht sicherer mit ihr als durch die Kunst.

Selbst im Augenblick des höchsten Glücks und der höchsten Not bedürfen wir des Künstlers.

Die Kunst beschäftigt sich mit dem Schweren und Guten.

Die Wahlverwandtschaften, Zweiter Teil

Ich habe in meinem Beruf als Schriftsteller nie gefragt: was will die große Masse und wie nütze ich dem Ganzen? sondern ich habe immer nur dahin getrachtet, mich selbst einsichtiger und besser zu machen, den Gehalt meiner eigenen Persönlichkeit zu steigern, und dann immer nur auszusprechen, was ich als gut und wahr erkannt hatte.

Gespräch mit Eckermann, 20. Oktober 1830

Wer sich mit irgendeiner Kenntnis abgibt, soll nach dem Höchsten streben! Es ist mit der Einsicht viel anders als mit der Ausübung: denn im Praktischen muß sich jeder bald bescheiden, daß ihm nur ein gewisses Maß von Kräften zugeteilt sei; zur Kenntnis, zur Einsicht aber sind weit mehrere Menschen fähig, ja man kann wohl sagen, ein jeder, der sich selbst verleugnen, sich den Gegenständen unterordnen kann, der nicht mit einem starren, beschränkten Eigensinn sich und seine kleinliche Einseitigkeit in die höchsten Werke der Natur und Kunst überzutragen strebt.

Propyläen; Einleitung, 1798

Wer gegenwärtig über Kunst schreiben oder gar streiten will, der sollte einige Ahndung haben von dem, was die Philosophie in unsern Tagen geleistet hat und zu leisten fortfährt.

Kurzgefaßte Miszellen aus den »Propyläen«, 1800

Eines der vorzüglichsten Kennzeichen des Verfalles der Kunst ist die Vermischung der verschiedenen Arten derselben.

Die Künste selbst, so wie ihre Arten, sind untereinander verwandt, sie haben eine gewisse Neigung, sich zu vereinigen, ja sich ineinander zu verlieren; aber eben darin besteht die Pflicht, das Verdienst, die Würde des echten Künstlers, daß er das Kunstfach, in welchem er arbeitet, von andern abzusondern, jede Kunst und Kunstart auf sich selbst zu stellen und sie aufs möglichste zu isolieren wisse.

Man hat bemerkt, daß alle bildende Kunst zur Malerei, alle Poesie zum Drama strebe, und es kann uns diese Erfahrung künftig zu wichtigen Betrachtungen Anlaß geben.

Der echte, gesetzgebende Künstler strebt nach Kunstwahrheit, der gesetzlose, der einem blinden Trieb folgt, nach Naturwirklichkeit; durch jenen wird die Kunst zum höchsten Gipfel, durch diesen auf ihre niedrigste Stufe gebracht.

Propyläen; Einleitung, 1798

Die Kunst gibt sich selbst Gesetze und gebietet der Zeit. Der Dilettantismus folgt der Neigung der Zeit.

Über den Dilettantismus

Die Kunst soll das Penible nicht vorstellen.

Maximen und Reflexionen

Nichts ist dem Dilettantism mehr entgegen als feste Grundsätze und strenge Anwendung derselben.

Über strenge Urteile, Handschrift aus dem Nachlaß

Die Zudringlichkeiten junger Dilettanten muß man mit Wohlwollen ertragen: sie werden im Alter die wahrsten Verehrer der Kunst und des Meisters.

Maximen und Reflexionen

Das, was den Künstler groß und eigentümlich macht, kann er nur aus sich selbst schaffen.

Gespräch mit Johann Christian Lobe, November 1821

Man sagt wohl zum Lobe des Künstlers: er hat alles aus sich selbst. Wenn ich das nur nicht wieder hören müßte! Genau besehen, sind die Produktionen eines solchen

Originalgenies meistens Reminiszenzen; wer Erfahrung hat, wird sie meist einzeln nachweisen können.

Maximen und Reflexionen

Ich habe in meiner Poesie nie affektiert. – Was ich nicht lebte und was mir nicht auf die Nägel brannte und zu schaffen machte, habe ich auch nicht gedichtet und ausgesprochen. Liebesgedichte habe ich nur gemacht, wenn ich liebte. Wie hätte ich nun Lieder des Hasses schreiben können ohne Haß!

Gespräch mit Eckermann, 14. März 1830

Den Dichter könnt ihr mir nicht nehmen,
Den Menschen geb ich euch preis;
Auch der darf sich nicht schämen,
Greift doch an euren Steiß.

Zahme Xenien

Was der Künstler nicht geliebt hat, nicht liebt, soll er nicht schildern, kann er nicht schildern.

Aus Goethes Brieftasche

Es liegt in meiner Natur, das Große und Schöne willig und mit Freuden zu verehren …

Italienische Reise; Verona, 17. September 1786

Ich hasse die Leute, die für nichts Bewunderung empfinden; ich habe zeit meines Lebens immer alles bewundert.

Gespräch mit Frédéric Soret, 8. Mai 1831

Jeder große Künstler reißt uns weg, steckt uns an. Alles, was in uns von eben der Fähigkeit ist, wird rege, und da wir eine Vorstellung vom Großen und einige Anlage dazu haben, so bilden wir uns gar leicht ein, der Keim davon stecke in uns.

Maximen und Reflexionen

In der Poesie, sagte Goethe, ist durchaus etwas Dämonisches, und zwar vorzüglich in der unbewußten, bei der aller Verstand und alle Vernunft zu kurz kommt, und die daher auch so über alle Begriffe wirkt.

Gespräch mit Eckermann, 8. März 1831

Kunst: eine andere Natur, auch geheimnisvoll, aber verständlicher; denn sie entspringt aus dem Verstande.

Maximen und Reflexionen

Das müßte gar eine schlechte Kunst sein, die sich auf einmal fassen ließe, deren Letztes von demjenigen gleich geschaut werden könnte, der zuerst hereintritt.

Wilhelm Meisters Wanderjahre, Zweites Buch

... es würde uns wenig von der Kunst übrig bleiben, wenn wir ausschließen wollten, was sich nicht fassen und begreifen läßt, wie das tägliche Leben.

Gespräch mit Ernst Joachim Förster,
13. November 1825

Alle Poesie soll belehrend sein, aber unmerklich; sie soll den Menschen aufmerksam machen, wovon sich zu belehren wert wäre; er muß die Lehre selbst daraus ziehen wie aus dem Leben.

Über das Lehrgedicht

Und so schnurrt auch wieder durch das Ganze die alte, halbwahre Philisterleier: daß die Künste das Sittengesetz anerkennen und sich ihm unterordnen sollen. Das erste haben sie immer getan und müssen es tun, weil ihre Gesetze so gut als das Sittengesetz aus der Vernunft entspringen, täten sie aber das zweite, so wären sie verloren und es wäre besser, daß man ihnen gleich einen Mühlstein an den Hals hinge und sie ersäufte, als daß man sie nach und nach ins Nützlich-platte absterben ließe.

Brief an Johann Heinrich Meyer, 20. Juni 1796

Die Kunst an und für sich selbst ist edel; deshalb fürchtet sich der Künstler nicht vor dem Gemeinen. Ja indem er es aufnimmt, ist es schon geadelt, und so sehen wir die größten Künstler mit Kühnheit ihr Majestätsrecht ausüben.

Maximen und Reflexionen

Der Dichter aber, der seiner Natur nach unparteiisch sein und bleiben muß, sucht sich von den Zuständen beider kämpfenden Teile zu durchdringen, wo er denn, wenn Vermittlung unmöglich wird, sich entschließen muß, tragisch zu enden. Und mit welchem Zyklus von Tragödien sahen wir uns von der tosenden Weltbewegung bedroht!

Campagne in Frankreich

Der Dichter steht viel zu hoch, als daß er Partei machen sollte. Heiterkeit und Bewußtsein sind die schönsten Gaben, für die er dem Schöpfer dankt: Bewußtsein, daß er vor dem Furchtbaren nicht erschrecke, Heiterkeit, daß er alles erfreulich darzustellen wisse.

West-östlicher Divan, Noten und Abhandlungen

Die Künste sind das Salz der Erde; wie dieses zu den Speisen, so verhalten sich jene zu der Technik. Wir nehmen von der Kunst nicht mehr auf als nur, daß das Handwerk nicht abgeschmackt werde.

Wilhelm Meisters Wanderjahre, Zweites Buch

Zu erfinden, zu beschließen,
Bleibe, Künstler, oft allein;
Deines Wirkens zu genießen,
Eile freudig zum Verein!
Hier im Ganzen schau, erfahre
Deinen eignen Lebenslauf,
Und die Taten mancher Jahre
Gehn dir in dem Nachbar auf.

Der Gedanke, das Entwerfen,
Die Gestalten, ihr Bezug,
Eines wird das andre schärfen,
Und am Ende sei's genug!
Wohl erfunden, klug ersonnen,
Schön gebildet, zart vollbracht –
So von jeher hat gewonnen
Künstler kunstreich seine Macht.

Wie Natur im Vielgebilde
Einen Gott nur offenbart,
So im weiten Kunstgefilde
Webt *ein* Sinn der ewgen Art;
Dieses ist der Sinn der Wahrheit,
Der sich nur mit Schönem schmückt
Und getrost der höchsten Klarheit
Hellsten Tags entgegenblickt.

Wilhelm Meisters Wanderjahre, Zweites Buch

Die Kunst ist ein ernsthaftes Geschäft, am ernsthaftesten, wenn sie sich mit edlen heiligen Gegenständen beschäftigt; der Künstler aber steht über der Kunst und dem Gegenstande: über jener, da er sie zu seinen Zwekken braucht, über diesem, weil er ihn nach eigner Weise behandelt.

Maximen und Reflexionen

Wer sich einer strengen Kunst ergibt, muß sich ihr fürs Leben widmen.

Wilhelm Meisters Wanderjahre, Drittes Buch

Warum soll man es aber so streng nehmen? Ist denn alles, was wir tun, für die Ewigkeit getan?

Die Wahlverwandtschaften, Zweiter Teil

Ach Gott! die Kunst ist lang,
Und kurz ist unser Leben.

Faust I

Ich habe, sagte Goethe, auf meinem jetzigen Standpunkt über jene jugendlichen Produktionen eigentlich kein Urteil. Da mögt Ihr Jüngeren entscheiden. Ich will indes jene Anfänge nicht schelten; ich war freilich noch dunkel und strebte in bewußtlosem Drange vor mich hin, aber ich hatte ein Gefühl des Rechten, eine Wünschelrute, die mir anzeigte, wo Gold war.

Gespräch mit Eckermann, 29. Februar 1824

Es geht mir übrigens öfter mit meinen Sachen so, daß sie mir gänzlich fremd werden. Ich las dieser Tage etwas Französisches und dachte im Lesen: der Mann spricht gescheit genug, du würdest es selbst nicht anders sagen. Und als ich es genau besehe, ist es eine übersetzte Stelle aus meinen eigenen Schriften!

Gespräch mit Eckermann, 12. Januar 1827

Demut

Seh ich die Werke der Meister an,
So seh ich das, was sie getan;
Betracht ich meine Siebensachen,
Seh ich, was ich hätt sollen machen.

Epigrammatisch

Wie schwer ist es daher, dem Talente jeder Art und jeden Grades begreiflich zu machen, daß die Muse das Leben zwar gern begleitet, aber es keineswegs zu leiten versteht. Wenn wir beim Eintritt in das tätige und kräftige, mitunter unerfreuliche Leben, wo wir uns alle, wie wir sind, als abhängig von einem großen Ganzen empfinden müssen, alle früheren Träume, Wünsche, Hoffnungen und die Behaglichkeiten früherer Märchen zurückfordern, da entfernt sich die Muse und sucht die Gesellschaft des heiter Entsagenden, sich leicht Wiederherstellenden auf, der jeder Jahrszeit etwas abzugewinnen weiß, der Eisbahn wie dem Rosengarten die gehörige Zeit gönnt, seine eignen Leiden beschwichtigt und um sich her recht emsig forscht, wo er irgend ein Leiden zu lindern, Freude zu fördern Gelegenheit findet.

Für junge Dichter, Wohlgemeinte Erwiderung

Denn wenn es hart ist, der Liebe eines Weibes zu entsagen, so ist die Empfindung nicht weniger schmerzlich, von dem Umgange der Musen sich loszureißen, sich ihrer Gemeinschaft auf immer unwürdig zu erklären und auf den schönsten und nächsten Beifall, der unsrer Person, unserm Betragen, unsrer Stimme öffentlich gegeben wird, Verzicht zu tun.

Wilhelm Meisters Lehrjahre, Zweites Buch

Unser Meister ist derjenige, unter dessen Anleitung wir uns in einer Kunst fortwährend üben und welcher uns, wie wir nach und nach zur Fertigkeit gelangen, stufenweise die Grundsätze mitteilt, nach welchen handelnd wir das ersehnte Ziel am sichersten erreichen.

In solchem Sinne war ich Meister von niemand. Wenn ich aber aussprechen soll, was ich den Deutschen überhaupt, besonders den jungen Dichtern geworden bin, so darf ich mich wohl ihren *Befreier* nennen; denn sie sind an mir gewahr worden, daß, wie der Mensch von innen heraus leben, der Künstler von innen heraus wirken müsse, indem er, gebärde er sich wie er will, immer nur sein Individuum zutage fördern wird.

Geht er dabei frisch und froh zu Werke, so manifestiert er gewiß den Wert seines Lebens, die Hoheit oder Anmut, vielleicht auch die anmutige Hoheit, die ihm von der Natur verliehen war.

Ich kann übrigens recht gut bemerken, auf wen ich in dieser Art gewirkt; es entspringt daraus gewissermaßen eine Naturdichtung, und nur auf diese Art ist es möglich, Original zu sein ...

Worauf aber alles ankommt, sei in kurzem gesagt. Der junge Dichter spreche nur aus, was lebt und fortwirkt, unter welcherlei Gestalt es auch sein möge; er beseitige streng allen Widergeist, alles Mißwollen, Mißreden und was nur verneinen kann; denn dabei kommt nichts heraus.

Ich kann es meinen jungen Freunden nicht ernst genug empfehlen, daß sie sich selbst beobachten müssen, auf daß bei einer gewissen Fazilität des rhythmischen Ausdrucks sie doch auch immer an Gehalt mehr und mehr gewinnen.

Poetischer Gehalt aber ist Gehalt des eigenen Lebens; den kann uns niemand geben, vielleicht verdüstern, aber nicht verkümmern. Alles, was Eitelkeit, d. h. Selbstgefälliges ohne Fundament ist, wird schlimmer als jemals behandelt werden.

Sich frei zu erklären, ist eine große Anmaßung; denn man erklärt zugleich, daß man sich selbst beherrschen wolle, und wer vermag das? Zu meinen Freunden, den jungen Dichtern, sprech ich hierüber folgendermaßen: Ihr habt jetzt eigentlich keine Norm, und die müßt ihr euch selbst geben; fragt euch nur bei jedem Gedicht, ob es ein Erlebtes enthalte und ob dies Erlebte euch gefördert habe.

Ihr seid nicht gefördert, wenn ihr eine Geliebte, die ihr durch Entfernung, Untreue, Tod verloren habt, immerfort betrauert. Das ist gar nichts wert, und wenn ihr noch so viel Geschick und Talent dabei aufopfert.

Noch ein Wort für junge Dichter

Paris ist offen, Italien wird's auch werden; solange uns der Atem bleibt, werden wir den Künstler in das Weite der Welt und Kunst und in die Beschränktheit seiner selbst weisen.

Handschrift aus dem Nachlaß, 1801

Ich bin überzeugt, daß eine Weltliteratur sich bilde, daß alle Nationen dazu geneigt sind und deshalb freundliche Schritte tun. Der Deutsche kann und soll hier am meisten wirken, er wird eine schöne Rolle bei diesem großen Zusammentreten zu spielen haben.

Brief an Adolph Friedrich Carl Streckfuß, 27. Januar 1827

National-Literatur will jetzt nicht viel sagen, die Epoche der Welt-Literatur ist an der Zeit und jeder muß jetzt dazu wirken, diese Epoche zu beschleunigen.

Gespräch mit Eckermann, 31. Januar 1827

Laßt uns doch vielseitig sein!

Maximen und Reflexionen

Es gibt keine patriotische Kunst und keine patriotische Wissenschaft. Beide gehören wie alles hohe Gute der ganzen Welt an und können nur durch allgemeine freie Wechselwirkung aller zugleich Lebenden in steter Rücksicht auf das, was uns vom Vergangenen übrig und bekannt ist, gefördert werden.

Wilhelm Meisters Wanderjahre, Drittes Buch

Wir wissen von keiner Welt als im Bezug auf den Menschen; wir wollen keine Kunst, als die ein Abdruck dieses Bezugs ist.

Maximen und Reflexionen

V

Im Grunde aber sind wir alle kollektive Wesen …

Das Lob der Geselligkeit

So lang man lebt, sei man lebendig!

Maskenzug, 1818

Man ist nur eigentlich lebendig, wenn man sich des Wohlwollens andrer freut.

Wilhelm Meisters Wanderjahre, Zweites Buch

Der Zustand meines Herzens ist sonderbar, und meine Gesundheit schwankt wie gewöhnlich durch die Welt, die so schön ist, als ich sie lang nicht gesehen habe.

Die angenehmste Gegend, Leute die mich lieben, ein Zirkel von Freuden! Sind nicht die Träume deiner Kindheit alle erfüllt? frag ich mich manchmal, wenn sich mein Aug in diesem Horizont von Glückseligkeiten herumweidet; Sind das nicht die Feengärten, nach denen du dich sehntest? – Sie sind's, sie sind's! Ich fühl es, lieber Freund, und fühle, daß man um kein Haar glücklicher ist, wenn man erlangt, was man wünschte. Die Zugabe! die Zugabe! die uns das Schicksal zu jeder Glückseligkeit drein wiegt! Lieber Freund, es gehört viel Mut dazu, in der Welt nicht mißmutig zu werden.

Brief an Johann Daniel Salzmann, Juni 1771

Mir gäb es keine größre Pein,
Wär ich im Paradies allein.

Sprichwörtlich

Sie klagen über Einsamkeit! Ach daß das Schicksal der edelsten Seelen ist, nach einem Spiegel ihres Selbst vergebens zu seufzen. Sie werden es nicht immer, und schon jetzt, mit welchem ganzen Gefühl sehen Sie zween Töchter unter Ihren Augen werden, die, wenn sie Ihnen nicht alles sind, doch alles sind, was die liebe Gottheit Sterblichen von Glückseligkeit zu schenken vermag. Daß aber auch das Menschen Schicksal ist, daß der Reiche nicht lebendig fühlt seinen Reichtum! Glauben Sie Ihren Freunden, wie überwohl der Austeiler des Ganzen es mit Ihnen gemeint hat; wir nur wissen, was Sie haben, denn wir empfinden nicht, was Ihnen fehlt.

Brief an Sophie von La Roche,
etwa 20. November 1772

Wie fruchtbar ist der kleinste Kreis,
Wenn man ihn wohl zu pflegen weiß.

Zahme Xenien

Goethe – »sobald man in Gesellschaft, nimmt man vom Herzen den Schlüssel ab, und steckt ihn in die Tasche – die, welche ihn stecken lassen, das sind Dummköpfe«.

Johann Caspar Lavaters Tagebuch,
26. Juni 1774

Eine innere Geselligkeit mit Neigung, wie sie sich unter unseren Freunden erzeugt hatte, wird durch eine größere Gesellschaft immer nur unangenehm unterbrochen.

Die Wahlverwandtschaften, Erster Teil

Liebste Lotte, daß doch der Mensch so viel für sich tun kann und so wenig für andre.

Brief an Charlotte von Stein, 4. April 1782

... doch das ist ewig wahr: wer nichts für andere tut, tut nichts für sich ...

Clavigo, Vierter Akt

Ein jeder leidet, der nicht für sich selbst handelt. Man handelt für andere, um mit ihnen zu genießen.

Maximen und Reflexionen

Wer nicht die Welt in seinen Freunden sieht
Verdient nicht daß die Welt von ihm erfahre.

Torquato Tasso, Erster Aufzug

Nur in Wirkung und Gegenwirkung erfreuen wir uns!

Diderots Versuch über die Malerei

Ich kann dir nicht sagen, was ich schon die kurze Zeit an Menschlichkeit gewonnen habe. Wie ich aber auch fühle, was wir in den kleinen souveränen Staaten für elende einsame Menschen sein müssen, weil man, und besonders in meiner Lage, fast mit niemand reden darf, der nicht was wollte und möchte. Den Wert der Geselligkeit hab ich nie so sehr gefühlt und die Freude, die meinigen wieder zu sehn, in der Entfernung, nie so lebhaft.

Brief an Charlotte von Stein; Vicenza, 25. September 1786

Man muß ja keine Zeit versäumen, sagte sie; man weiß nicht, wie lange man beisammen bleibt.

Wilhelm Meisters Lehrjahre, Zweites Buch

Die Lust, zu reden, kommt zu rechter Stunde,
Und wahrhaft fließt das Wort aus Herz und Munde.

Sprichwörtlich

... und so flossen die Stunden des Tages unter Scherzen, Singen, Küssen und allerlei Necken auf das angenehmste vorbei.

Wilhelm Meisters Lehrjahre, Zweites Buch

Laß mich wenigstens durch die Einbildungskraft teil an deinem vergangenen Leben nehmen! Erzähle mir alles, ich will dir alles erzählen.

Wilhelm Meisters Lehrjahre, Erstes Buch

Wenn sich einer nur mitteilt, so ist es ganz einerlei, aus was für Motiven er es tut.

Über Autobiographie

... wie es denn dem geselligen Menschen ganz gleichgültig ist, ob er nutzt oder schadet, wenn er nur unterhalten wird.

Dichtung und Wahrheit, Dritter Teil

Der Mensch ist ein geselliges, gesprächiges Wesen; seine Lust ist groß, wenn er Fähigkeiten ausübt, die ihm gegeben sind, und wenn auch weiter nichts dabei herauskäme. Wie oft beklagt man sich in Gesellschaft, daß einer den andern nicht zum Worte kommen läßt, und ebenso kann man sagen, daß einer den andern nicht zum Schreiben kommen ließe, wenn nicht das Schreiben gewöhnlich ein Geschäft wäre, das man einsam und allein abtun muß.

Wie viel die Menschen schreiben, davon hat man gar keinen Begriff. Von dem, was davon gedruckt wird, will ich gar nicht reden, ob es gleich schon genug ist. Was aber an Briefen und Nachrichten und Geschichten, Anekdoten, Beschreibungen von gegenwärtigen Zuständen einzelner Menschen in Briefen und größeren Aufsätzen in der Stille zirkuliert, davon kann man sich nur eine Vorstellung machen, wenn man in gebildeten Familien eine Zeitlang lebt, wie es mir jetzt geht.

Wilhelm Meisters Wanderjahre, Erstes Buch

Eigentlich, sagte er, ist es schade, daß, so viel ich weiß, die Tagebücher abgekommen sind.

Die guten Weiber

Wir leben so heiter und zutraulich zusammen, und es muß nichts Schrecklicheres sein, als in der Gesellschaft einen Menschen zu wissen, der aufmerkt, nachschreibt und, wie jetzt alles gleich gedruckt wird, eine zerstükkelte und verzerrte Unterhaltung ins Publikum bringt.

Die guten Weiber

Literatur ist das Fragment der Fragmente; das Wenigste dessen, was geschah und gesprochen worden, ward geschrieben, vom Geschriebenen ist das Wenigste übrig geblieben.

Wilhelm Meisters Wanderjahre, Zweites Buch

Leben Sie recht wohl und lassen uns diesen Monat viel an einander schreiben, denn das, was geschehen soll, verlangt viel Aufmunterung.

Brief an Friedrich Schiller, 29. Juni 1796

»Hätten Sie sich eigentlicher ausgedrückt, so hätten wir nicht gestritten.«

»Aber auch nicht gesprochen. Verwirrungen und Mißverständnisse sind die Quellen des tätigen Lebens und der Unterhaltung.«

Unterhaltungen deutscher Ausgewanderten

Kommt her, ihr Kinder! rief die Baronesse. Wir haben eine ernsthafte Unterredung gehabt, die, wie ich hoffe, Friede und Einigkeit unter uns herstellen und den guten

Ton, den wir eine Zeitlang vermissen, wieder unter uns einführen soll; vielleicht haben wir nie nötiger gehabt, uns aneinander zu schließen und, wäre es auch nur wenige Stunden des Tages, uns zu zerstreuen. Laßt uns dahin übereinkommen, daß wir, wenn wir beisammen sind, gänzlich alle Unterhaltung über das Interesse des Tages verbannen! Wie lange haben wir belehrende und aufmunternde Gespräche entbehrt, wie lange hast du uns, lieber Karl, nichts von fernen Landen und Reichen erzählt, von deren Beschaffenheit, Einwohnern, Sitten und Gebräuchen du so schöne Kenntnisse hast! – Wie lange haben Sie, so redete sie den Hofmeister an, die alte und neue Geschichte, die Vergleichung der Jahrhunderte und einzelner Menschen schweigen lassen! – Wo sind die schönen und zierlichen Gedichte geblieben, die sonst so oft aus den Brieftaschen unsrer jungen Frauenzimmer zur Freude der Gesellschaft hervorkamen? Wohin haben sich die unbefangenen philosophischen Betrachtungen verloren? Ist die Lust gänzlich verschwunden, mit der ihr von euren Spaziergängen einen merkwürdigen Stein, eine uns wenigstens unbekannte Pflanze, ein seltsames Insekt zurückbrachtet und dadurch Gelegenheit gabt, über den großen Zusammenhang aller vorhandenen Geschöpfe wenigstens angenehm zu träumen? Laßt alle diese Unterhaltungen, die sich sonst so freiwillig darboten, durch eine Verabredung, durch Vorsatz, durch ein Gesetz wieder bei uns eintreten! Bietet alle eure Kräfte auf, lehrreich, nützlich und besonders gesellig zu sein! Und das alles werden wir – und noch weit mehr als jetzt – benötigt sein, wenn auch alles völlig drunter oder drüber gehen sollte. Kinder, versprecht mir das!

Unterhaltungen deutscher Ausgewanderten

Ob ich helfen kann, weiß ich nicht; ein einzelner hilft nicht, sondern wer sich mit vielen zur rechten Stunde vereinigt.

Das Märchen

Reiner Genuß und wahrer Nutzen kann nur wechselseitig sein und ich freue mich, Ihnen gelegentlich zu entwickeln: was mir Ihre Unterhaltung gewährt hat, wie ich von jenen Tagen an auch eine Epoche rechne und wie zufrieden ich bin, ohne sonderliche Aufmunterung, auf meinem Wege fortgegangen zu sein, da es nun scheint, als wenn wir, nach einem so unvermuteten Begegnen, mit einander fortwandern müßten. Ich habe den redlichen und so seltenen Ernst, der in allem erscheint, was Sie geschrieben und getan haben, immer zu schätzen gewußt und ich darf nunmehr Anspruch machen, durch Sie selbst mit dem Gange Ihres Geistes, besonders in den letzten Jahren, bekannt zu werden. Haben wir uns wechselseitig die Punkte klar gemacht, wohin wir gegenwärtig gelangt sind; so werden wir desto ununterbrochener gemeinschaftlich arbeiten können.

Brief an Friedrich Schiller, 27. August 1794

Eine angenehme Aussicht bietet sich mir dar, daß ich mit Schillern in ein angenehmes Verhältnis komme, und hoffen kann, in manchen Fächern mit ihm gemeinschaftlich zu arbeiten, zu einer Zeit, wo die leidige Politik und der unselige körperlose Parteigeist alle freundschaftliche Verhältnisse aufzuheben, und alle wissenschaftliche Verbindungen zu zerstören droht.

Brief an Friedrich von Stein, 28. August 1794

Mit Schiller und Humboldt setze ich ein ganz vergnügliches Leben fort, die Kreise unsers Denkens und Wirkens laufen in einander und wir begegnen uns oft. Mein häusliches Wesen dreht sich auch still auf seiner Achse und so bleibt mir nichts zu wünschen übrig.

Brief an Friedrich Jacobi, 2. Februar 1795

Doch was uns am Objekt abgehen mag, gewinnen wir reichlich durch Schillers Mitarbeit. Wir drei haben uns nun so zusammen und in einander gesprochen, daß bei den verschiedensten Richtungen unserer Naturen keine Diskrepanz mehr möglich ist, sondern eine gemeinschaftliche Arbeit nur um desto mannigfaltiger werden kann. Wir haben seit einiger Zeit angefangen, Plane und Entwürfe zusammen zu machen, welches den großen Vorteil gewährt, daß nicht etwa, bei einem vollendeten Werk, Erinnerungen vorkommen, die man entweder nur mit beschwerlichen Abänderungen nutzen kann, oder die man wohl gar wider seinen Willen ungenutzt liegen lassen muß.

Brief an Wilhelm von Humboldt, 26. Mai 1799

Es geht uns der ganze Gewinn des Lebens verloren, wenn wir uns nicht mitteilen können, und eben in den zartesten Sachen, an denen man so selten Teilnehmer findet, wünscht man sie am lebhaftesten.

Brief an Johann Heinrich Meyer, 20. Juni 1796

Freund Meyer, der seit 1792, einige Jahre Abwesenheit ausgenommen, als Haus- und Tischgenosse mich durch belehrende, unterrichtende, beratende Gegenwart erfreute, verließ mein Haus in Gefolg einer eingegangenen ehlichen Verbindung. Jedoch die Notwendigkeit, sich ununterbrochen mitzuteilen, überwand bald die geringe Entfernung, ein wechselseitiges Einwirken blieb lebendig, so daß weder Hindernis noch Pause jemals empfunden ward.

Tag- und Jahreshefte, 1802

Von manchem möchte ich Sie unterhalten und Sie über manches fragen; aber das Unreife ist für das Gespräch und nicht für den Briefwechsel, die Rede löst so leicht jeden Irrtum auf, der durch die Schrift gleichsam erst recht konsolidiert wird.

Brief an Georg Christoph Lichtenberg,
26. Dezember 1796

Was uns hierin eine stärkere Zuversicht zu geben vermag, ist die Harmonie, in der wir mit mehreren stehen, ist die Erfahrung, daß wir nicht allein, sondern gemeinschaftlich denken und wirken. Die zweifelhafte Sorge, unsere Vorstellungsart möchte uns nur allein angehören, die uns so oft überfällt, wenn andere gerade das Gegenteil von unserer Überzeugung aussprechen, wird erst gemildert, ja aufgehoben, wenn wir uns in mehreren wiederfinden; dann fahren wir erst mit Sicherheit fort, uns in dem Besitze solcher Grundsätze zu erfreuen, die eine lange Erfahrung uns und andern nach und nach bewährt hat.

Wenn mehrere vereint auf diese Weise zusammenleben, daß sie sich Freunde nennen dürfen, indem sie ein gleiches Interesse haben, sich fortschreitend auszubilden, und auf nahverwandte Zwecke losgehen, dann werden sie gewiß sein, daß sie sich auf den vielfachsten Wegen wieder begegnen und daß selbst eine Richtung, die sie voneinander zu entfernen schien, sie doch bald wieder glücklich zusammenführen wird.

Wer hat nicht erfahren, welche Vorteile in solchen Fällen das Gespräch gewährt! Allein es ist vorübergehend, und indem die Resultate einer wechselseitigen Ausbildung unauslöschlich bleiben, geht die Erinnerung der Mittel verloren, durch welche man dazu gelangt ist.

Ein Briefwechsel bewahrt schon besser die Stufen eines freundschaftlichen Fortschrittes: jeder Moment des Wachstums ist fixiert, und wenn das Erreichte uns eine beruhigende Empfindung gibt, so ist ein Blick rückwärts auf das Werden belehrend, indem er uns zugleich ein künftiges, unablässiges Fortschreiten hoffen läßt.

Kurze Aufsätze, in die man von Zeit zu Zeit seine Gedanken, seine Überzeugungen und Wünsche niederlegt, um sich nach einiger Zeit wieder mit sich selbst zu unterhalten, sind auch ein schönes Hülfsmittel eigner und fremder Bildung, deren keines versäumt werden darf, wenn man die Kürze der dem Leben zugemessnen Zeit und die vielen Hindernisse bedenkt, die einer jeden Ausführung im Wege stehn.

Daß hier besonders von einem Ideenwechsel solcher Freunde die Rede sei, die sich im allgemeinern zu Künsten und Wissenschaften auszubilden streben, versteht sich von selbst, obgleich ein Welt- und Geschäftsleben auch eines solchen Vorteils nicht ermangeln sollte.

Propyläen; Einleitung, 1789

In demselbigen Augenblicke tritt ein Freund, vielleicht ein Fremder, unerwartet herein, wir glauben uns gestört und von unserm Gegenstande hinweggeführt; aber unvermutet lenkt sich das Gespräch auf denselben, der Ankömmling läßt entweder gleiche Gesinnungen merken, oder er drückt das Gegenteil unserer Überzeugung aus, vielleicht trägt er etwas nur halb und unvollständig vor, das wir besser zu übersehen glauben, oder erhöht unsere eigne Vorstellung, unser eignes Gefühl durch tiefere Einsicht, durch Leidenschaft für die Sache. Schnell sind alle Stockungen gehoben, wir lassen uns lebhaft ein, wir vernehmen, wir erwidern. Bald gehen die Meinungen gleichen Schrittes, bald durchkreuzen sie sich, das Gespräch schwankt so lange hin und her, kehrt so lange in sich selbst zurück, bis der Kreis durchlaufen und vollendet ist. Man scheidet endlich von einander, mit dem Gefühl, daß man sich für diesmal nichts weiter zu sagen habe.

Diderots Versuch über die Malerei

... und wir können in beiden Fällen nicht genug anerkennen, wie nötig Mitteilung, Beihülfe, Erinnerung und Widerspruch sei, um uns auf dem rechten Wege zu erhalten und vorwärts zu bringen.

Der Versuch als Vermittler von Objekt und Subjekt

Nur alle Menschen machen die Menschheit aus, nur alle Kräfte zusammengenommen die Welt. Diese sind unter sich oft im Widerstreit, und indem sie sich zu zerstören suchen, hält sie die Natur zusammen und bringt sie wieder hervor. Von dem geringsten tierischen Handwerkstriebe bis zur höchsten Ausübung der geistigsten Kunst, vom Lallen und Jauchzen des Kindes bis zur trefflichsten Äußerung des Redners und Sängers, vom ersten Balgen der Knaben bis zu den ungeheuren Anstalten, wodurch Länder erhalten und erobert werden, vom leichtesten Wohlwollen und der flüchtigsten Liebe bis zur heftigsten Leidenschaft und zum ernstesten Bunde, von dem reinsten Gefühl der sinnlichen Gegenwart bis zu den leisesten Ahnungen und Hoffnungen der entferntesten geistigen Zukunft, alles das und weit mehr liegt im Menschen und muß ausgebildet werden; aber nicht in einem, sondern in vielen. Jede Anlage ist wichtig, und sie muß entwickelt werden. Wenn einer nur das Schöne, der andere nur das Nützliche befördert, so machen beide zusammen erst einen Menschen aus. Das Nützliche befördert sich selbst, denn die Menge bringt es hervor, und alle können's nicht entbehren; das Schöne muß befördert werden, denn wenige stellen's dar und viele bedürfen's.

Wilhelm Meisters Lehrjahre, Achtes Buch

Habe doch jeder seine Meinung, neige sich doch jeder zu irgend einer Partei, allein wer zu vielen sprechen will, muß sich zu mäßigen wissen, wie man es in jeder guten Gesellschaft tut.

Brief an Johann Friedrich von Cotta,
17. Oktober 1798

Sich mitzuteilen ist Natur; Mitgeteiltes aufzunehmen, wie es gegeben wird, ist Bildung.

Niemand würde viel in Gesellschaften sprechen, wenn er sich bewußt wäre, wie oft er die andern mißversteht.

Man verändert fremde Reden beim Wiederholen wohl nur darum so sehr, weil man sie nicht verstanden hat.

Wer vor andern lange allein spricht, ohne den Zuhörern zu schmeicheln, erregt Widerwillen.

Jedes ausgesprochene Wort erregt den Gegensinn.

Widerspruch und Schmeichelei machen beide ein schlechtes Gespräch.

Die angenehmsten Gesellschaften sind die, in welchen eine heitere Ehrerbietung der Glieder gegeneinander obwaltet.

Die Wahlverwandtschaften, Zweiter Teil

Von der besten Gesellschaft sagte man: ihr Gespräch ist unterrichtend, ihr Schweigen bildend.

Maximen und Reflexionen

Der Umgang mit Frauen ist das Element guter Sitten.

Die Wahlverwandtschaften, Zweiter Teil

Frauenzimmerliche Handarbeiten, in Gesellschaft unternommen und scheinbar gleichgültig fortgesetzt, erhalten durch Klugheit und Anmut oft eine wichtige Bedeutung. Unbefangen und emsig fortgesetzt, geben solche Bemühungen einer Schönen das Ansehen völliger Unaufmerksamkeit auf die Umgebung und erregen in derselben ein stilles Mißgefühl. Dann aber, gleichsam wie beim Erwachen, ein Wort, ein Blick versetzt die Abwesende wieder mitten in die Gesellschaft, sie erscheint als neu willkommen; legt sie aber gar die Arbeit

Georg Melchior Kraus:
Abendgesellschaft bei der Herzoginmutter Anna Amalia
Dritter von links: Goethe
Stahlstich nach einer Tuschzeichnung
um 1795

in den Schoß nieder, zeigt sie Aufmerksamkeit auf eine Erzählung, einen belehrenden Vortrag, in welchem sich die Männer so gern ergehen, dies wird demjenigen höchst schmeichelhaft, den sie dergestalt begünstigt.

Wilhelm Meisters Wanderjahre, Zweites Buch

So mag ich es gerne sehen, wenn du vergnügt bist in guter Gesellschaft und dann wieder zu Hause fleißig und sorgfältig bist.

Brief an Christiane Vulpius, 4. Mai 1796

»Sie haben recht«, versetzte er mit einiger Verlegenheit, »der Mensch ist dem Menschen das Interessanteste und sollte ihn vielleicht ganz allein interessieren. Alles andere, was uns umgibt, ist entweder nur Element, in dem wir leben, oder Werkzeug, dessen wir uns bedienen. Je mehr wir uns dabei aufhalten, je mehr wir darauf merken und teil daran nehmen, desto schwächer wird das Gefühl unsers eignen Wertes und das Gefühl der Gesellschaft. Die Menschen, die einen großen Wert auf Gärten, Gebäude, Kleider, Schmuck oder irgendein Besitztum legen, sind weniger gesellig und gefällig; sie verlieren die Menschen aus den Augen, welche zu erfreuen und zu versammeln nur sehr wenigen glückt.

Wilhelm Meisters Lehrjahre, Zweites Buch

Ich finde es beinahe natürlich, daß wir an Besuchenden mancherlei auszusetzen haben, daß wir sogleich, wenn sie weg sind, über sie nicht zum liebevollsten urteilen;

denn wir haben sozusagen ein Recht, sie nach unserm Maßstabe zu messen. Selbst verständige und billige Menschen enthalten sich in solchen Fällen kaum einer scharfen Zensur.

Wenn man dagegen bei andern gewesen ist und hat sie mit ihren Umgebungen, Gewohnheiten, in ihren notwendigen, unausweichlichen Zuständen gesehen, wie sie um sich wirken oder wie sie sich fügen, so gehört schon Unverstand und böser Wille dazu, um das lächerlich zu finden, was uns in mehr als einem Sinne ehrwürdig scheinen müßte.

Die Wahlverwandtschaften, Zweiter Teil

Das Eigentümliche müßte durch die Lebensart erst recht hervorgehoben werden. Das Bedeutende will jedermann, nur soll es nicht unbequem sein.

Die Wahlverwandtschaften, Zweiter Teil

Gedenkt man, wieviel Menschen man gesehen, gekannt, und gesteht sich, wie wenig wir ihnen, wie wenig sie uns gewesen, wie wird uns da zumute! Wir begegnen dem Geistreichen, ohne uns mit ihm zu unterhalten, dem Gelehrten, ohne von ihm zu lernen, dem Gereisten, ohne uns zu unterrichten, dem Liebevollen, ohne ihm etwas Angenehmes zu erzeigen.

Die Wahlverwandtschaften, Zweiter Teil

Die Gesellschaft ist zahlreich und gut, man beklagt sich, wie immer, über den Mangel an Harmonie und jeder lebt auf seine Weise. Ich habe nur gesehen und geschwätzt, was sonst werden und gedeihen wird, muß abgewartet werden.

Brief an Friedrich Schiller; Karlsbad, 8. Juli 1795

Man kann der Gesellschaft alles aufdringen, nur nicht, was eine Folge hat.

Die Wahlverwandtschaften, Zweiter Teil

Doch wer ist so gebildet, daß er nicht seine Vorzüge gegen andre manchmal auf eine grausame Weise geltend machte!

Die Wahlverwandtschaften, Erster Teil

Was ich recht weiß, weiß ich nur mir selbst; ein ausgesprochenes Wort fördert selten, es erregt meistens Widerspruch, Stocken und Stillstehen.

Wilhelm Meisters Wanderjahre, Drittes Buch

So wie etwas ausgesprochen wird, sogleich wird ihm auch widersprochen, wie der Ton gleich sein Echo hat.

Gespräch mit Friedrich Wilhelm Riemer, 6. Dezember 1807

Gesellschaft

Aus einer großen Gesellschaft heraus
Ging einst ein stiller Gelehrter zu Haus.
Man fragte: »Wie seid Ihr zufrieden gewesen?«
»Wären's Bücher«, sagt' er, »ich würd sie nicht
lesen.«

Epigrammatisch

Es tut mir lang schon weh,
Daß ich dich in der Gesellschaft seh.

Faust I

»Hast du nicht gute Gesellschaft gesehn? Es zeigt
uns dein Büchlein
Fast nur Gaukler und Volk, ja was noch niedriger
ist.«
Gute Gesellschaft hab ich gesehn: man nennt sie die
gute,
Wenn sie zum kleinsten Gedicht keine Gelegenheit
gibt.

Venetianische Epigramme

Das Leben vieler Menschen besteht aus Klatschigkeiten, Tätigkeiten, Intrige zu momentaner Wirkung.

Maximen und Reflexionen

Verschwiegenheit fordern ist nicht das Mittel, sie zu erlangen.

Wilhelm Meisters Wanderjahre, Erstes Buch

Die Worte sind gut, sie sind aber nicht das Beste. Das Beste wird nicht deutlich durch Worte.

Wilhelm Meisters Lehrjahre, Siebentes Buch

Nicht die Sprache an und für sich ist richtig, tüchtig, zierlich, sondern der Geist ist es, der sich darin verkörpert ...

Wilhelm Meisters Wanderjahre, Zweites Buch

Der Sprache liegt zwar die Verstandes- und Vernunftsfähigkeit des Menschen zum Grunde, aber sie setzt bei dem, der sich ihrer bedient, nicht eben reinen Verstand, ausgebildete Vernunft, redlichen Willen voraus. Sie ist ein Werkzeug, zweckmäßig und willkürlich zu gebrauchen; man kann sie eben so gut zu einer spitzfindig-verwirrenden Dialektik wie zu einer verworren-verdüsternden Mystik verwenden ...

Maximen und Reflexionen

Das Wort verwundet leichter, als es heilt.

Die natürliche Tochter, Dritter Aufzug

Man weiß eigentlich das, was man weiß, nur für sich selbst. Spreche ich mit einem andern von dem, was ich zu wissen glaube, unmittelbar glaubt er's besser zu wissen, und ich muß mit meinem Wissen immer wieder in mich selbst zurückkehren.

Wilhelm Meisters Wanderjahre, Zweites Buch

Ein ausgesprochnes Wort fordert sich selbst wieder.

Maximen und Reflexionen

Kein Wort steht still, sondern es rückt immer durch den Gebrauch von seinem anfänglichen Platz, eher hinab als hinauf, eher ins Schlechtere als ins Bessere, ins Engere als Weitere, und an der Wandelbarkeit des Worts läßt sich die Wandelbarkeit der Begriffe erkennen.

Maximen und Reflexionen

Ein Vorsatz, mitgeteilt, ist nicht mehr dein;
Der Zufall spielt mit deinem Willen schon ...

Die natürliche Tochter, Erster Aufzug

Über die wichtigsten Angelegenheiten des Gefühls wie der Vernunft, der Erfahrung wie des Nachdenkens soll man nur mündlich verhandeln. Das ausgesprochene Wort ist sogleich tot, wenn es nicht durch ein folgendes, dem Hörer gemäßes am Leben erhalten wird. Man merke nur auf ein geselliges Gespräch! Gelangt das Wort nicht schon tot zu dem Hörer, so ermordet er es alsogleich durch Widerspruch, Bestimmen, Bedingen, Ablenken, Abspringen, und wie die tausendfältigen Unarten des Unterhaltens auch heißen mögen. Mit dem Geschriebenen ist es noch schlimmer. Niemand mag lesen als das, woran er schon einigermaßen gewöhnt ist; das Bekannte, das Gewohnte verlangt er unter veränderter Form. Doch hat das Geschriebene den Vorteil, daß es dauert und die Zeit abwarten kann, wo ihm zu wirken gegönnt ist.

Maximen und Reflexionen

Was man mündlich ausspricht, muß der Gegenwart, dem Augenblick gewidmet sein; was man schreibt, widme man der Ferne, der Folge.

Maximen und Reflexionen

Die Sprache ist überhaupt ein bewegliches Organ, ein Gegenstand muß sehr fest und derb dastehen, wenn ihn die Sprache nicht zu ihren Ausdrücken herüber und hinüber wiegen soll.

Materialien zum historischen Teil der Farbenlehre

Fortgesetzte vieljährige Versuche haben mich eines andern belehrt, mich belehrt: daß immerfort wiederholte Phrasen sich zuletzt zur Überzeugung verknöchern und die Organe des Anschauens völlig verstumpfen. Indessen ist es heilsam, daß man dergleichen nicht allzu zeitig erfährt, weil sonst jugendlicher Frei- und Wahrheitssinn durch Mißmut gelähmt würde.

Dem Menschen wie den Tieren ist ein Zwischenknochen der obern Kinnlade zuzuschreiben

Da die Sprache das Organ gewesen, wodurch ich mich während meines Lebens am meisten und liebsten den Mitlebenden mitteilte, so mußte ich darüber, besonders in spätern Zeiten, reflektieren und hierbei hat mir's niemals an trefflichen Freunden gefehlt, die, zu Forschern in diesem Fache berufen, großen und anhaltenden Fleiß darauf verwendeten.

Wenn ich nun gleich nach meiner eingebornen Art und Unart auf Korrektheit und Reinlichkeit niemals genugsamen Fleiß zu wenden im Stande war; so habe ich doch aufs deutlichste begreifen lernen, daß die Sprache nur ein Surrogat ist, wir mögen uns nun das, was uns innerlich beschäftigt, oder das, was uns von außen anregt, ausdrücken wollen.

Brief an Christoph Ludwig Schultz,
11. März 1816

Es war große Gesellschaft da, auch Goethe, der sehr wohl disponiert war und von 2 Uhr bis abends 9 Uhr fast in einem fort sprach. Es ist nicht uninteressant, ihm zuzuhören ...

Karl Ludwig von Knebel an seine Schwester,
2. April 1810

Ich schweige zu vielem still; denn ich mag die Menschen nicht irre machen und bin wohl zufrieden, wenn sie sich freuen da, wo ich mich ärgere.

Wilhelm Meisters Wanderjahre, Zweites Buch

Ich bin ohnehin viel zu kommunikativ, ich will es mir abgewöhnen.

Gespräch mit Kanzler Müller, 13. Juni 1824

Darum entsage ich der Geselligkeit und halte mich an die tête à tête. Ich bin alt genug, um Ruhe zu wünschen. Ich habe keinen Glauben an die Welt und habe verzweifeln gelernt.

Gespräch mit Kanzler Müller, 6. Juni 1830

... denn in dieser letzten Zeit war doch nur eine geistige Unterhaltung nach allen Seiten mein einziger Genuß, ja das Element meines Daseins, worauf zu verzichten schwer gefallen wäre.

Brief an den Grafen von Reinhard, 10. April 1823

Im ganzen fühlt man durch, daß er nicht sehr heiter gestimmt ist, ungern sich wieder in die hiesige Lebensweise resigniert. Die öftern Pausen seines sonst so lebendig fortfließenden Gesprächs immer wieder mit neuen interessanten Gegenständen auszufüllen, ist keine leichte Aufgabe.

Kanzler Friedrich von Müller, 20. September 1823

Seit lange hatte ich Goethe nicht so überreich an Witz, Humor, Gemütlichkeit und Phantasie gefunden.

Kanzler Friedrich von Müller, 2. Oktober 1823

Mit Reinhard jun. bei Goethe von 5 Uhr an. Er schien anfangs einsilbiger, abgespannter, doch gelang mir, ihn belebter zu machen.

Kanzler Friedrich von Müller, 3. Oktober 1823

Wenn Goethe mit seinem Freund, dem Schweizer Heinrich Meyer, spazierenfuhr, soll sich ihr Gedankenaustausch folgendermaßen abgespielt haben. Goethe sagte von Zeit zu Zeit: »Hm, hm.« Worauf Meyer erwiderte: »So ischt's!«

Nach Ferdinand Hiller, um 1823

Mein ganzes inneres Wirken erwies sich als eine lebendige Heuristik, welche, eine unbekannte geahnete Regel anerkennend, solche in der Außenwelt zu finden und in die Außenwelt einzuführen trachtet.

Maximen und Reflexionen

Man spricht immer von Originalität, allein was will das sagen! So wie wir geboren werden, fängt die Welt an, auf uns zu wirken und das geht so fort bis ans Ende. Und überall! was können wir denn unser Eigenes nennen, als die Energie, die Kraft, das Wollen!

Gespräch mit Eckermann, 12. Mai 1825

Im Grunde aber sind wir alle kollektive Wesen, wir mögen uns stellen, wie wir wollen. Denn wie Weniges haben und sind wir, das wir im reinsten Sinne unser Eigentum nennen! Wir müssen alle empfangen und lernen, sowohl von denen, die vor uns waren, als von denen, die mit uns sind. Selbst das größte Genie würde nicht weit kommen, wenn es alles seinem eigenen Innern verdanken wollte. Das begreifen aber viele sehr gute Menschen nicht und tappen mit ihren Träumen von Originalität ein halbes Leben im Dunkeln. Ich habe Künstler gekannt, die sich rühmten, keinem Meister gefolgt zu sein, vielmehr alles ihrem eigenen Genie zu danken zu haben. Die Narren! Als ob das überall anginge! Und als ob sich die Welt ihnen nicht bei jedem Schritt aufdränge und aus ihnen, trotz ihrer eigenen Dummheit, etwas machte! Ja ich behaupte, wenn ein solcher Künstler nur an den Wänden dieses Zimmers vorüberginge und auf die Handzeichnungen einiger großer Meister, womit ich sie behängt habe, nur flüchtige Blicke würfe, er müßte, wenn er überall einiges Genie hätte, als ein anderer und Höherer von hier gehen.

Gespräch mit Eckermann, 17. Februar 1832

Es geht uns alten Europäern übrigens mehr oder weniger allen herzlich schlecht; unsere Zustände sind viel zu künstlich und kompliziert, unsere Nahrung und Lebensweise ist ohne die rechte Natur, und unser geselliger Verkehr ohne eigentliche Liebe und Wohlwollen. – Jedermann ist fein und höflich, aber niemand hat den Mut, gemütlich und wahr zu sein, so daß ein redlicher Mensch mit natürlicher Neigung und Gesinnung einen recht bösen Stand hat. Man sollte oft wünschen, auf einer der Südsee-Inseln als sogenannter Wilder geboren zu sein, und nur einmal das menschliche Dasein, ohne falschen Beigeschmack, durchaus rein zu genießen.

Gespräch mit Eckermann, 12. März 1828

Doch was der Mensch auch ergreife und handhabe, der einzelne ist sich nicht hinreichend, Gesellschaft bleibt eines wackern Mannes höchstes Bedürfnis. Alle brauchbaren Menschen sollen in Bezug untereinander stehen, wie sich der Bauherr nach dem Architekten und dieser nach Maurer und Zimmermann umsieht.

Wilhelm Meisters Wanderjahre, Drittes Buch

Mache ein Organ aus dir und erwarte, was für eine Stelle dir die Menschheit im allgemeinen Leben wohlmeinend zugestehen werde.

Wilhelm Meisters Wanderjahre, Erstes Buch

Weißt du, worin der Spaß des Lebens liegt?
Sei lustig! – geht es nicht, so sei vergnügt.

Zahme Xenien

»Was ist herrlicher als Gold?« fragte der König. »Das Licht«, antwortete die Schlange. »Was ist erquicklicher als Licht?« fragte jener. »Das Gespräch«, antwortete diese.

Das Märchen

Seht, lieben Kinder, was wäre ich denn, wenn ich nicht immer mit klugen Leuten umgegangen wäre und von ihnen gelernt hätte? Nicht aus Büchern, sondern durch lebendigen Ideentausch, durch heitre Geselligkeit müßt ihr lernen!

Kanzler Müller (nach Diktat von Julie v. Egloffstein), 6. März 1818

VI

… die Summe aller Weisheit …

Denken und Tun

Das Gleichgewicht in den menschlichen Handlungen kann leider nur durch Gegensätze hergestellt werden.

Wilhelm Meisters Lehrjahre, Achtes Buch

Was gibt uns wohl den schönsten Frieden,
Als frei am eignen Glück zu schmieden.

Sprichwörtlich

Dabei müssen wir nichts sein, sondern alles *werden* wollen, und besonders nicht öfter stille stehen und ruhen, als die Notdurft eines müden Geistes und Körpers erfordert.

Brief an Hetzler junior, 24. August 1770

Wenn der Knabe zu begreifen anfängt, daß einem sichtbaren Punkte ein unsichtbarer vorhergehen müsse, daß der nächste Weg zwischen zwei Punkten schon als Linie gedacht werde, ehe sie mit dem Bleistift aufs Papier gezogen wird, so fühlt er einen gewissen Stolz, ein Behagen. Und nicht mit Unrecht; denn ihm ist die Quelle alles Denkens aufgeschlossen, Idee und Verwirklichtes, potentia et actu, ist ihm klar geworden; der Philosoph entdeckt ihm nichts Neues, dem Geometer war von seiner Seite der Grund alles Denkens aufgegangen.

Wilhelm Meisters Wanderjahre, Drittes Buch

Zu den Stoikern hingegen hatte ich schon früher einige Neigung gefaßt und schaffte nun den Epiktet herbei, den ich mit vieler Teilnahme studierte. Mein Freund ließ mich ungern in dieser Einseitigkeit hingehen, von der er mich nicht abzuziehen vermochte: denn ungeachtet seiner mannigfaltigen Studien wußte er doch die Hauptfrage nicht ins Enge zu bringen. Er hätte mir nur sagen dürfen, daß es im Leben bloß aufs Tun ankomme, das Genießen und Leiden finde sich von selbst.

Dichtung und Wahrheit, Zweiter Teil

Ach! unsre Taten selbst, so gut als unsre Leiden,
Sie hemmen unsres Lebens Gang.

Faust I

Tu nur das Rechte in deinen Sachen;
Das andre wird sich von selber machen.

Sprichwörtlich

Verlaß dich – Ich bin nun ganz eingeschifft auf der Woge der Welt – voll entschlossen: zu entdecken, gewinnen, streiten, scheitern, oder mich mit aller Ladung in die Luft zu sprengen.

Brief an Johann Caspar Lavater, 6. März 1776

Lehrbuch und Geschichte sind gleich lächerlich dem Handelnden. Aber auch kein stolzer Gebet als um Weisheit, denn diese haben die Götter ein für allemal den

Menschen versagt. Klugheit teilen sie aus, dem Stier nach seinen Hörnern und der Katze nach ihren Klauen, sie haben alle Geschöpfe bewaffnet.

Tagebuch vom 13. Januar 1779

Man tut Unrecht, an dem Empfindens- und Erkennens-Vermögen der Menschen zu zweifeln, da kann man ihnen viel zutrauen, nur auf ihre Handlungen muß man nicht hoffen.

Tagebuch vom 8. April 1779

Gewohnt, jeden Tag zu tun, was die Umstände erfordern, was mir meine Einsichten, Fähigkeiten und Kräfte erlauben, bin ich unbekümmert, wie lang es dauern mag, und erinnere mich fleißig jenes Weisen, der auch drei wohlgenutzte Stunden für hinreichend erklärt hat.

Brief an Johann Friedrich Krafft, 11. August 1780

Welch ein früh wissendes und spät übendes Geschöpf ist doch der Mensch!

Italienische Reise; Neapel, 17. März 1787

... und es ist besser zu tun als zu reden.

Italienische Reise; Rom, 23. August 1787

Für den Menschen, sagte er, sei nur das eine ein Unglück, wenn sich irgendeine Idee bei ihm festsetze, die keinen Einfluß ins tätige Leben habe oder ihn wohl gar vom tätigen Leben abziehe.

Wilhelm Meisters Lehrjahre, Fünftes Buch

Nach solchen Rückfällen pflegte Wilhelm meist nur desto eifriger sich den Geschäften und der Tätigkeit zu widmen, und es war der beste Weg, dem Labyrinthe, das ihn wieder anzulocken suchte, zu entfliehen.

Wilhelm Meisters Lehrjahre, Zweites Buch

Mit Unrecht hält man die Menschen für Toren, welche in rastloser Tätigkeit Güter auf Güter zu häufen suchen; denn die Tätigkeit ist das Glück, und für den, der die Freuden eines ununterbrochenen Bestrebens empfinden kann, ist der erworbene Reichtum ohne Bedeutung.

Unterhaltungen deutscher Ausgewanderten

Des echten Mannes wahre Feier ist die Tat!

Pandora

Die Tat ist alles, nichts der Ruhm.

Faust II

Da ich nur *denken* kann, insofern ich *produziere*, so wird mir ein solches kühnes Unterfangen zur angenehmsten Beschäftigung und es mag daraus entstehen was da will, so ist mein Genuß und meine Belehrung im Sichern ...

Brief an Karl Ludwig von Knebel, 15. März 1799

Da es höchst nötig ist, daß ich mir, in meinem jetzigen unruhigen Zustande, etwas zu tun gebe, so habe ich mich entschlossen, an meinen Faust zu gehen ...

Brief an Friedrich Schiller, 22. Juni 1797

Der Mensch will immer tätig sein.

Beobachten und Ordnen

Keine Neigung ist an sich gut, sondern nur insofern sie etwas Gutes wirkt.

Unterhaltungen deutscher Ausgewanderten

Der Geist, aus dem wir handeln, ist das Höchste. Die Handlung wird nur vom Geiste begriffen und wieder dargestellt.

Wilhelm Meisters Lehrjahre, Siebentes Buch

Es sind nur wenige, die den Sinn haben und zugleich der Tat fähig sind. Der Sinn erweitert, aber lähmt; die Tat belebt, aber beschränkt.

Wilhelm Meisters Lehrjahre, Achtes Buch

Zum Tun gehört Talent, zum Wohltun Vermögen.

Maximen und Reflexionen

Ich freue mich, daß dein dortiges Verhältnis sich befestigt und verbessert, so wie ich wünsche, daß du durch Tätigkeit dein inneres, so wie durch Belohnung und Anerkennung derselben dein äußeres Glück gründen und erreichen mögest.

Brief an Friedrich von Stein, 21. Dezember 1798

Es bleibt daher wohl nichts weiter übrig als zu tun, was unsere Vorfahren getan haben, nicht zu handeln und zu beobachten ohne zu denken, und nicht zu denken ohne zu handeln und zu beobachten; ja, uns so zu gewöhnen, daß unsere ganze Natur, mit allen ihren Fähigkeiten, zusammen und einzeln, so gut es nur gehen mag, wirken könne.

Brief an Carl Wigand Jacobi, 16. August 1799

Es gibt eine enthusiastische Reflexion, die von dem größten Wert ist, wenn man sich von ihr nur nicht hinreißen läßt.

Maximen und Reflexionen

Jeder Mensch muß nach seiner Weise denken, denn er findet auf seinem Wege immer ein Wahres, oder eine Art von Wahrem, die ihm durchs Leben hilft; nur darf er sich nicht gehen lassen; er muß sich kontrollieren; der bloße nackte Instinkt geziemt nicht dem Menschen.

Wilhelm Meisters Wanderjahre, Zweites Buch

... das Erste und Letzte am Menschen sei Tätigkeit, und man könne nichts tun, ohne die Anlage dazu zu haben, ohne den Instinkt, der uns dazu treibe.

Wilhelm Meisters Lehrjahre, Achtes Buch

Des Menschen größtes Verdienst bleibt wohl, wenn er die Umstände soviel als möglich bestimmt und sich so wenig als möglich von ihnen bestimmen läßt. Das ganze Weltwesen liegt vor uns wie ein großer Steinbruch vor dem Baumeister, der nur dann den Namen verdient, wenn er aus diesen zufälligen Naturmassen ein in seinem Geiste entsprungenes Urbild mit der größten Ökonomie, Zweckmäßigkeit und Festigkeit zusammenstellt. Alles außer uns ist nur Element, ja, ich darf wohl sagen, auch alles an uns; aber tief in uns liegt diese schöpferische Kraft, die das zu erschaffen vermag, was sein soll, und uns nicht ruhen und rasten läßt, bis wir es außer uns oder an uns auf eine oder die andere Weise dargestellt haben.

Wilhelm Meisters Lehrjahre, Sechstes Buch

Tätig zu sein, sagte er, ist des Menschen erste Bestimmung, und alle Zwischenzeiten, in denen er auszuruhen genötigt ist, sollte er anwenden, eine deutliche Erkenntnis der äußerlichen Dinge zu erlangen, die ihm in der Folge abermals seine Tätigkeit erleichtert.

Wilhelm Meisters Lehrjahre, Sechstes Buch

Lassen Sie uns, da wir einmal so wunderbar zusammenkommen, nicht ein gemeines Leben führen; lassen Sie uns zusammen auf eine würdige Weise tätig sein! Unglaublich ist es, was ein gebildeter Mensch für sich und andere tun kann, wenn er, ohne herrschen zu wollen, das Gemüt hat, Vormund von vielen zu sein, sie leitet, dasjenige zur rechten Zeit zu tun, was sie doch alle gerne tun möchten, und sie zu ihren Zwecken führt, die sie meist recht gut im Auge haben und nur die Wege dazu verfehlen. Lassen Sie uns hierauf einen Bund schließen! Es ist keine Schwärmerei, es ist eine Idee, die recht gut ausführbar ist, und die öfters, nur nicht immer mit klarem Bewußtsein, von guten Menschen ausgeführt wird.

Wilhelm Meisters Lehrjahre, Achtes Buch

Der Mensch ist kein lehrendes, er ist ein lebendes, handelndes und wirkendes Wesen.

Diderots Versuch über die Malerei

Der Zweck des Lebens ist das Leben selbst ...

Brief an Johann Heinrich Meyer, 8. Februar 1796

Gedenke zu leben.

Wilhelm Meisters Lehrjahre, Achtes Buch

Das Leben gehört den Lebendigen an, und wer lebt, muß auf Wechsel gefaßt sein.

Wilhelm Meisters Wanderjahre, Erstes Buch

Alles ist einem ewigen Wechsel unterworfen, und da gewisse Dinge nicht nebeneinander bestehen können, verdrängen sie einander. So geht es mit Kenntnissen, mit Anleitungen zu gewissen Übungen, mit Vorstellungsarten und Maximen. Die Zwecke der Menschen bleiben ziemlich immer dieselben ...

Propyläen; Einleitung, 1789

Das Höchste, das Vorzüglichste am Menschen ist gestaltlos, und man soll sich hüten, es anders als in edler Tat zu gestalten.

Die Wahlverwandtschaften, Zweiter Teil

Das Höchste, was wir von Gott und der Natur erhalten haben, ist das Leben, die rotierende Bewegung der Monas um sich selbst, welche weder Rast noch Ruhe kennt; der Trieb, das Leben zu hegen und zu pflegen, ist einem jeden unverwüstlich eingeboren, die Eigentümlichkeit desselben jedoch bleibt uns und andern ein Geheimnis.

Die zweite Gunst der von oben wirkenden Wesen ist das Erlebte, das Gewahrwerden, das Eingreifen der lebendig-beweglichen Monas in die Umgebungen der Außenwelt, wodurch sie sich erst selbst als innerlich Grenzenloses, als äußerlich Begrenztes gewahr wird. Über dieses Erlebte können wir, obgleich Anlage, Aufmerksamkeit und Glück dazu gehört, in uns selbst klar werden; andern bleibt aber auch dies immer ein Geheimnis.

Als Drittes entwickelt sich nun dasjenige, was wir als Handlung und Tat, als Wort und Schrift gegen die Außenwelt richten; dieses gehört derselben mehr an als uns selbst, so wie sie sich darüber auch eher verständigen kann, als wir es selbst vermögen; jedoch fühlt sie, daß sie, um recht klar darüber zu werden, auch von unserm Erlebten soviel als möglich zu erfahren habe. Weshalb man auch auf Jugendanfänge, Stufen der Bildung, Lebenseinzelnheiten, Anekdoten und dergleichen höchst begierig ist.

Maximen und Reflexionen

Gar oft im Laufe des Lebens, mitten in der größten Sicherheit des Wandels bemerken wir auf einmal, daß wir in einem Irrtum befangen sind, daß wir uns für Personen, für Gegenstände einnehmen ließen, ein Verhältnis zu ihnen erträumten, das dem erwachten Auge sogleich verschwindet; und doch können wir uns nicht losreißen, eine Macht hält uns fest, die uns unbegreiflich scheint. Manchmal jedoch kommen wir zum völligen Bewußtsein und begreifen, daß ein Irrtum so gut als ein Wahres zur Tätigkeit bewegen und antreiben kann. Weil nun die Tat überall entscheidend ist, so kann aus einem tätigen Irrtum etwas Treffliches entstehen, weil die Wirkung jedes Getanen ins Unendliche reicht. So ist das Hervorbringen freilich immer das Beste, aber auch das Zerstören ist nicht ohne glückliche Folge.

Maximen und Reflexionen

Der wunderbarste Irrtum aber ist derjenige, der sich auf uns selbst und unsere Kräfte bezieht, daß wir uns einem würdigen Geschäft, einem ehrsamen Unternehmen widmen, dem wir nicht gewachsen sind, daß wir nach einem Ziel streben, das wir nie erreichen können. Die daraus entspringende Tantalisch-Sisyphische Qual empfindet jeder nur um desto bitterer, je redlicher er es meinte. Und doch sehr oft, wenn wir uns von dem Beabsichtigten für ewig getrennt sehen, haben wir schon auf unserm Wege irgend ein anderes Wünschenswerte gefunden, etwas uns Gemäßes, mit dem uns zu begnügen wir eigentlich geboren sind.

Maximen und Reflexionen

Es ist so gewiß als wunderbar, daß Wahrheit und Irrtum aus Einer Quelle entstehen; deswegen man oft dem Irrtum nicht schaden darf, weil man zugleich der Wahrheit schadet.

Maximen und Reflexionen

Der Irrtum verhält sich gegen das Wahre wie der Schlaf gegen das Wachen. Ich habe bemerkt, daß man aus dem Irren sich wie erquickt wieder zu dem Wahren hinwende.

Maximen und Reflexionen

Die Irrtümer des Menschen machen ihn eigentlich liebenswürdig.

Maximen und Reflexionen

Nicht vor Irrtum zu bewahren, ist die Pflicht des Menschenerziehers, sondern den Irrenden zu leiten, ja ihn seinen Irrtum aus vollen Bechern ausschlürfen zu lassen, das ist die Weisheit der Lehrer.

Wilhelm Meisters Lehrjahre, Siebentes Buch

Steile Gegenden lassen sich nur durch Umwege erklimmen, auf der Ebene führen gerade Wege von einem Ort zum andern.

Wilhelm Meisters Lehrjahre, Siebentes Buch

Der Irrtum ist viel leichter zu erkennen, als die Wahrheit zu finden; jener liegt auf der Oberfläche, damit läßt sich wohl fertig werden; diese ruht in der Tiefe, danach zu forschen ist nicht jedermanns Sache.

Maximen und Reflexionen

Zum Ergreifen der Wahrheit braucht es ein viel höheres Organ als zur Verteidigung des Irrtums.

Maximen und Reflexionen

Schadet ein Irrtum wohl? Nicht immer! aber das Irren,
Immer schadet's. Wie sehr, sieht man am Ende des Wegs.

Vier Jahreszeiten

Die Wahrheit widerspricht unserer Natur, der Irrtum nicht, und zwar aus einem sehr einfachen Grunde: die Wahrheit fordert, daß wir uns für beschränkt erkennen sollen, der Irrtum schmeichelt uns, wir seien auf ein- oder die andere Weise unbegrenzt.

Maximen und Reflexionen

Im Betrachten wie im Handeln ist das Zugängliche von dem Unzugänglichen zu unterscheiden; ohne dies läßt sich im Leben wie im Wissen wenig leisten.

Wilhelm Meisters Wanderjahre, Zweites Buch

Die Menschen verdrießt's, daß das Wahre so einfach ist; sie sollten bedenken, daß sie noch Mühe genug haben, es praktisch zu ihrem Nutzen anzuwenden.

Maximen und Reflexionen

Das Wahre ist eine Fackel, aber eine ungeheure; deswegen suchen wir alle nur blinzelnd so daran vorbei zu kommen, in Furcht sogar, uns zu verbrennen.

Maximen und Reflexionen

Wahrheitsliebe zeigt sich darin, daß man überall das Gute zu finden und zu schätzen weiß.

Wilhelm Meisters Wanderjahre, Zweites Buch

Beim Zerstören gelten alle falschen Argumente, beim Aufbauen keineswegs. Was nicht wahr ist, baut nicht.

Maximen und Reflexionen

Das Wahre fördert; aus dem Irrtum entwickelt sich nichts, er verwickelt uns nur.

Wilhelm Meisters Wanderjahre, Zweites Buch

Die Weisheit ist nur in der Wahrheit.

Maximen und Reflexionen

Das Falsche hat den Vorteil, daß man immer darüber schwätzen kann; das Wahre muß gleich genutzt werden, sonst ist es nicht da.

Wilhelm Meisters Wanderjahre, Zweites Buch

Der Irrtum wiederholt sich immerfort in der Tat, deswegen muß man das Wahre unermüdlich in Worten wiederholen.

Maximen und Reflexionen

Es gibt Menschen, die gar nicht irren, weil sie sich nichts Vernünftiges vorsetzen.

Maximen und Reflexionen

Bei seiner großen Gerechtigkeit und Milde in Beurteilung andrer, bei seiner Kunst und seiner Beflissenheit, aus jedem das Beste, was er in sich hatte, hervorzuholen und vom Geringsten etwas zu lernen, war er der damaligen Jugend keineswegs feindselig gesinnt ... So sagte er einmal, als sich jemand über eine Dummheit, die ein andrer gemacht oder ausgesprochen hatte, ereiferte, lächelnd: »Kinderchen, ihr müßt lernen, mit Vergnügen irren sehen.« Das wollte nun den Zuhörern nicht in den Sinn, und als es ihm später meine Mutter einmal vorrückte, meinte er: »Habe ich das gesagt? Da bin ich sehr weise gewesen.«

Nach Friedrich Johannes Frommann, um 1819

Allgemein menschliches Wohlwollen, nachsichtiges hülfreiches Gefühl verbindet den Himmel mit der Erde und bereitet ein den Menschen gegönntes Paradies. Dagegen ist der Unmut stets egoistisch, er besteht auf Forderungen, deren Gewährung ihm außen blieb; er ist anmaßlich, abstoßend und erfreut niemand, selbst diejenigen kaum, die von gleichem Gefühl ergriffen sind. Demungeachtet aber kann der Mensch solche Explosionen nicht immer zurückhalten, ja er tut wohl, wenn er seinem Verdruß, besonders über verhinderte, gestörte Tätigkeit, auf diese Weise Luft zu machen trachtet.

West-östlicher Divan, Noten und Abhandlungen

Fünf andere

Was verkürzt mir die Zeit?
  Tätigkeit!
Was macht sie unerträglich lang?
  Müßiggang!
Was bringt in Schulden?
  Harren und Dulden!
Was macht Gewinnen?
  Nicht lange besinnen!
Was bringt zu Ehren?
  Sich wehren!

West-östlicher Divan, Buch der Betrachtungen

Nichts taugt Ungeduld,
Noch weniger Reue;
Jene vermehrt die Schuld,
Diese schafft neue.

Sprichwörtlich

Die Welt ist nicht aus Brei und Mus geschaffen,
Deswegen haltet euch nicht wie Schlaraffen;
Harte Bissen gibt es zu kauen:
Wir müssen erwürgen oder sie verdauen.

Sprichwörtlich

Denn da, wo nicht die Rede ist das Beste zu leisten, sondern das Schlimmere zu vermeiden, entstehen unauflösliche Zweifel, welche nur durch Entschluß und Tat zu beseitigen sind.

Tag- und Jahreshefte, 1802

Tätigkeit allein verscheucht Furcht und Sorge ...

Am Rhein, Main und Neckar, 1814/15

... die Sehnsucht verschwindet im Tun und Wirken.

Wilhelm Meisters Wanderjahre, Zweites Buch

Nur durch frische Tätigkeit seien Widerwärtigkeiten zu überwinden ...

Gespräch mit Kanzler Müller, 22. März 1825

Das Sicherste bleibt immer, daß wir alles, was in und an uns ist, in Tat zu verwandeln suchen; darüber mögen denn die andern, wie sie wollen und können, reden und verhandeln.

Brief an Karl Friedrich Zelter, 30. Oktober 1828

Es ist nichts schrecklicher als eine tätige Unwissenheit.

Maximen und Reflexionen

Des Denkens Faden ist zerrissen,
Mir ekelt lange vor allem Wissen.

Faust I

Eigentlich weiß man nur, wenn man wenig weiß; mit dem Wissen wächst der Zweifel.

Maximen und Reflexionen

… Zuwachs an Kenntnis ist Zuwachs an Unruhe …

Dichtung und Wahrheit, Zweiter Teil

Frei will ich sein im Denken und im Dichten,
Im Handeln schränkt die Welt genug uns ein.

Torquato Tasso, Vierter Aufzug

Des Denkers einziges Besitztum sind die Gedanken, die aus ihm selbst entspringen …

Materialien zur Geschichte der Farbenlehre,
Newtons Verhältnis zur Sozietät

Freilich hat das Denken seine Schwierigkeit.

Gespräch mit Kanzler Müller, 1. Mai 1826

»Wie hast du's denn so weit gebracht?
Sie sagen, du habest es gut vollbracht!« –
Mein Kind! ich hab es klug gemacht,
Ich habe nie über das Denken gedacht.

Zahme Xenien

Ja, das ist das rechte Gleis,
Daß man nicht weiß,
Was man denkt,
Wenn man denkt;
Alles ist als wie geschenkt.

Zahme Xenien

Wie einer denkt, ist einerlei,
Was einer tut, ist zweierlei;
Macht er's gut, so ist es recht,
Gerät es nicht, so bleibt es schlecht.

Zahme Xenien

... denn der Mensch denkt über eine Sache nicht einen Tag wie den andern.

Brief an Sulpiz Boisserée, 27. Februar 1820

Wer für die Welt etwas tun will, muß sich nicht mit ihr einlassen.

Gespräch mit Kanzler Müller, 29. Januar 1820

Ich halte mich beobachtend, meide die Menschen nicht und suche sie nicht ...

Mehr sag ich nicht, denn es muß getan werden.

Brief an Sulpiz Boisserée, 27. September 1816

Alle praktischen Menschen suchen sich die Welt handrecht zu machen; alle Denker wollen sie kopfrecht haben. Wie weit es jedem gelingt, mögen sie zusehen.

Maximen und Reflexionen

Mißgunst und Haß beschränken den Beobachter auf die Oberfläche, selbst wenn Scharfsinn sich zu ihnen gesellt;

verschwistert sich dieser hingegen mit Wohlwollen und Liebe, so durchdringt er die Welt und den Menschen, ja er kann hoffen, zum Allerhöchsten zu gelangen.

Maximen und Reflexionen

Ich habe bemerkt, daß ich *den* Gedanken für wahr halte, der für mich fruchtbar ist, sich an mein übriges Denken anschließt und zugleich mich fördert.

Brief an Karl Friedrich Zelter, 31. Dezember 1829

... denn das Wahre bewahrheitet sich sogleich an der Tat.

Brief an Joseph Karl Stieler, 26. Januar 1829

Mit Gedanken, die nicht aus der tätigen Natur entsprungen sind und nicht wieder aufs tätige Leben wohltätig hinwirken und so in einem mit dem jedesmaligen Lebenszustand übereinstimmenden mannichfaltigen Wechsel unaufhörlich entstehen und sich auflösen, ist der Welt wenig geholfen.

Maximen und Reflexionen

Im Betrachten wie im Handeln ist das Zugängliche von dem Unzugänglichen zu unterscheiden; ohne dies läßt sich im Leben wie im Wissen wenig leisten.

Wilhelm Meisters Wanderjahre, Zweites Buch

Der denkende Mensch hat die wunderliche Eigenschaft, daß er an die Stelle, wo das unaufgelöste Problem liegt, gerne ein Phantasiebild hinfabelt, das er nicht loswerden kann, wenn das Problem auch aufgelöst und die Wahrheit am Tage ist.

Wilhelm Meisters Wanderjahre, Zweites Buch

»Mein Rat ist daher, *nichts zu forcieren*, und alle unproduktiven Tage und Stunden lieber zu vertändeln und zu verschlafen, als in solchen Tagen etwas machen zu wollen, woran man später keine Freude hat.«

Gespräch mit Eckermann, 11. März 1828

Die größte Kunst im Lehr- und Weltleben besteht darin, das *Problem* in ein *Postulat* zu verwandeln, damit kommt man durch.

Brief an Karl Friedrich Zelter, 9. August 1828

Des Menschen Tätigkeit kann allzuleicht erschlaffen,
Er liebt sich bald die unbedingte Ruh ...

Faust I

Jeder Morgen ruft zu: das Gehörige zu tun und das Mögliche zu erwarten.

Brief an den Grafen von Brühl, 23. Oktober 1828

... und nur so viel kann ich meinen werten Freunden, die mir das Beste wünschen, versichern, daß nur ununterbrochene Tätigkeit nach innen und außen mich lebendig erhält, und daß ich nichts mehr wünsche, als Ihnen möge dadurch auch etwas Erfreuliches erwachsen.

Brief an Johann Jakob von Willemer, 6. Oktober 1816

Gar manches vorbereitet.

Tagebuch vom 1. Februar 1824

O Gott, der Tag ist lang, man kann entsetzlich viel tun, wenn man mit Folge arbeitet und Langeweile flieht.

Gespräch mit Kanzler Müller, 28. Juni 1830

... wo genug zu schaffen ist, bleibt kein Raum für Betrachtung.

Wilhelm Meisters Wanderjahre, Zweites Buch

Tun ohne Reden muß jetzt unsre Losung sein.

Wilhelm Meisters Wanderjahre, Zweites Buch

Der Handelnde ist immer gewissenlos; es hat niemand Gewissen als der Betrachtende.

Maximen und Reflexionen

W. d. 28 Aug 1830. J W Goethe

»Dencken und Thun. W. d. 28 Aug 1830. J W Goethe«
Umrändertes Blättchen mit Eichenlaub-Girlande
(Sammlung Carl Vötterle, Kassel)

Auch in der Tat ist Raum für Überlegung.

Die natürliche Tochter, Dritter Aufzug

Wie kann man sich selbst kennen lernen? Durch Betrachten niemals, wohl aber durch Handeln. Versuche deine Pflicht zu tun, und du weißt gleich, was an dir ist.

Was aber ist deine Pflicht? Die Forderung des Tages.

Wilhelm Meisters Wanderjahre, Zweites Buch

Unbedingte Tätigkeit, von welcher Art sie sei, macht zuletzt bankerott.

Wilhelm Meisters Wanderjahre, Zweites Buch

Es ist nichts furchtbarer anzuschauen als grenzenlose Tätigkeit ohne Fundament. Glücklich diejenigen, die im Praktischen gegründet sind und sich zu gründen wissen! Hiezu bedarf's aber einer ganz eigenen Doppelgabe.

Maximen und Reflexionen

Dem tätigen Menschen kommt es darauf an, daß er das Rechte tue; ob das Rechte geschehe, soll ihn nicht kümmern.

Maximen und Reflexionen

Es ist nicht genug, zu wissen, man muß auch anwenden; es ist nicht genug, zu wollen, man muß auch tun.

Wilhelm Meisters Wanderjahre, Drittes Buch

O glücklich, wer noch hoffen kann
Aus diesem Meer des Irrtums aufzutauchen!
Was man nicht weiß, das eben brauchte man,
Und was man weiß, kann man nicht brauchen.

Faust I

Ich bin nur durch die Welt gerannt;
Ein jed' Gelüst ergriff ich bei den Haaren,
Was nicht genügte, ließ ich fahren,
Was mir entwischte, ließ ich ziehn.
Ich habe nur begehrt und nur vollbracht
Und abermals gewünscht und so mit Macht
Mein Leben durchgestürmt; erst groß und mächtig,
Nun aber geht es weise, geht bedächtig.
Der Erdenkreis ist mir genug bekannt,
Nach drüben ist die Aussicht uns verrannt;
Tor, wer dorthin die Augen blinzelnd richtet,
Sich über Wolken seinesgleichen dichtet!
Er stehe fest und sehe hier sich um;
Dem Tüchtigen ist diese Welt nicht stumm.
Was braucht er in die Ewigkeit zu schweifen!
Was er erkennt, läßt sich ergreifen.
Er wandle so den Erdentag entlang;
Wenn Geister spuken, geh' er seinen Gang,
Im Weiterschreiten find' er Qual und Glück,
Er, unbefriedigt jeden Augenblick!

Faust II

Wie viele Jahre muß man nicht *tun*, um nur einigermaßen zu wissen, was und wie es zu tun sei!

Maximen und Reflexionen

Sogar der Besonnenste ist im täglichen Weltleben genötigt, klug für den Augenblick zu sein, und gelangt deswegen im allgemeinen zu keiner Klarheit. Selten weiß er sicher, wohin er sich in der Folge zu wenden und was er eigentlich zu tun und zu lassen habe.

Glücklicherweise sind alle diese und noch hundert andere wundersame Fragen durch euren unaufhaltsam tätigen Lebensgang beantwortet. Fahrt fort in unmittelbarer Beachtung der Pflicht des Tages und prüft dabei die Reinheit eures Herzens und die Sicherheit eures Geistes. Wenn ihr sodann in freier Stunde aufatmet und euch zu erheben Raum findet, so gewinnt ihr auch gewiß eine richtige Stellung gegen das Erhabene, dem wir uns auf jede Weise verehrend hinzugeben, jedes Ereignis mit Ehrfurcht zu betrachten und eine höhere Leitung darin zu erkennen haben.

Wilhelm Meisters Wanderjahre, Drittes Buch

... da ist der Ort, wo der wißbegierige Denkende seinen Platz nehmen soll. Er sieht handeln, tun, läßt geschehen und erfreut sich des Geglückten und Mißglückten. Was nützt, ist nur ein Teil des Bedeutenden. Um einen Gegenstand ganz zu besitzen, zu beherrschen, muß man ihn um sein selbst willen studieren.

Wilhelm Meisters Wanderjahre, Erstes Buch

Eine tätige Skepsis: welche unablässig bemüht ist, sich selbst zu überwinden, um durch geregelte Erfahrung zu einer Art von bedingter Zuverlässigkeit zu gelangen.

Maximen und Reflexionen

Du im Leben nichts verschiebe;
Sei dein Leben Tat um Tat!

Wilhelm Meisters Wanderjahre, Drittes Buch

Denken und Tun, Tun und Denken, das ist die Summe aller Weisheit, von jeher anerkannt, von jeher geübt, nicht eingesehen von einem jeden. Beides muß wie Aus- und Einatmen sich im Leben ewig fort hin und wider bewegen; wie Frage und Antwort sollte eins ohne das andere nicht stattfinden. Wer sich zum Gesetz macht, was einem jeden Neugebornen der Genius des Menschenverstandes heimlich ins Ohr flüstert, das Tun am Denken, das Denken am Tun zu prüfen, der kann nicht irren, und irrt er, so wird er sich bald auf den rechten Weg zurückfinden.

Wilhelm Meisters Wanderjahre, Zweites Buch

Das tägliche Leben ist, wie gesagt, lehrreicher als das wirksamste Buch.

Gespräch mit Eckermann, 17. März 1830

Man sagt: zwischen zwei entgegengesetzten Meinungen liege die Wahrheit mitten inne. Keineswegs! Das Problem liegt dazwischen, das Unschaubare, das ewig tätige Leben, in Ruhe gedacht.

Wilhelm Meisters Wanderjahre, Zweites Buch

VII

In der Freundschaft wenigstens wollen wir uns nicht übertreffen lassen.

Freundschaft und Liebe

Es gibt Augenblicke, wo man erst merkt, wie lieb man seine Freunde hat.

Brief an Johann Christian Kestner,
25. Dezember 1773

Einen treuen Freund gefunden haben, heißt einen ehrlichen Mann gefunden haben, und die gibt's, sage der Misanthrope was er will.

Brief an Ernst Wolfgang Behrisch,
2. November 1767

So leb ich, fast ohne Mädgen, fast ohne Freund, halb elend; noch einen Schritt und ich bin's ganz.

Liebe ist Jammer, aber jeder Jammer wird Wollust, wenn wir seine klemmende, stechende Empfindung, die unser Herz ängstigt, durch Klagen lindern, und zu einem sanften Kützel verwandlen; ach da geht keine Wollust über den Jammer der Liebe, wenn ein Freund unser Elend hört, unsre Tränen sieht, und das, was wir davon zu viel haben, gottgleich wegnimmt, und durch Mitleid unsre Wunde heilt; es ist auch Wollust das Jücken einer erst zugeheilten Wunde.

Brief an Ernst Wolfgang Behrisch,
2. November 1767

Im Busen eines Freundes widerhallend
Verliert sich nach und nach des Schmerzens Ton.

Erwin und Elmire, Erster Aufzug

Daß ich ruhig lebe, das ist alles, was ich Ihnen von mir sagen kann, und frisch und gesund, und fleißig, denn ich habe kein Mädgen im Kopfe.

Brief an Kätchen Schönkopf, 23. Januar 1770

Welch Glück ist's, ein leichtes, ein freies Herz zu haben! Mut treibt uns an Beschwerlichkeit, an Gefahren; aber große Freuden werden nur mit großer Mühe erworben. Und das ist vielleicht das meiste, was ich gegen die Liebe habe; man sagt, sie mache mutig. Nimmermehr! Sobald unser Herz weich ist, ist es schwach. Wenn es so ganz warm an seine Brust schlägt, und die Kehle wie zugeschnürt ist, und man Tränen aus den Augen zu drücken sucht, und in einer unbegreiflichen Wonne dasitzt, wenn sie fließen: O da sind wir so schwach, daß uns Blumenketten fesseln, nicht weil sie durch irgend eine Zauberkraft stark sind, sondern weil wir zittern sie zu zerreißen.

Mutig wird wohl der Liebhaber, der in Gefahr kömmt, sein Mädgen zu verlieren, aber das ist nicht mehr Liebe, das ist Neid. Wenn ich Liebe sage, so versteh ich die wiegende Empfindung, in der unser Herz schwimmt, immer auf Einem Fleck sich hin und her bewegt, wenn irgend ein Reiz es aus der gewöhnlichen Bahn der Gleichgültigkeit gerückt hat. Wir sind wie Kinder auf dem Schaukelpferde immer in Bewegung, immer in Arbeit, und nimmer vom Fleck. Das ist das wahrste Bild eines Liebhabers. Wie traurig wird die Liebe, wenn man so geniert ist, und doch können Verliebte nicht leben, ohne sich zu genieren.

Brief an Katharina Fabricius, 27. Juni 1770

Für dem weiblichen Geschlecht hat er sehr viele Hochachtung.

Johann Christian Kestner; Brief an August Friedrich von Hennings, Herbst 1772

Wenn die erste Liebe, wie ich allgemein behaupten höre, das Schönste ist, was ein Herz früher oder später empfinden kann ...

Wilhelm Meisters Lehrjahre, Erstes Buch

Doch ach, schon mit der Morgensonne
Verengt' der Abschied mir das Herz:
In deinen Küssen welche Wonne!
In deinem Auge welcher Schmerz!
Ich ging, du standst und sahst zur Erden,
Und sahst mir nach mit nassem Blick:
Und doch, welch Glück, geliebt zu werden!
Und lieben, Götter, welch ein Glück!

Aus: Willkommen und Abschied. Spätere Fassung

Selig, wer sich vor der Welt
Ohne Haß verschließt,
Einen Freund am Busen hält
Und mit dem genießt ...

Aus: An den Mond. Spätere Fassung

Herder, Herder, bleiben Sie *mir*, was Sie *mir* sind. Bin ich bestimmt, Ihr Planet zu sein, so will ich's sein, es gern, es treu sein. Ein freundlicher Mond der Erde. Aber das – fühlen Sie's ganz – daß ich lieber Merkur sein wollte, der letzte, der kleinste vielmehr unter siebnen, der sich mit Ihnen um Eine Sonne drehte, als der erste unter fünfen, die um den Saturn ziehn.

Adieu, lieber Mann. Ich lasse Sie nicht los. Ich lasse Sie nicht! Jacob rang mit dem Engel des Herrn. Und sollt' ich lahm drüber werden!

Brief an Johann Gottfried Herder, Sommer 1771

Noch immer auf der Woge mit meinem kleinen Kahn, und wenn die Sterne sich verstecken, schweb ich so in der Hand des Schicksals hin, und Mut und Hoffnung und Furcht und Ruh wechseln in meiner Brust . . . Armer Mensch, an dem der Kopf alles ist!

Brief an Johann Gottfried Herder, Mitte Juli 1772

Laßt uns, ich bitte Euch, versuchen, ob wir nicht öfter zu einander treten können. Ihr fühlt, wie Ihr den umfassen würdet, der Euch das sein könnte, was Ihr mir seid. Laßt uns nur nicht dadurch, daß wir notwendig manchmal aneinander geraten müssen, nicht dadurch wie Weichlinge abgeschreckt werden; stoßen sich unsre Leidenschaften, können wir keinen Stoß aushalten? Das gilt mich mehr als Euch. Genug, habt Ihr was wider mich, so sagt's. Grad und ernst, oder bös, grinsend, wie's kommt.

Brief an Johann Gottfried Herder, Mitte Juli 1772

Merck versifiziert und druckt. Wir bespiegeln uns in einander und lehnen uns an einander, und teilen Freud und Langeweile auf dieser Lebensbahn. Und du säume nicht zu kommen.

Brief an Johann Gottfried Herder,
5. Dezember 1772

Denn wir sind arme sinnliche Menschen, ich möchte gern wieder was für sie, was von ihr in Händen haben, ein sinnliches Zeichen, wodurch die geistliche unsichtbare Gnadengüter pp. wie's im Kathechismus klingt.

Euer Brief macht mir viel Freude, lieber Kestner schickt mir eine Silhouette im großen von Lenchen, ich habe sie recht lieb.

Brief an Johann Christian Kestner,
15. Dezember 1772

Montag Nacht halb zwölf. Frankfurt, an meinem Tisch. komme noch, dir gute Nacht zu sagen. Hab getrieben und geschwärmt bis jetzt. Morgen geht's noch ärger. O Liebste. Was ist das Leben des Menschen. Und doch wieder die vielen Guten, die sich zu mir sammeln! – das viele Liebe, das mich umgibt – – –

Brief an Auguste Gräfin zu Stolberg,
18. September 1775

Das Beste

Wenn dir's in Kopf und Herzen schwirrt,
Was willst du Beßres haben!
Wer nicht mehr liebt und nicht mehr irrt,
Der lasse sich begraben.

Epigrammatisch

Lili heut nach Tisch gesehn – in der Komödie gesehn. Hab kein Wort mit ihr zu reden gehabt – auch nichts geredt! – Wär ich das los. O Gustgen – und doch zittr' ich vor dem Augenblick, da sie mir gleichgültig, ich hoffnungslos werden könnte. – Aber ich bleib meinem Herzen treu, und laß es gehn – Es wird –

Dienstag sieben morgens. – Im Schwarm! Gustgen! ich lasse mich treiben, und halte nur das Steuer, daß ich nicht strande. Doch bin ich gestrandet, ich kann von dem Mädgen nicht ab – heut früh regt sich's wieder zu ihrem Vorteil in meinem Herzen. – Eine große schwere Lektion! – Ich geh doch auf den Ball einem süßen Geschöpfe zu lieb, aber nur im leichten Domino, wenn ich noch einen kriege. Lili geht nicht.

Brief an Auguste Gräfin zu Stolberg,
18./19. September 1775

Der vierte Band von *Wahrheit und Dichtung*, fuhr er fort, wo Sie die jugendliche Glücks- und Leidens-Geschichte meiner Liebe zu *Lili* erzählt finden werden, ist seit einiger Zeit vollendet. Ich hätte ihn längst früher geschrieben und herausgegeben, wenn mich nicht gewisse zarte Rücksichten gehindert hätten, und zwar nicht Rücksichten gegen mich selber, sondern gegen die damals noch lebende Geliebte. Ich wäre stolz gewesen, es der ganzen Welt zu sagen, wie sehr ich sie geliebt; und ich glaube, sie wäre nicht errötet zu gestehen, daß meine Neigung erwidert wurde. Aber hatte ich das Recht, es öffentlich zu sagen ohne ihre Zustimmung? Ich hatte immer die Absicht, sie darum zu bitten; doch zögerte ich damit hin, bis es denn endlich nicht mehr nötig war.

Indem Sie, fuhr Goethe fort, mit solchem Anteil über das liebenswürdige junge Mädchen reden, das uns jetzt verläßt, erwecken Sie in mir alle meine alten Erinnerungen. Ich sehe die reizende Lili wieder in aller Lebendigkeit vor mir, und es ist mir, als fühlte ich wieder den Hauch ihrer beglückenden Nähe. Sie war in der Tat die erste, die ich tief und wahrhaft liebte. Auch kann ich sagen, daß sie die letzte gewesen; denn alle kleinen Neigungen, die mich in der Folge meines Lebens berührten, waren, mit jener ersten verglichen, nur leicht und oberflächlich.

Ich bin, fuhr Goethe fort, meinem eigentlichen Glücke nie so nahe gewesen als in der Zeit jener Liebe zu Lili. Die Hindernisse, die uns auseinander hielten, waren im Grunde nicht unübersteiglich, – und doch ging sie mir verloren.

Gespräch mit Eckermann, 5. März 1830

Die erste Liebe, sagt man mit Recht, sei die einzige: denn in der zweiten und durch die zweite geht schon der höchste Sinn der Liebe verloren. Der Begriff des Ewigen und Unendlichen, der sie eigentlich hebt und trägt, ist zerstört, sie erscheint vergänglich wie alles Wiederkehrende.

Dichtung und Wahrheit, Dritter Teil

Es ist eine sehr angenehme Empfindung, wenn sich eine neue Leidenschaft in uns zu regen anfängt, ehe die alte noch ganz verklungen ist. So sieht man bei untergehender Sonne gern auf der entgegengesetzten Seite den Mond aufgehn und erfreut sich an dem Doppelglanze der beiden Himmelslichter.

Dichtung und Wahrheit, Dritter Teil

Wie ruhig und leicht ich geschlafen habe, wie glücklich ich aufgestanden bin und die schöne Sonne gegrüßt habe, das erstemal seit vierzehn Tagen mit freiem Herzen, und wie voll Danks gegen dich Engel des Himmels, dem ich das schuldig bin. Ich muß dir's sagen, du einzige unter den Weibern, die mir eine Liebe ins Herz gab, die mich glücklich macht. Nicht eher als auf der Redoute seh ich dich wieder! Wenn ich meinem Herzen gefolgt hätte – Nein will brav sein – Ich liege zu deinen Füßen ich küsse deine Hände.

Brief an Charlotte von Stein, 23. Februar 1776

Der Himmel trübt sich, ich werde nicht drüber murren, denn wenn ich bei dir bin, so ist alles heiter. Den Frauens, und dir besonders hab ich in der Stille des Morgens eine Lobrede gehalten. Eure Neigungen sind immer lebendig und tätig, und ihr könnt nicht lieben und vernachlässigen. Die Offenheit und Ruhe meines Herzens, die du mir wiedergegeben hast, sei auch für dich allein, und alles Gute, was anderen und mir draus entspringt, sei auch dein. Glaub mir, ich fühle mich ganz anders, meine alte Wohltätigkeit kehrt zurück und mit ihr die Freude meines Lebens, du hast mir den Genuß im Guts tun gegeben, den ich ganz verloren hatte. Ich tat's

Goethe: Frauenbildnis
vermutlich Charlotte von Stein
Schwarze Kreide
um 1777

aus Instinkt und es ward mir nicht wohl dabei. Adieu. So mögt ich immer fortfahren und sei's gegenwärtig oder auf dem Papiere, wie schwer wird mir's, mich von dir zu scheiden.

Brief an Charlotte von Stein, 27. März 1781

Man muß nur Ein Wesen recht von Grund aus lieben, da kommen einem die übrigen alle liebenswürdig vor!

Die Wahlverwandtschaften, Erster Teil

Meine Seele ist an dich fest gebunden, deine Liebe ist das schöne Licht aller meiner Tage, dein Beifall ist mein bester Ruhm, und wenn ich einen guten Rahmen von außen recht schätze, so ist's um deintwillen, daß ich dir keine Schande mache.

Brief an Charlotte von Stein, 29. Oktober 1781

Ach! zwei liebende Herzen, sie sind wie zwei Magnetuhren: was in der einen sich regt, muß auch die andere mitbewegen, denn es ist nur *eins*, was in beiden wirkt, *eine* Kraft, die sie durchgeht.

Wilhelm Meisters Lehrjahre, Erstes Buch

Wie befindet sich meine beste? Wie hat sie geschlafen? Was wird sie vornehmen? . . .

Solang mich deine Liebe und mein guter Mut nicht verläßt, mag es gehn wie's will.

Brief an Charlotte von Stein, 20. Januar 1782

Gegen große Vorzüge eines andern gibt es kein Rettungsmittel als die Liebe.

Die Wahlverwandtschaften, Zweiter Teil

Ich schäme mich, dir zu wiederholen, wie und wie immer ich an dich denke. Du bist mir in alle Gegenstände transsubstanziert, ich seh alles recht gut und sehe dich doch überall, ich bin weder abwesend noch zerstreut und doch immer bei dir und immer mit dir beschäftigt.

Brief an Charlotte von Stein, 10. April 1782

Ein Leben ohne Liebe, ohne die Nähe des Geliebten ist nur eine »Comédie à tiroir«, ein schlechtes Schubladenstück. Man schiebt eine nach der andern heraus und wieder hinein und eilt zur folgenden. Alles, was auch Gutes und Bedeutendes vorkommt, hängt nur kümmerlich zusammen. Man muß überall von vorn anfangen und möchte überall enden.

Die Wahlverwandtschaften, Zweiter Teil

Lebe wohl, meine Liebe! Laß uns zusammenhalten, die weltlichen Dinge sind gar brüchig.

Brief an Charlotte von Stein, 1. März 1784

Ich habe bisher im Stillen gar mancherlei getragen, und nichts so sehnlich gewünscht, als daß unser Verhältnis sich so herstellen möge, daß keine Gewalt ihm was anhaben könne. Sonst mag ich nicht in deiner Nähe wohnen und ich will lieber in der Einsamkeit der Welt bleiben, in die ich jetzt hinaus gehe.

Brief an Charlotte von Stein, 1. September 1786

Ich war glücklich, wahrhaft glücklich, wie man es in der Welt sein kann, das heißt auf kurze Zeit.

Wilhelm Meisters Lehrjahre, Sechstes Buch

Meine Liebe! Meine Liebe! Ich bitte dich nur fußfällig, flehentlich, erleichtere mir meine Rückkehr zu dir, daß ich nicht in der weiten Welt verbannt bleibe. Verzeih mir großmütig, was ich gegen dich gefehlt und richte mich auf. Sage mir oft und viel wie du lebst, daß du wohl bist, daß du mich liebst.

Brief an Charlotte von Stein, 23. Dezember 1786

Man kennt nur diejenigen, von denen man leidet.

Maximen und Reflexionen

Liebe leidet nicht Gesellen,
Aber Leiden sucht und hegt sie;
Lebenswoge, Well' auf Wellen,
Einen wie den andern trägt sie.

Zahme Xenien

Mit den Menschen geht mir es schon besser, man muß sie nur mit dem Krämergewicht, keineswegs mit der Goldwaage wiegen, wie es leider sogar oft Freunde untereinander aus hypochondrischer Grille und seltsamer Anforderung zu tun pflegen.

Italienische Reise; Neapel, 17. März 1787

Froh empfind ich mich nun auf klassischem Boden begeistert,
Vor- und Mitwelt spricht lauter und reizender mir.
Hier befolg ich den Rat, durchblättre die Werke der Alten
Mit geschäftiger Hand, täglich mit neuem Genuß.
Aber die Nächte hindurch hält Amor mich anders beschäftigt;
Werd ich auch halb nur gelehrt, bin ich doch doppelt beglückt.
Und belehr ich mich nicht, indem ich des lieblichen Busens
Formen spähe, die Hand leite die Hüften hinab?
Dann versteh ich den Marmor erst recht: ich denk und vergleiche,
Sehe mit fühlendem Aug, fühle mit sehender Hand.
Raubt die Liebste denn gleich mir einige Stunden des Tages,
Gibt sie Stunden der Nacht mir zur Entschädigung hin.
Wird doch nicht immer geküßt, es wird vernünftig gesprochen;
Überfällt sie der Schlaf, lieg ich und denke mir viel.

Oftmals hab ich auch schon in ihren Armen gedichtet
Und des Hexameters Maß leise mit fingernder Hand
Ihr auf den Rücken gezählt. Sie atmet in lieblichem
Schlummer,
Und es durchglühet ihr Hauch mir bis ins Tiefste die
Brust.
Amor schüret die Lamp' indes und denket der Zeiten,
Da er den nämlichen Dienst seinen Triumvirn getan.

Römische Elegien

... und wenn ich dich lieb habe, was geht's dich an?

Wilhelm Meisters Lehrjahre, Viertes Buch

Es bedarf nur einer Kleinigkeit, um zwei Liebende zu unterhalten ...

Wilhelm Meisters Lehrjahre, Erstes Buch

In *einem* Augenblick gewährt die Liebe,
Was Mühe kaum in langer Zeit erreicht.

Torquato Tasso, Zweiter Aufzug

Ich beschreibe dir meine Reflexionen, weil ich dir mit Worten die Reihe von entzückenden Bildern nicht darstellen kann, die mich das schöne Mädchen mit Anstand und Artigkeit sehen ließ. Alle Bewegungen folgten so natürlich auf einander, und doch schienen sie so studiert zu sein. Reizend war sie, indem sie sich entkleidete, schön, herrlich schön, als das letzte Gewand fiel. Sie stand, wie Minerva vor Paris mochte gestanden haben, bescheiden bestieg sie ihr Lager, unbedeckt versuchte sie in verschiedenen Stellungen sich dem Schlafe zu übergeben, endlich schien sie entschlummert. In der anmutigsten Stellung blieb sie eine Weile, ich konnte nur staunen und bewundern. Endlich schien ein leidenschaftlicher Traum sie zu beunruhigen, sie seufzte tief, veränderte heftig die Stellung, stammelte den Namen eines Geliebten und schien ihre Arme gegen ihn auszustrecken. »Komm!« rief sie endlich mit vernehmlicher Stimme, »komm, mein Freund, in meine Arme, oder ich schlafe wirklich ein.« In dem Augenblick ergriff sie die seidne durchnähte Decke, zog sie über sich her, und ein allerliebstes Gesicht sah unter ihr hervor. Briefe aus der Schweiz

Seine Gedanken waren lieblich wie die Geister der Dämmerung; Ruhe und Verlangen wechselten in ihm; die Liebe lief mit schaudernder Hand tausendfältig über alle Saiten seiner Seele; es war, als wenn der Gesang der Sphären über ihm stille stünde, um die leisen Melodien seines Herzens zu belauschen.

Wilhelm Meisters Lehrjahre, Erstes Buch

Ach in der Ferne zeigt sich alles reiner,
Was in der Gegenwart uns nur verwirrt.
Vielleicht wirst du erkennen, welche Liebe
Dich überall umgab und welchen Wert
Die Treue wahrer Freunde hat, und wie
Die weite Welt die Nächsten nicht ersetzt.

Torquato Tasso, Vierter Aufzug

Deinen Brief vom 14. erhalte ich eben. Es ist recht gut, daß man sich doch ein Wort sagen kann, wenn es gleich fatal genug ist, daß die Tage und Nächte vergehen, ohne daß man beisammen ist.

Behalte mich auch lieb. Denn das ist das Beste für dich und für mich. Das Gute in der Welt ist viel schmäler gesät als man denkt, was man hat, muß man halten.

Lebe wohl, liebes Kind. Die Zeit wird mir lang, bis ich zu dir komme.

Brief an Christiane Vulpius, 22. Juni 1793

Zeitverkürzend ist immer die Nähe der Geliebten ...

Dichtung und Wahrheit, Dritter Teil

Wärst du nur jetzt bei mir! Es sind überall große breite Betten und du solltest dich nicht beklagen, wie es manchmal zu Hause geschieht. Ach! mein Liebchen! Es ist nichts besser als beisammen zu sein. Wir wollen es uns immer sagen wenn wir uns wieder haben ...

Behalte mich ja lieb! denn ich bin manchmal in Gedanken eifersüchtig und stelle mir vor: daß dir ein andrer besser gefallen könnte, weil ich viele Männer hübscher und angenehmer finde als mich selbst. Das mußt du aber nicht sehen, sondern du mußt mich für den besten halten, weil ich dich ganz entsetzlich lieb habe und mir außer dir nichts gefällt. Ich träume oft von dir, allerlei konfuses Zeug, doch immer, daß wir uns lieb haben. Und dabei mag es bleiben.

Brief an Christiane Vulpius, 10. September 1792

Die reinste Freude, die man an einer geliebten Person finden kann, ist die, zu sehen, daß sie andere erfreut.

Dichtung und Wahrheit, Dritter Teil

Nun bin ich vierzehn Tage hier und sehne mich herzlich wieder nach Hause. Die Kur schlägt sehr gut ein, obgleich das Wetter ganz abscheulich ist. Ich lebe sehr zerstreut, den ganzen Tag unter Menschen, es werden viel Äugelchen gemacht, die dir aber keinen Abbruch tun, denn man sieht erst recht, wie sehr man Ursache hat, seinen treuen Hausschatz zu lieben und zu bewahren.

Brief an Christiane Vulpius, 19. Juli 1795

Schreibe mir von Zeit zu Zeit von deinen Beschäftigungen und von der Art derselben, damit ich mir vorstellen kann, wie du lebst, und wir einander nicht zu fremd werden.

Brief an Friedrich von Stein, 21. Dezember 1798

Deinen Brief, mein lieber Freund, habe ich mit besonderer Zufriedenheit erhalten, da er ein früheres Verhältnis wieder anknüpft, das nun um desto dauerhafter sein kann, als wir beide im Leben indes vorgerückt sind und manches erfahren haben. Wenn wir immer vorsichtig genug wären und uns mit Freunden nur von Einer Seite verbänden, von der sie wirklich mit uns harmonieren, und ihr übriges Wesen weiter nicht in Anspruch nähmen, so würden die Freundschaften weit dauerhafter und

Goethe: Christiane mit Schultertuch
Bleistift, Feder mit Sepia
um 1788/89

ununterbrochner sein. Gewöhnlich aber ist es ein Jugendfehler, den wir selbst im Alter nicht ablegen, daß wir verlangen, der Freund solle gleichsam ein anderes Ich sein, solle mit uns nur ein Ganzes ausmachen, worüber wir uns denn eine Zeit lang täuschen, das aber nicht lange dauern kann.

Das sicherste Mittel, ein freundschaftliches Verhältnis zu hegen und zu erhalten, finde ich darin, daß man sich wechselsweise mitteile, was man tut. Denn die Menschen treffen viel mehr zusammen in dem, was sie tun, als in dem, was sie denken.

Brief an Siegmund August Herder,
Dezember 1798

Allein der Mensch besitzt noch manches, womit er seinen Freunden beistehen kann, das eben nicht klingende Münze zu sein braucht.

Wilhelm Meisters Lehrjahre, Viertes Buch

... und einen kritischen Freund an der Seite, kommt man immer schneller vom Fleck.

Brief an Karl Ludwig von Knebel,
31. Dezember 1798

... denn Freunde offenbaren einander gerade das am deutlichsten, was sie einander verschweigen ...

Wilhelm Meisters Wanderjahre, Drittes Buch

Ach warum versäumt man so viele Augenblicke, Freunden wohlzutun?

Brief an Friedrich Heinrich Jacobi, 3. März 1784

Denn was man durch einen gleichgesinnten Freund erfährt, ist nahe zu als wenn man es selbst erfahren hätte.

Brief an Wilhelm von Humboldt, 26. Mai 1799

Meyer kommt in diesen Tagen, mein stilles Haus sehnt sich nach ihm. Leider wirkt der Genius der Zeit so übel auf Freundschaft. Meinungen über fremde Verhältnisse zerstören die nächsten, daß man sich nur an das, was einem noch bleibt, recht fest zu halten hat.

Brief an Caroline Herder, Ende September 1794

Indessen ist das Zutrauen wie die Freundschaft keine Kunst zur Zeit, wenn alles gelingt und glückt. Wenn es mißlich wird, dann zeigt sich erst der Glaube, der sich an dem erquickt und stärkt, was er nicht sieht.

Brief an die Herzogin Amalia, 25. September 1792

Die wahre Freundschaft zeigt sich im Versagen
Zur rechten Zeit, und es gewährt die Liebe
Gar oft ein schädlich Gut, wenn sie den Willen
Des Fordernden mehr als sein Glück bedenkt.

Torquato Tasso, Vierter Aufzug

Auf Ihr Blatt kann ich nicht antworten, wir sind in der Denkungsart zu weit auseinander als daß wir uns verständlich werden könnten, doch möchte ich nicht gerne schweigen.

Brief an Caroline Herder, 28. Oktober 1795

Mit Ihnen zu sprechen, möchte in diesen leidenschaftlichen Augenblicken nicht rätlich sein; wir werden einander nicht überzeugen. Sie haben mir schon geschrieben, was ich nicht lesen sollte, ich müßte erwarten zu hören, was ich nicht hören darf.

Brief an Caroline Herder, 30. Oktober 1795

So denke ich und so werde ich denken, wenn nicht ein Wunder oder eine Krankheit meine Organe verändert, wie Sie denken, sehe ich aus Ihren Briefen, meine Absicht ist nicht, auf Sie zu wirken. Ich werde keine Replik auf dieses Blatt lesen und von dem Vergangnen kein Wort mehr sprechen.

... Ich weiß wohl, daß man dem das mögliche nicht dankt, von dem man das unmögliche gefordert hat; aber das soll mich nicht abhalten, für Sie und die Ihrigen zu tun, was ich tun kann.

Brief an Caroline Herder, 30. Oktober 1795

Man mag nicht *mit* jedem leben, und so kann man auch nicht *für* jeden leben; wer das recht einsieht, wird seine Freunde höchlich zu schätzen wissen, seine Feinde nicht hassen noch verfolgen; vielmehr erlangt der Mensch nicht leicht einen größeren Vorteil, als wenn er die Vorzüge seiner Widersacher gewahr werden kann: dies gibt ihm ein entschiedenes Übergewicht über sie.

Maximen und Reflexionen

Vermag die Liebe, alles zu dulden, so vermag sie noch viel mehr, alles zu ersetzen.

Die Wahlverwandtschaften, Zweiter Teil

Der Haß ist parteiisch, aber die Liebe ist es noch mehr.

Die Wahlverwandtschaften, Erster Teil

Die Liebe herrscht nicht, aber sie bildet, und das ist mehr.

Das Märchen

Kennst du das herrliche Gift der unbefriedigten Liebe?
Es versengt und erquickt, zehret am Mark und erneut's.
Kennst du die herrliche Wirkung der endlich befriedigten Liebe?
Körper verbindet sie schön, wenn sie die Geister befreit.

Das ist die wahre Liebe, die immer und immer sich gleich bleibt,
Wenn man ihr alles gewährt, wenn man ihr alles versagt.

Vier Jahreszeiten, Sommer

Nichts ist auf der Erde ohne Beschwerlichkeit! Nur der innere Trieb, die Lust, die Liebe helfen uns Hindernisse überwinden, Wege bahnen und uns aus dem engen Kreise, worin sich andere kümmerlich abängstigen, emporheben.

Wilhelm Meisters Lehrjahre, Erstes Buch

Ungleich erscheint im Leben viel, doch bald
Und unerwartet ist es ausgeglichen.
In ew'gem Wechsel wiegt ein Wohl das Weh
Und schnelle Leiden unsre Freuden auf.
Nichts ist beständig! Manches Mißverhältnis
Löst, unbemerkt, indem die Tage rollen,
Durch Stufenschritte sich in Harmonie.
Und ach! den größten Abstand weiß die Liebe,
Die Erde mit dem Himmel, auszugleichen.

Die natürliche Tochter, Vierter Aufzug

Die Liebe macht vieles Unmögliche möglich ...

Wilhelm Meisters Lehrjahre, Sechstes Buch

Es war in der Abenddämmerung im heißen Augustmonat, in Teplitz, er [Goethe] saß am offnen Fenster, ich stand vor ihm und hielt ihn umhalst, und mein Blick, wie ein Pfeil scharf ihm ins Aug gedrückt, blieb drin haften, bohrte sich tiefer und tiefer ein. Vielleicht weil er's nicht länger ertragen mochte, frug er, ob mir nicht heiß sei, und ob ich nicht wolle, daß mich die Kühlung anwehe, ich nickte, so sagt' er: »Mache doch den Busen frei, daß ihm die Abendluft zugut komme.« Und da er sah, daß ich nichts dagegen sagte, obschon ich rot ward, so öffnete er meine Kleidung; er sah mich an und sagte: »Das Abendrot hat sich auf deine Wangen eingebrennt«, und dann küßte er mich auf die Brust und senkte die Stirne darauf; – »kein Wunder«, sagte ich, »meine Sonne geht mir ja im eignen Busen unter.« Er sah mich an, lang, und waren beide still. – Er fragt': »Hat dir noch nie jemand den Busen berührt?« – »Nein«, sagt' ich, »mir selbst ist es so fremd, daß du mich anrührst.« – Da drückte er viele, viele und heftige Küsse mir auf den Hals, mir war bang, er solle mich loslassen, und er war doch so gewaltig schön, ich mußte lächlen in der Angst und war doch ganz freudig, daß mir's galt, diese zuckende Lippen und dies heimliche Atemsuchen, und wie der Blitz war's, der mich erschüttere, und meine Haare, die von Natur sich krausen, hingen herunter, er wollte Ruhe wieder, ich sah es recht in seinem Gesicht, wie er sich faßte, und sammelte mein zerstreutes Haar in der Hand, und war immer wieder still, wie wenn er hätte sprechen wollen und hatte nicht Atem. Dann sagt' er so leise erst: »Du bist wie das Gewitter, deine Haare regnen, deine Lippen wetterleuchten, und deine Augen donnern.« – Da fand ich auch meine Stimme: »Und du bist wie Zeus, du winkest mit den Brauen, und der Olympus erzittert.« –

»Wenn du künftig abends dich auskleidest und die Sterne leuchten dir in den Busen wie jetzt, willst du da meiner Küsse gedenken?« – »Ja!« – »Und willst denken, daß ich ohne Zahl wie die Sterne tausendfach das Siegel meiner Liebe dir in den Busen drücken möcht?« – »Ja!« – »Und willst denken, daß es Unvergeßliches ist, Unsterbliches, was ich in dir erlebe, willst du das glauben?« – »Ja!« sagt' ich, »ich will's glauben!« – Er ... ja wie war's doch? – Er seufzte so tief, und lehnte den Kopf an mich, und: »Verzeih mir's«, sagte er, »daß ich so ganz stark nicht bin«, und sah zu mir hinauf und drückte mir den Busen fest ... jetzt streckte er die Arme wieder nach mir und sagte: »Komm!« – und zog mich aufs Knie und drückt' meinen Kopf ans Herz und spielt' mit meinem Ohr und lehnte mit der Stirne an meiner Stirne und so lange Zeit, wo ihm Schweißtropfen auf mich niederfielen, erst küßt' ich sie auf, dann bekam ich wahrhaftig Durst darnach, und trank sie mit den Lippen auf, die Augenwimpern badete ich ihm mit meinen Lippen. – Der Schweiß perlte über seinem herrlichen Mund, den er herb geschlossen hielt, er seufzte tief, er ächzte, ich ließ mich nicht stören, ich leckte alle Schweißperlen auf, er legte die Zunge auf die Lippen, ich biß sie ganz leise, ich biß auch in die Lippen, er drückte mich an seine Wangen, und meine Tränen liefen ihm über das Antlitz; er sagte wieder: »Weib! Weib! wenn du wüßtest, wie süß du bist, dann! ja dann erst könntest du's begreifen, wie streng die Fesseln sind, die deine Unschuld mir anlegt, daß ich's nicht vermag, sie zu zerreißen.«

Aufzeichnung der Bettina von Arnim; Teplitz, August 1810

Als ich wegging, begleitete er mit der Kerze mich ins zweite Zimmer, indem er mich umfaßte, fiel das brennende Licht an die Erde, ich wollte es aufheben, er aber litt es nicht. »Laß es liegen«, sagte er, »es soll mir ein Mal in den Boden brennen, wo ich dich zuletzt gesehen habe, sooft ich dran vorübergehe, will ich deiner lieben Erscheinung gedenken. Bleib mir treu, bleib mein«, sagte er; so küßte er mich auf die Stirn und schob mich zur Tür hinaus.

Aus den Aufzeichnungen der Bettina von Arnim; September 1811

Einem bejahrten Manne verdachte man, daß er sich noch um junge Frauenzimmer bemühte. »Es ist das einzige Mittel«, versetzte er, »sich zu verjüngen, und das will doch jedermann.«

Die Wahlverwandtschaften, Zweiter Teil

Es gibt eine Höflichkeit des Herzens; sie ist der Liebe verwandt. Aus ihr entspringt die bequemste Höflichkeit des äußern Betragens.

Freiwillige Abhängigkeit ist der schönste Zustand, und wie wäre der möglich ohne Liebe.

Die Wahlverwandtschaften, Zweiter Teil

Bettina hatte in den Briefen Goethes an Frau von Stein gelesen; man sehe klar, sagte sie, daß er ihrer schon lange vor der Reise nach Italien überdrüssig gewesen und daß es mit den Liebschaften – allen – nichts Rechtes sei! Sie erzählte, Goethe habe sie [am 26. oder 27. August 1811?]

in Weimar zu einer Volkslustbarkeit mitgenommen, eine herumziehende Sängerin sei in den Saal getreten und habe ein ziemlich gemeines Lied gesungen, »O Weiber, o Weiber, o Weiber!« kam darin vor, und Goethe habe Beifall genickt, sie selbst aber ausgerufen: »Das ist ja ganz schlecht!« Da habe er sie angefahren mit den zürnenden Worten: »Dir kann man auch nichts recht machen!« und ihr seien darüber Tränen in die Augen gekommen. Erzürnt saß er neben ihr, das konnte sie nicht ertragen. »Ich ließ wie absichtslos ein Stück Brot auf die Erde fallen, ich wußte, daß er's aufheben würde; wie er's tat, schlüpft' ich unter den Tisch, als wollt' ich es auch tun, und küßte ihm verstohlen die Hand, da waren wir versöhnt!«

Aus dem Tagebuch von Karl August Varnhagen von Ense, 24. August 1854

Und, glauben Sie mir, es ist in der Welt nichts schätzbarer als ein Herz, das der Liebe und der Leidenschaft fähig ist.

Wilhelm Meisters Lehrjahre, Achtes Buch

Die Leidenschaften sind Mängel oder Tugenden, nur gesteigerte.

Unsre Leidenschaften sind wahre Phönixe. Wie der alte verbrennt, steigt der neue sogleich wieder aus der Asche hervor.

Große Leidenschaften sind Krankheiten ohne Hoffnung. Was sie heilen könnte, macht sie erst recht gefährlich.

Die Leidenschaft erhöht und mildert sich durchs Bekennen. In nichts wäre die Mittelstraße vielleicht wünschenswerter als im Vertrauen und Verschweigen gegen die, die wir lieben.

Die Wahlverwandtschaften, Zweiter Teil

Was für Mängel dürfen wir behalten, ja an uns kultivieren?

Solche, die den andern eher schmeicheln als sie verletzen.

Die Wahlverwandtschaften, Zweiter Teil

Gewisse Mängel sind notwendig zum Dasein des einzelnen. Es würde uns unangenehm sein, wenn alte Freunde gewisse Eigenheiten ablegten.

Die Wahlverwandtschaften, Zweiter Teil

Mit jemand leben oder *in* jemand leben ist ein großer Unterschied. Es gibt Menschen, in denen man leben kann, ohne mit ihnen zu leben, und umgekehrt. Beides zu verbinden ist nur der reinsten Liebe und Freundschaft möglich.

Maximen und Reflexionen

Man kann nicht immer zusammenstehn,
Am wenigsten mit großen Haufen.
Seine Freunde, die läßt man gehn,
Die Menge läßt man laufen.

Sprichwörtlich

Es ist unmöglich, daß ein alter Freund,
Der lang entfernt ein fremdes Leben führte,
Im Augenblick da er uns wiedersieht
Sich wieder gleich wie ehmals finden soll.
Er ist in seinem Innern nicht verändert;
Laß uns mit ihm nur wenig Tage leben,
So stimmen sich die Saiten hin und wider,
Bis glücklich eine schöne Harmonie
Aufs neue sie verbindet.

Torquato Tasso, Zweiter Aufzug

Alte Freunde muß man nicht wiedersehen, man *versteht* sich nicht mehr mit ihnen, jeder hat eine andere Sprache bekommen.

Wem es ernst um seine innere Kultur ist, hüte sich davor, denn der alsdann hervortretende Mißklang kann nur störend auf uns einwirken, und man trübt sich das reine Bild des frühern Verhältnisses.

Gespräch mit Kanzler Müller, 21. Dezember 1824

... denn wie manchen Freund verletzt man nicht in dem so verworrenen als flüchtigen Leben, das uns zwischen Pflicht und Leichtsinn, zwischen Zerstreuung und Sorge, zwischen Beschäftigung und Zeitverderb hin und her bewegt ...

Dankbare Gegenwart

Ich bin von Natur so wenig dankbar als irgend ein Mensch, und beim Vergessen empfangenes Guten konnte das heftige Gefühl eines augenblicklichen Mißverhältnisses mich sehr leicht zum Undank verleiten.

Diesem zu begegnen, gewöhnte ich mich zuvörderst, bei allem, was ich besitze, mich gern zu erinnern, wie ich dazu gelangt, von wem ich es erhalten, es sei durch Geschenk, Tausch oder Kauf, oder auf irgend eine andre Art. Ich habe mich gewöhnt, beim Vorzeigen meiner Sammlungen der Personen zu gedenken, durch deren Vermittelung ich das Einzelne erhielt, ja der Gelegenheit, dem Zufall, der entferntesten Veranlassung und Mitwirkung, wodurch mir Dinge geworden, die mir lieb und wert sind, Gerechtigkeit widerfahren zu lassen. Das, was uns umgibt, erhält dadurch ein Leben, wir sehen es in geistiger, liebevoller, genetischer Verknüpfung, und durch das Vergegenwärtigen vergangener Zustände wird das augenblickliche Dasein erhöht und bereichert; die Urheber der Gaben steigen wiederholt vor der Einbildungskraft hervor, man verknüpft mit ihrem Bilde eine angenehme Erinnerung, macht sich den Undank unmöglich und ein gelegentliches Erwidern leicht und wünschenswert. Zugleich wird man auf die Betrachtung desjenigen geführt, was nicht sinnlicher Besitz ist, und man rekapituliert gar gern, woher sich unsere höheren Güter schreiben und datieren.

Dichtung und Wahrheit, Zweiter Teil

Liebe aber erzeugt Liebe.

Gespräch mit Eckermann, 23. Oktober 1828

Was Freunde mit und für uns tun, ist auch ein Erlebtes; denn es stärkt und fördert unsere Persönlichkeit. Was Feinde gegen uns unternehmen, erleben wir nicht, wir erfahren's nur, lehnen's ab und schützen uns dagegen wie gegen Frost, Sturm, Regen und Schlossenwetter oder sonst äußere Übel, die zu erwarten sind.

Maximen und Reflexionen

Freundschaft kann sich bloß praktisch erzeugen, praktisch Dauer gewinnen. Neigung, ja sogar Liebe hilft alles nichts zur Freundschaft. Die wahre, die tätige, produktive besteht darin, daß wir gleichen Schritt im Leben halten, daß er meine Zwecke billigt, ich die seinigen, und daß wir so unverrückt zusammen fortgehen, wie auch sonst die Differenz unserer Denk- und Lebensweise sein möge.

Maximen und Reflexionen

In der Freundschaft wenigstens wollen wir uns nicht übertreffen lassen.

Brief an Sulpiz Boisserée, 22. März 1831

Den Enthusiasmus für irgendeine Frau muß man einer andern niemals anvertrauen; sie kennen sich untereinander zu gut, um sich einer solchen ausschließlichen Verehrung würdig zu halten. Die Männer kommen ihnen vor wie Käufer im Laden, wo der Handelsmann mit seinen Waren, die er kennt, im Vorteil steht, auch sie in dem besten Lichte vorzuzeigen die Gelegenheit wahrnehmen kann; dahingegen der Käufer immer mit einer Art Unschuld hereintritt, er bedarf der Ware, will und wünscht sie und versteht gar selten, sie mit Kenneraugen zu betrachen. Jener weiß recht gut, was er gibt, dieser nicht immer, was er empfängt. Aber es ist einmal im menschlichen Leben und Umgang nicht zu ändern, ja so löblich als notwendig, denn alles Begehren und Freien, alles Kaufen und Tauschen beruht darauf.

Wilhelm Meisters Wanderjahre, Zweites Buch

Pah! sagte Goethe lachend, als ob die Liebe etwas mit dem Verstande zu tun hätte! Wir lieben an einem jungen Frauenzimmer ganz andere Dinge als den Verstand. Wir lieben an ihr das Schöne, das Jugendliche, das Neckische, das Zutrauliche, den Charakter, ihre Fehler, ihre Capricen und Gott weiß was alles Unaussprechliche sonst; aber wir lieben nicht ihren Verstand. Ihren Verstand *achten* wir, wenn er glänzend ist, und ein Mädchen kann dadurch in unsern Augen unendlich an Wert gewinnen. Auch mag der Verstand gut sein, uns zu fesseln, wenn wir bereits lieben. Allein der Verstand ist nicht dasjenige, was fähig wäre, uns zu entzünden und eine Leidenschaft zu erwecken.

Gespräch mit Eckermann, 2. Januar 1824

Überall, fuhr Goethe fort, lernt man nur von dem, den man liebt.

Gespräch mit Eckermann, 12. Mai 1825

. . . Fürchterlich
Ist einer, der nichts zu verlieren hat.

Die natürliche Tochter, Erster Aufzug

Wenn der schwer Gedrückte klagt,
Hülfe, Hoffnung sei versagt,
Bleibet heilsam fort und fort
Immer noch ein freundlich Wort.

West-östlicher Divan, Buch der Sprüche

Du hattest längst mir's angetan,
Doch jetzt gewahr ich neues Leben;
Ein süßer Mund blickt uns gar freundlich an,
Wenn er uns einen Kuß gegeben.

Tadelt man, daß wir uns lieben,
Dürfen wir uns nicht betrüben,
Tadel ist von keiner Kraft.
Andern Dingen mag das gelten,
Kein Mißbilligen, kein Schelten
Macht die Liebe tadelhaft.

An Ulrike von Levetzow

Denn so ist die Liebe beschaffen, daß sie allein recht zu haben glaubt und alle anderen Rechte vor ihr verschwinden.

Die Wahlverwandtschaften, Erster Teil

Denn ein Herz, das sucht, fühlt wohl, daß ihm etwas mangle; ein Herz, das verloren hat, fühlt, daß es entbehre. Sehnsucht verwandelt sich in Unmut und Ungeduld, und ein weibliches Gemüt, zum Erwarten und Abwarten gewöhnt, möchte nun aus seinem Kreise herausschreiten, tätig werden, unternehmen und auch etwas für sein Glück tun.

Die Wahlverwandtschaften, Zweiter Teil

Glücklicherweise kann der Mensch nur einen gewissen Grad des Unglücks fassen; was darüber hinausgeht, vernichtet ihn oder läßt ihn gleichgültig. Es gibt Lagen, in denen Furcht und Hoffnung eins werden, sich einander wechselseitig aufheben und in eine dunkle Fühllosigkeit verlieren. Wie könnten wir sonst die entfernten Geliebtesten in stündlicher Gefahr wissen und dennoch unser tägliches, gewöhnliches Leben immer so forttreiben.

Die Wahlverwandtschaften, Zweiter Teil

O Gott! Wie schränkt sich Welt und Himmel ein,
Wenn unser Herz in seinen Schranken banget.

Die natürliche Tochter, Vierter Aufzug

Der Schmerz um Liebe, wie die Liebe, bleibt
Unteilbar und unendlich. Fühl ich doch,
Welch ungeheures Unglück den betrifft,
Der seines Tags gewohntes Gut vermißt.

Die natürliche Tochter, Dritter Aufzug

Wie regte nicht der Tag die raschen Flügel,
Schien die Minuten vor sich her zu treiben!
Der Abendkuß, ein treu verbindlich Siegel:
So wird es auch der nächsten Sonne bleiben.
Die Stunden glichen sich in zartem Wandern
Wie Schwestern zwar, doch keine ganz den andern.

Der Kuß, der letzte, grausam süß, zerschneidend
Ein herrliches Geflecht verschlungner Minnen.
Nun eilt, nun stockt der Fuß, die Schwelle meidend,
Als trieb' ein Cherub flammend ihn von hinnen;
Das Auge starrt auf düstrem Pfad verdrossen,
Es blickt zurück, die Pforte steht verschlossen.

Und nun verschlossen in sich selbst, als hätte
Dies Herz sich nie geöffnet, selige Stunden
Mit jedem Stern des Himmels um die Wette
An ihrer Seite leuchtend nicht empfunden;
Und Mißmut, Reue, Vorwurf, Sorgenschwere
Belasten's nun in schwüler Atmosphäre.

Aus: Marienbader Elegie

... denn nicht bloß *wir* sind die Liebe, sondern es ist es auch das uns anreizende liebe Objekt. Und dann, was nicht zu vergessen, kommt als ein mächtiges Drittes noch das Dämonische hinzu, das jede Leidenschaft zu begleiten pflegt und das in der Liebe sein eigentliches Element findet.

Gespräch mit Eckermann, 5. März 1830

Aussöhnung

Die Leidenschaft bringt Leiden! – Wer beschwichtigt
Beklommnes Herz, das allzuviel verloren?
Wo sind die Stunden, überschnell verflüchtigt?
Vergebens war das Schönste dir erkoren!
Trüb ist der Geist, verworren das Beginnen;
Die hehre Welt, wie schwindet sie den Sinnen!

Da schwebt hervor Musik mit Engelschwingen,
Verflicht zu Millionen Tön' um Töne,
Des Menschen Wesen durch und durch zu dringen,
Zu überfüllen ihn mit ew'ger Schöne:
Das Auge netzt sich, fühlt im höhern Sehnen
Den Götterwert der Töne wie der Tränen.

Und so das Herz erleichtert merkt behende,
Daß es noch lebt und schlägt und möchte schlagen,
Zum reinsten Dank der überreichen Spende
Sich selbst erwidernd willig darzutragen.
Da fühlte sich – o daß es ewig bliebe! –
Das Doppelglück der Töne wie der Liebe.

Denn der Ewge herrscht auf Erden,
Über Meere herrscht sein Blick;
Löwen sollen Lämmer werden,
Und die Welle schwankt zurück.
Blankes Schwert erstarrt im Hiebe,
Glaub und Hoffnung sind erfüllt;
Wundertätig ist die Liebe,
Die sich im Gebet enthüllt.

Novelle

In meiner besten Zeit sagten mir öfters Freunde, die mich freilich kennen mußten: was ich lebte sei besser als was ich spreche, dieses besser als was ich schreibe, und das Geschriebene besser als das Gedruckte.

Bemerkungen der Freunde

Hast du es so lange wie ich getrieben,
Versuche wie ich das Leben zu lieben.

Zahme Xenien

VIII

Was ist doch ein Lebendiges für ein köstliches, herrliches Ding!

Natur, Naturbetrachtung, Naturerforschung

Mailied

Wie herrlich leuchtet
Mir die Natur!
Wie glänzt die Sonne!
Wie lacht die Flur!

Es dringen Blüten
Aus jedem Zweig
Und tausend Stimmen
Aus dem Geträuch

Und Freud und Wonne
Aus jeder Brust.
O Erd', o Sonne!
O Glück, o Lust!

O Lieb', o Liebe!
So golden schön
Wie Morgenwolken
Auf jenen Höhn!

Du segnest herrlich
Das frische Feld,
Im Blütendampfe
Die volle Welt.

...

Nach allen Seiten hin war ich an die Natur gewiesen, sie war mir in ihrer Herrlichkeit erschienen ...

Dichtung und Wahrheit, Dritter Teil

An Luna

Schwester von dem ersten Licht,
Bild der Zärtlichkeit in Trauer!
Nebel schwimmt mit Silberschauer
Und dein reizendes Gesicht;
Deines leisen Fußes Lauf
Weckt aus tagverschloßnen Höhlen,
Traurig abgeschiedne Seelen,
Mich und nächtge Vögel auf.

Forschend übersieht dein Blick
Eine großgemeßne Weite.
Hebe mich an deine Seite!
Gib der Schwärmerei dies Glück ...

Natur! Wir sind von ihr umgeben und umschlungen – unvermögend, aus ihr herauszutreten, und unvermögend, tiefer in sie hineinzukommen. Ungebeten und ungewarnt nimmt sie uns in den Kreislauf ihres Tanzes auf und treibt sich mit uns fort, bis wir ermüdet sind und ihrem Arme entfallen.

Wir leben mitten in ihr und sind ihr fremde. Sie spricht unaufhörlich mit uns und verrät uns ihr Geheimnis nicht. Wir wirken beständig auf sie und haben doch keine Gewalt über sie.

Es ist ein ewiges Leben, Werden und Bewegen in ihr und doch rückt sie nicht weiter. Sie verwandelt sich ewig und ist kein Moment Stillestehen in ihr. Fürs Bleiben hat sie keinen Begriff und ihren Fluch hat sie ans Stillestehen gehängt. Sie ist fest. Ihr Tritt ist gemessen, ihre Ausnahmen selten, ihre Gesetze unwandelbar.

Sie spritzt ihre Geschöpfe aus dem Nichts hervor, und sagt ihnen nicht, woher sie kommen und wohin sie gehen. Sie sollen nur laufen. Die Bahn kennt sie.

Sie hüllt den Menschen in Dumpfheit ein und spornt ihn ewig zum Lichte. Sie macht ihn abhängig zur Erde, träg und schwer und schüttelt ihn immer wieder auf.

Man gehorcht ihren Gesetzen, auch wenn man ihnen widerstrebt, man wirkt mit ihr, auch wenn man gegen sie wirken will.

Sie macht alles, was sie gibt, zur Wohltat, denn sie macht es erst unentbehrlich. Sie säumet, daß man sie verlange, sie eilet, daß man sie nicht satt werde.

Sie hat keine Sprache noch Rede, aber sie schafft Zungen und Herzen, durch die sie fühlt und spricht.

Ihre Krone ist die Liebe. Nur durch sie kommt man ihr nahe. Sie macht Klüfte zwischen allen Wesen und alles will sich verschlingen. Sie hat alles isolieret, um alles zusammenzuziehen. Durch ein paar Züge aus dem Becher der Liebe hält sie für ein Leben voll Mühe schadlos.

Sie ist alles. Sie belohnt sich selbst und bestraft sich selbst, erfreut und quält sich selbst. Sie ist rauh und gelinde, lieblich und schröklich, kraftlos und allgewaltig. Alles ist immer da in ihr. Vergangenheit und Zukunft kennt sie nicht. Gegenwart ist ihr Ewigkeit. Sie ist gütig. Ich preise sie mit allen ihren Werken.

Sie ist ganz und doch immer unvollendet. So wie sie's treibt, kann sie's immer treiben.

Jedem erscheint sie in einer eigenen Gestalt. Sie verbirgt sich in tausend Namen und Termen und ist immer dieselbe.

Sie hat mich hereingestellt, sie wird mich auch herausführen. Ich vertraue mich ihr. Sie mag mit mir schalten. Sie wird ihr Werk nicht hassen. Ich sprach nicht von ihr. Nein, was wahr ist und was falsch ist, alles hat sie gesprochen. Alles ist ihre Schuld, alles ist ihr Verdienst.

Aus: Die Natur; Fragment. Tiefurter Journal, 1783

Daß ich diese Betrachtungen verfaßt, kann ich mich faktisch zwar nicht erinnern, allein sie stimmen mit den Vorstellungen wohl überein, zu denen sich mein Geist damals ausgebildet hatte. Ich möchte die Stufe damaliger Einsicht einen Komparativ nennen, der seine Richtung gegen einen noch nicht erreichten Superlativ zu äußern gedrängt ist. Man sieht die Neigung zu einer Art von Pantheismus, indem den Welterscheinungen ein unerforschliches, unbedingtes, humoristisches, sich selbst widersprechendes Wesen zum Grunde gedacht ist, und mag als Spiel, dem es bitterer Ernst ist, gar wohl gelten.

Die Erfüllung aber, die ihm fehlt, ist die Anschauung der zwei großen Triebräder aller Natur: der Begriff von *Polarität* und von *Steigerung*, jene der Materie, insofern wir sie materiell, diese ihr dagegen, insofern wir sie geistig denken, angehörig; jene ist in immerwährendem Anziehen und Abstoßen, diese in immerstrebendem Aufsteigen.

Erläuterungen zu dem aphoristischen Aufsatz »Die Natur«. Brief an Kanzler Müller, 24. Mai 1828

Was wir von Natur sehn, ist Kraft, die Kraft verschlingt; nichts gegenwärtig, alles vorübergehend, tausend Keime zertreten, jeden Augenblick tausend geboren, groß und bedeutend, mannigfaltig ins Unendliche; schön und häßlich, gut und bös, alles mit gleichem Rechte nebeneinander existierend.

Rezension zu »Die schönen Künste« von Johann Georg Sulzer

Die ganze Natur ist eine Melodie, in der eine tiefe Harmonie verborgen ist.

Fragment eines Romans in Briefen

Denn man wird mir gerne zugeben, daß alle natürlichen Dinge in einem genauen Zusammenhange stehen, daß der forschende Geist sich nicht gerne von etwas Erreichbarem ausschließen läßt. Ja man gönne mir, der ich durch die Abwechselungen der menschlichen Gesinnungen, durch die schnelle Bewegungen derselben in mir selbst und in andern manches gelitten habe und leide, die erhabene Ruhe, die jene einsame stumme Nähe der großen, leise sprechenden Natur gewährt, und wer davon eine Ahndung hat, folge mir.

Mit diesen Gesinnungen nähere ich mich euch, ihr ältesten, würdigsten Denkmäler der Zeit. Auf einem hohen nackten Gipfel sitzend und eine weite Gegend überschauend, kann ich mir sagen: Hier ruhst du unmittelbar auf einem Grunde, der bis zu den tiefsten Orten der Erde hinreicht, keine neuere Schicht, keine aufgehäufte zusammengeschwemmte Trümmer haben sich zwischen dich und den festen Boden der Urwelt gelegt, du gehst nicht wie in jenen fruchtbaren schönen Tälern über ein anhaltendes Grab, diese Gipfel haben nichts Lebendiges erzeugt und nichts Lebendiges verschlungen, sie sind vor allem Leben und über alles Leben.

Über den Granit

Die Konsequenz der Natur tröstet schön über die Inkonsequenz der Menschen.

Brief an Karl Ludwig von Knebel, 2. April 1785

Ich wende mich mit meiner Erzählung nochmals ans Meer, dort habe ich heute die Wirtschaft der Seeschnekken, Patellen und Taschenkrebse gesehen und mich herzlich darüber gefreut. Was ist doch ein Lebendiges für ein köstliches, herrliches Ding! Wie abgemessen zu seinem Zustande, wie wahr, wie seiend! Wieviel nützt mir nicht mein bißchen Studium der Natur, und wie freue ich mich, es fortzusetzen!

Italienische Reise; Venedig, 9. Oktober 1786

Diesen heitern schönen Tag habe ich ganz unter freiem Himmel zugebracht. Kaum nahe ich mich den Bergen, so werde ich schon wieder vom Gestein angezogen. Ich komme mir vor wie Antäus, der sich immer neu gestärkt fühlt, je kräftiger man ihn mit seiner Mutter Erde in Berührung bringt.

Italienische Reise; Bologna, 20. Oktober 1786

In dem öffentlichen Garten unmittelbar an der Reede brachte ich im stillen die vergnügtesten Stunden zu. Es ist der wunderbarste Ort von der Welt. Regelmäßig angelegt, scheint er uns doch feenhaft; vor nicht gar langer Zeit gepflanzt, versetzt er ins Altertum. Grüne Beeteinfassungen umfschließen fremde Gewächse, Zitronenspaliere wölben sich zum niedlichen Laubengange, hohe Wände des Oleanders, geschmückt von tausend roten nelkenhaften Blüten, locken das Auge. Ganz fremde, mir unbekannte Bäume, noch ohne Laub, wahrscheinlich aus wärmern Gegenden, verbreiten seltsame Zweige. Eine hinter dem flachen Raum erhöhte Bank läßt einen so wundersam verschlungenen Wachstum übersehen und lenkt den Blick zuletzt auf große Bassins, in welchen Gold- und Silberfische sich gar lieblich bewegen, bald sich unter bemooste Röhren verbergen, bald wieder scharenweis, durch einen Bissen Brot gelockt, sich versammeln. An den Pflanzen erscheint durchaus ein Grün, das wir nicht gewohnt sind, bald gelblicher, bald blaulicher als bei uns. Was aber dem Ganzen die wundersamste Anmut verlieh, war ein starker Duft, der sich über alles gleichförmig verbreitete, mit so merklicher Wirkung, daß die Gegenstände, auch nur einige Schritte hintereinander entfernt, sich entschiedener hellblau voneinander absetzten, so daß ihre eigentümliche Farbe zuletzt verlorenging, oder wenigstens sehr überbläut sie sich dem Auge darstellten.

Italienische Reise; Palermo, 7. April 1787

Was ich mir immer sagte, ist eingetroffen: daß ich so manche Phänomene der Natur und manche Verworrenheiten der Meinungen erst in diesem Lande verstehen und entwickeln lerne. Ich fasse von allen Seiten zusammen und bringe viel zurück, auch gewiß viel Vaterlandsliebe und Freude am Leben mit wenigen Freunden.

Italienische Reise; Neapel, 17. März 1787

...
Sei es mein einziges Glück, dich zu berühren, Natur!

Venetianische Epigramme

Erhabner Geist, du gabst mir, gabst mir alles,
Warum ich bat. Du hast mir nicht umsonst
Dein Angesicht im Feuer zugewendet.
Gabst mir die herrliche Natur zum Königreich,
Kraft, sie zu fühlen, zu genießen. Nicht
Kalt staunenden Besuch erlaubst du nur,
Vergönnest mir, in ihre tiefe Brust,
Wie in den Busen eines Freunds, zu schauen.
Du führst die Reihe der Lebendigen
Vor mir vorbei, und lehrst mich meine Brüder
Im stillen Busch, in Luft und Wasser kennen.
Und wenn der Sturm im Walde braust und knarrt,
Die Riesenfichte stürzend Nachbaräste
Und Nachbarstämme quetschend niederstreift,
Und ihrem Fall dumpf hohl der Hügel donnert,
Dann führst du mich zur sichern Höhle, zeigst
Mich dann mir selbst, und meiner eignen Brust
Geheime tiefe Wunder öffnen sich.
Und steigt vor meinem Blick der reine Mond
Besänftigend herüber, schweben mir

Von Felsenwänden, aus dem feuchten Busch
Der Vorwelt silberne Gestalten auf
Und lindern der Betrachtung strenge Lust.

Faust I

Meinen Faust und das botanische Werkchen wirst du erhalten haben, mit jenem habe ich die fast so mühsame als genialische Arbeit der Ausgabe meiner Schriften geendigt, mit diesem fange ich eine neue Laufbahn an, in welcher ich nicht ohne manche Beschwerlichkeit wandeln werde. Mein Gemüt treibt mich mehr als jemals zur Naturwissenschaft, und mich wundert nur, daß in dem prosaischen Deutschland noch ein Wölkchen Poesie über meinem Scheitel schweben bleibt.

Brief an Karl Ludwig von Knebel, 9. Juli 1790

Erfahren, schauen, beobachten, betrachten, verknüpfen, entdecken, erfinden sind Geistestätigkeiten, welche tausendfältig einzeln und zusammengenommen, von mehr oder weniger begabten Menschen ausgeübt werden. Bemerken, sondern, zählen, messen, wägen sind gleichfalls große Hülfsmittel, durch welche der Mensch die Natur umfaßt und über sie Herr zu werden sucht, damit er zuletzt alles zu seinem Nutzen verwende.

Von diesen genannten sämtlichen Wirksamkeiten und vielen andern verschwisterten hat die gütige Mutter niemanden ausgeschlossen. Ein Kind, ein Idiot macht wohl eine Bemerkung, die dem Gewandtesten entgeht und eignet sich von dem großen Gemeingut, heiter unbewußt, sein beschieden Teil zu.

Vorschlag zur Güte

In meinen Beobachtungen über Pflanzen und Insekten habe ich fortgefahren und bin ganz glücklich darinne gewesen. Ich finde, daß wenn man den Grundsatz der Stetigkeit recht gefaßt hat und sich dessen mit Leichtigkeit zu bedienen weiß, man weder zum Entdecken noch zum Vortrag bei organischen Naturen etwas weiter braucht.

Brief an Friedrich Schiller, 30. Juli 1796

In der Wissenschaft kann also nicht verlangt werden, daß derjenige, der etwas für sie zu leisten gedenkt, ihr das ganze Leben widme, sie ganz überschaue und umgehe, welches überhaupt auch für den Eingeweihten eine hohe Forderung ist. Durchsucht man jedoch die Geschichte der Wissenschaften überhaupt, besonders aber die Geschichte der Naturwissenschaft, so findet man, daß manches Vorzüglichere von Einzelnen in einzelnen Fächern, sehr oft von Laien geleistet worden.

Zur Farbenlehre. Didaktischer Teil, Schlußwort

Ich habe diese Tage angefangen, die Eingeweide der Tiere näher zu betrachten, und wenn ich hübsch fleißig fortfahre, so hoff ich diesen Winter diesen Teil der organischen Natur recht gut durchzuarbeiten.

Brief an Friedrich Schiller, 26. Oktober 1796

Aufgeregt nun durch ebendiese Betrachtungen fuhr ich fort, mich zu prüfen, und fand, daß mein ganzes Verfahren auf dem *Ableiten* beruhe; ich raste nicht, bis ich einen prägnanten Punkt finde, von dem sich vieles ableiten läßt, oder vielmehr der vieles freiwillig aus sich hervorbringt und mir entgegenträgt, da ich denn im Bemühen und Empfangen vorsichtig und treu zu Werke gehe. Findet sich in der Erfahrung irgendeine Erscheinung, die ich nicht abzuleiten weiß, so laß ich sie als Problem liegen, und ich habe diese Verfahrungsart in einem langen Leben sehr vorteilhaft gefunden: denn wenn ich auch die Herkunft und Verknüpfung irgendeines Phänomens lange nicht enträtseln konnte, sondern es beiseite lassen mußte, so fand sich nach Jahren auf einmal alles aufgeklärt in dem schönsten Zusammenhange.

Bedeutende Fördernis durch ein einziges geistreiches Wort

Ich besaß die entwickelnde entfaltende Methode, keineswegs die zusammenstellende ordnende; mit den Erscheinungen nebeneinander wußt ich nichts zu machen, hingegen mit ihrer Filiation mich eher zu benehmen.

Ferneres in bezug auf mein Verhältnis zu Schiller

Um mich zu retten, betrachte ich alle Erscheinungen als unabhängig voneinander und suche sie gewaltsam zu isolieren; dann betrachte ich sie als Korrelate, und sie verbinden sich zu einem entschiedenen Leben. Dies bezieh ich vorzüglich auf Natur; aber auch in bezug auf die neueste um uns her bewegte Weltgeschichte ist diese Betrachtungsweise fruchtbar.

Wilhelm Meisters Wanderjahre, Zweites Buch

... auch im Analysieren gewann ich etwas mehr Fertigkeit, doch ohne bedeutenden Erfolg; Trennen und Zählen lag nicht in meiner Natur.

Der Verfasser teilt die Geschichte seiner botanischen Studien mit

Ich mußte daher bei meiner alten Art verbleiben, die mich nötigt, alle Naturphänomene in einer gewissen Folge der Entwickelung zu betrachten und die Übergänge vor- und rückwärts aufmerksam zu begleiten. Denn dadurch gelangte ich ganz allein zur lebendigen Übersicht, aus welcher ein Begriff sich bildet, der sodann in aufsteigender Linie der Idee begegnen wird.

Wolkengestalt nach Howard

Gehalt ohne Methode führt zur Schwärmerei; Methode ohne Gehalt zum leeren Klügeln; Stoff ohne Form zum beschwerlichen Wissen, Form ohne Stoff zu einem hohlen Wähnen.

Materialien zur Geschichte der Farbenlehre, »Lücke«

Die *Phänomene* zu *erhaschen*, sie zu *Versuchen* zu *fixieren*, die Erfahrungen zu *ordnen* und die *Vorstellungsarten* darüber *kennen zu lernen*, bei dem ersten so *aufmerksam*, bei dem zweiten so *genau* als möglich zu sein, beim dritten *vollständig* zu werden und beim vierten *vielseitig* genug zu bleiben, dazu gehört eine Durcharbeitung seines armen Ichs, von deren Möglichkeit ich auch sonst nur keine Idee gehabt habe. Und an Weltkenntnis nimmt man leider bei dieser Gelegenheit auch zu. O! mein Freund, wer sind die Gelehrten und was sind sie!

Brief an Friedrich Heinrich Jacobi, 29. Dezember 1794

Gewisse Bücher scheinen geschrieben zu sein, nicht damit man daraus lerne, sondern damit man wisse, daß der Verfasser etwas gewußt hat.

Maximen und Reflexionen

Alle Gelehrsamkeit ist noch kein Urteil.

Gespräch mit Eckermann, 28. März 1827

Lehrbücher sollen anlockend sein; das werden sie nur, wenn sie die heiterste zugänglichste Seite des Wissens und der Wissenschaft hinbieten.

Maximen und Reflexionen

... aber die Gelehrsamkeit auf dem Papiere und zum Papiere hat gar zu wenig Reiz für mich. Man glaubt nicht, wie viel Totes und Tötendes in den Wissenschaften ist, bis man mit Ernst und Trieb selbst hineinkommt, und durchaus scheint mir die eigentlichen wissenschaftlichen Menschen mehr ein sophistischer als ein wahrheitsliebender Geist zu beleben. Doch es mag jeder sein Handwerk treiben.

Brief an Karl Ludwig von Knebel, 12. Januar 1798

Die Deutschen, und sie nicht allein, besitzen die Gabe, die Wissenschaften unzugänglich zu machen.

Wilhelm Meisters Wanderjahre, Zweites Buch

Ein Lehrer, der das Gefühl an einer einzigen guten Tat, an einem einzigen guten Gedicht erwecken kann, leistet mehr als einer, der uns ganze Reihen untergeordneter Naturbildungen der Gestalt und dem Namen nach überliefert; denn das ganze Resultat davon ist, was wir ohnedies wissen können, daß das Menschengebild am vorzüglichsten und einzigsten das Gleichnis der Gottheit an sich trägt.

Die Wahlverwandtschaften, Zweiter Teil

Von der Natur, sagte er, sollten wir nichts kennen, als was uns unmittelbar lebendig umgibt. Mit den Bäumen, die um uns blühen, grünen, Frucht tragen, mit jeder Staude, an der wir vorbeigehen, mit jedem Grashalm, über den wir hinwandeln, haben wir ein wahres Verhältnis; sie sind unsre echten Kompatrioten. Die Vögel, die auf unsern Zweigen hin und wider hüpfen, die in unserm Laube singen, gehören uns an, sie sprechen zu uns von Jugend auf, und wir lernen ihre Sprache verstehen.

Die Wahlverwandtschaften, Zweiter Teil

Die Blume gewinnt erst ihren Reiz durch das Insekt, das ihr anhängt, durch den Tautropfen, der sie befeuchtet, durch das Gefäß, woraus sie allenfalls ihre letzte Nahrung zieht. Kein Busch, kein Baum, dem man nicht durch die Nachbarschaft eines Felsens, einer Quelle Bedeutung geben, duch eine mäßige einfache Ferne größern Reiz verleihen könnte. So ist es mit menschlichen Figuren und so mit Tieren aller Art beschaffen.

Wilhelm Meisters Wanderjahre, Zweites Buch

Epirrhema

Müsset im Naturbetrachten
Immer eins wie alles achten;
Nichts ist drinnen, nichts ist draußen:
Denn was innen, das ist außen.
So ergreifet ohne Säumnis
Heilig öffentlich Geheimnis.

*

Freuet euch des wahren Scheins,
Euch des ernsten Spieles:
Kein Lebendiges ist ein Eins,
Immer ist's ein Vieles.

Willst du dich am Ganzen erquicken,
So mußt du das Ganze im Kleinsten erblicken.

Gott, Gemüt und Welt

Die Natur füllt mit ihrer grenzenlosen Produktivität alle Räume. Betrachten wir nur bloß unsre Erde: alles, was wir bös, unglücklich nennen, kommt daher, daß sie nicht allem Entstehenden Raum geben, noch weniger ihm Dauer verleihen kann.

Maximen und Reflexionen

Betrachten wir aber alle Gestalten, besonders die organischen, so finden wir, daß nirgend ein Bestehendes, nirgend ein Ruhendes, ein Abgeschlossenes vorkommt, sondern daß vielmehr alles in einer steten Bewegung schwanke. Daher unsere Sprache das Wort Bildung sowohl von dem Hervorgebrachten, als von dem Hervorgebrachtwerdenden gehörig genug zu brauchen pflegt.

Das Gebildete wird sogleich wieder umgebildet, und wir haben uns, wenn wir einigermaßen zum lebendigen Anschaun der Natur gelangen wollen, selbst so beweglich und bildsam zu erhalten, nach dem Beispiele, mit dem sie uns vorgeht.

Die Absicht eingeleitet

Natürlich System, ein widersprechender Ausdruck.

Die Natur hat kein System, sie hat, sie ist Leben und Folge aus einem unbekannten Zentrum, zu einer nicht erkennbaren Grenze. Naturbetrachtung ist daher endlos, man mag ins einzelnste teilend verfahren, oder im ganzen, nach Breite und Höhe die Spur verfolgen.

Probleme

Das Anerkennen eines Neben-, Mit- und Ineinander-Seins und Wirkens verwandter lebendiger Wesen leitet uns bei jeder Betrachtung des Organismus und erleuchtet den Stufenweg vom Unvollkommenen zum Vollkommenen.

Rezension zu »Das Sehen in subjektiver Hinsicht« von Johannes Evangelista Purkinje, 1819

Moritz Retzsch: Zur Naturwissenschaft im Allgemeinen
Kupferstich von K. A. Schwerdgeburth zu Goethes Werken
1833
(Nationale Forschungs- und Gedenkstätten der klassischen deutschen Literatur, Weimar)

Und umzuschaffen das Geschaffne,
Damit sich's nicht zum Starren waffne,
Wirkt ewiges lebendiges Tun.
Und was nicht war, nun will es werden
Zu reinen Sonnen, farbigen Erden;
In keinem Falle darf es ruhn.

Es soll sich regen, schaffend handeln,
Erst sich gestalten, dann verwandeln;
Nur scheinbar steht's Momente still.
Das Ewige regt sich fort in allen:
Denn alles muß in Nichts zerfallen,
Wenn es im Sein beharren will.

Aus: Eins und Alles

Das Geeinte zu entzweien, das Entzweite zu einigen, ist das Leben der Natur; dies ist die ewige Systole und Diastole, die ewige Synkrisis und Diakrisis, das Ein- und Ausatmen der Welt, in der wir leben, weben und sind.

Zur Farbenlehre. Didaktischer Teil, »Nachbarliche Verhältnisse«

Kein Wesen kann zu Nichts zerfallen!
Das Ew'ge regt sich fort in allen,
Am Sein erhalte dich beglückt!
Das Sein ist ewig: denn Gesetze
Bewahren die lebend'gen Schätze,
Aus welchen sich das All geschmückt.

Aus: Vermächtnis

Die Natur wirkt nach Gesetzen, die sie sich in Eintracht mit dem Schöpfer vorschrieb, die Kunst nach Regeln, über die sie sich mit dem Genie einverstanden hat.

Maximen und Reflexionen

Also kommt wie bei der künstlerischen, so bei der naturwissenschaftlichen, auch bei der mathematischen Behandlung alles an auf das Grundwahre, dessen Entwickelung sich nicht so leicht in der Spekulation als in der Praxis zeigt: denn diese ist der Prüfstein des vom Geist Empfangenen, des von dem innern Sinn für wahr Gehaltenen.

Naturphilosophie

Von andern Seiten her vernahm ich ähnliche Klänge, nirgends wollte man zugeben, daß Wissenschaft und Poesie vereinbar seien. Man vergaß, daß Wissenschaft sich aus Posie entwickelt habe, man bedachte nicht, daß, nach einem Umschwung von Zeiten, beide sich wieder freundlich, zu beiderseitigem Vorteil, auf höherer Stelle, gar wohl wieder begegnen könnten.

Schicksal der Druckschrift

Schon fast seit einem Jahrhundert wirken Humaniora nicht mehr auf das Gemüt dessen, der sie treibt, und es ist ein rechtes Glück, daß die Natur dazwischengetreten ist, das Interesse an sich gezogen und uns von ihrer Seite den Weg zur Humanität geöffnet hat.

Brief an Karl Ludwig von Knebel,
25. November 1808

... wir aber gedenken sogleich vollendeter, ausgezeichneter Männer, jener edlen Naturforscher, die jeder Beschwerlichkeit, jeder Gefahr wissentlich entgegengehen, um der Welt die Welt zu eröffnen und durch das Unwegsamste hindurch Pfad und Bahn zu bereiten.

Wilhelm Meisters Wanderjahre, Drittes Buch

Könnte man sich jedoch aller dieser Arten der Vorstellung und des Ausdrucks mit Bewußtsein bedienen und in einer mannigfaltigen Sprache seine Betrachtungen über Naturphänomene überliefern, hielte man sich von Einseitigkeit frei und faßte einen lebendigen Sinn in einen lebendigen Ausdruck, so ließe sich manches Erfreuliche mitteilen.

Jedoch wie schwer ist es, das Zeichen nicht an die Stelle der Sache zu setzen, das Wesen immer lebendig vor sich zu haben und es nicht durch das Wort zu töten. Dabei sind wir in den neuern Zeiten in eine noch größere Gefahr geraten, indem wir aus allem Erkenn- und Wißbaren Ausdrücke und Terminologien herübergenommen haben, um unsre Anschauungen der einfacheren Natur auszudrücken. Astronomie, Kosmologie, Geologie, Naturgeschichte, ja Religion und Mystik werden zu Hülfe gerufen; und wie oft wird nicht das Allgemeine durch ein Besonderes, das Elementare durch ein Abgeleitetes mehr zugedeckt und verdunkelt als aufgehellt und nähergebracht. Wir kennen das Bedürfnis recht gut, wodurch eine solche Sprache entstanden ist und sich ausbreitet; wir wissen auch, daß sie sich in einem gewissen Sinne unentbehrlich macht: allein nur ein mäßiger, anspruchsloser Gebrauch mit Überzeugung und Bewußtsein kann Vorteil bringen.

Zur Farbenlehre. Didaktischer Teil, »Nachbarliche Verhältnisse«

Zwei Behandlungsarten dagegen sind zu Hindernis und Verspätung die traurigsten Werkzeuge; entweder man nähert und verknüpft himmelweit entfernte Dinge, in düsterer Phantasie und witziger Mystik; oder man vereinzelt das Zusammengehörige, durch zersplitternden Unverstand, bemüht sich nahverwandte Erscheinungen zu sondern, jeder ein eigen Gesetz unterzulegen, woraus sie zu erklären sein soll.

Rezension zu »Das Sehen in subjektiver Hinsicht« von Johannes Evangelista Purkinje, 1819

Weder Mythologie noch Legenden sind in der Wissenschaft zu dulden. Lasse man diese den Poeten, die berufen sind, sie zu Nutz und Freude der Welt zu behandeln. Der wissenschaftliche Mann beschränke sich auf die nächste, klarste Gegenwart.

Wilhelm Meisters Wanderjahre, Zweites Buch

Ein großes Übel in den Wissenschaften, ja überall entsteht daher, daß Menschen, die kein Ideenvermögen haben, zu theoretisieren sich vermessen, weil sie nicht begreifen, daß noch so vieles Wissen hiezu nicht berechtigt. Sie gehen im Anfange wohl mit einem löblichen Menschenverstand zu Werke, dieser aber hat seine Grenzen, und wenn er sie überschreitet, kommt er in Gefahr, absurd zu werden. Des Menschenverstandes angewiesenes Gebiet und Erbteil ist der Bezirk des Tuns und Handelns. Tätig wird er sich selten verirren; das höhere Denken, Schließen und Urteilen jedoch ist nicht seine Sache.

Wilhelm Meisters Wanderjahre, Zweites Buch

Das Höchste wäre, zu begreifen, daß alles Faktische schon Theorie ist. Die Bläue des Himmels offenbart uns das Grundgesetz der Chromatik. Man suche nur nichts hinter den Phänomenen; sie selbst sind die Lehre.

Wilhelm Meisters Wanderjahre, Zweites Buch

Der Mensch an sich selbst, insofern er sich seiner gesunden Sinne bedient, ist der größte und genaueste physikalische Apparat, den es geben kann; und das ist eben das größte Unheil der neuern Physik, daß man die Experimente gleichsam vom Menschen abgesondert hat und bloß in dem, was künstliche Instrumente zeigen, die Natur erkennen, ja, was sie leisten kann, dadurch beschränken und beweisen will.

Wilhelm Meisters Wanderjahre, Drittes Buch

Ebenso ist es mit dem Berechnen. – Es ist vieles wahr, was sich nicht berechnen läßt, sowie sehr vieles, was sich nicht bis zum entschiedenen Experiment bringen läßt.

Wilhelm Meisters Wanderjahre, Drittes Buch

Mikroskope und Fernröhre verwirren eigentlich den reinen Menschensinn.

Wilhelm Meisters Wanderjahre, Zweites Buch

Wir würden gar vieles besser kennen, wenn wir es nicht zu genau erkennen wollten. Wird uns doch ein Gegenstand unter einem Winkel von fünfundvierzig Graden erst faßlich.

Wilhelm Meisters Wanderjahre, Zweites Buch

Herr Dr. Heinroth in seiner *Anthropologie*, einem Werke, zu dem wir mehrmals zurückkommen werden, spricht von meinem Wesen und Wirken günstig, ja er bezeichnet meine Verfahrungsart als eine eigentümliche: daß nämlich mein Denkvermögen *gegenständlich* tätig sei, womit er aussprechen will: daß mein Denken sich von den Gegenständen nicht sondere, daß die Elemente der Gegenstände, die Anschauungen in dasselbe eingehen und von ihm auf das innigste durchdrungen werden, daß mein Anschauen selbst ein Denken, mein Denken ein Anschauen sei; welchem Verfahren genannter Freund seinen Beifall nicht versagen will.

Bedeutende Fördernis durch ein einziges geistreiches Wort

Es gibt eine zarte Empirie, die sich mit dem Gegenstand innigst identisch macht und dadurch zur eigentlichen Theorie wird. Diese Steigerung des geistigen Vermögens aber gehört einer hochgebildeten Zeit an.

Wilhelm Meisters Wanderjahre, Zweites Buch

Alle Philosophie über die Natur bleibt doch nur Anthropomorphismus, das heißt der Mensch, eins mit sich selbst, teilt allem, was er nicht ist, diese Einheit mit, zieht es in die seinige herein, macht es mit sich selbst eins.

Um die Natur zu erkennen, müßte er sie selbst sein. Was er von der Natur ausspricht, das *ist* etwas, das heißt es ist etwas Reales, es ist ein Wirkliches, nämlich in bezug auf ihn. Aber was er ausspricht, das ist nicht alles, es ist nicht die ganze Natur, er spricht nicht die Totalität derselben aus.

Wir mögen an der Natur beobachten, messen, rechnen, wägen etc., wie wir wollen, es ist doch nur unser Maß und Gewicht, wie der Mensch das Maß der Dinge ist.

Gespräch mit Friedrich Wilhelm Riemer, August 1807

Der Mensch begreift niemals, wie anthropomorphisch er ist.

Maximen und Reflexionen

Es sind immer nur unsere Augen, unsere Vorstellungsarten; die Natur weiß ganz allein, was sie will, was sie gewollt hat.

Maximen und Reflexionen

Warum ich zuletzt am liebsten mit der Natur verkehre, ist, weil sie immer Recht hat und der Irrtum bloß auf meiner Seite sein kann. Verhandle ich hingegen mit Menschen, so irren sie, dann ich, auch sie wieder und immer so fort, da kommt nichts aufs reine; weiß ich mich aber in die Natur zu schicken, so ist alles getan.

Zur Geologie. Aphoristisch

Die Natur hat nur *eine* Schrift, und ich brauche mich nicht mit so vielen Kritzeleien herumzuschleppen.

Wilhelm Meisters Wanderjahre, Erstes Buch

Die Natur bekümmert sich nicht um irgendeinen Irrtum; sie selbst kann nicht anders als ewig recht handeln, unbekümmert, was daraus erfolgen möge.

Maximen und Reflexionen

Geheimnisvoll am lichten Tag
Läßt sich Natur des Schleiers nicht berauben,
Und was sie deinem Geist nicht offenbaren mag,
Das zwingst du ihr nicht ab mit Hebeln und mit
Schrauben.

Faust I

Die Natur verstummt auf der Folter; ihre treue Antwort auf redliche Frage ist: Ja! ja! Nein! nein! Alles Übrige ist vom Übel.

Maximen und Reflexionen

Was hieße wohl die Natur ergründen?
Gott ebenso außen als innen zu finden.

Epigrammatisch

Wer die Natur als göttliches Organ leugnen will, der leugne nur gleich alle Offenbarung.

Maximen und Reflexionen

Wir können bei Betrachtung des Weltgebäudes, in seiner weitesten Ausdehnung, in seiner letzten Teilbarkeit, uns der Vorstellung nicht erwehren, daß dem Ganzen eine Idee zum Grund liege, wornach Gott in der Natur, die Natur in Gott, von Ewigkeit zu Ewigkeit, schaffen und wirken möge. Anschauung, Betrachtung, Nachdenken führen uns näher an jene Geheimnisse. Wir erdreisten uns und wagen auch Ideen, wir bescheiden uns und bilden Begriffe, die analog jenen Uranfängen sein möchten.

Bedenken und Ergebung

»Die Natur verbirgt Gott!« Aber nicht jedem!

Maximen und Reflexionen

Alles, was wir Erfinden, Entdecken im höheren Sinne nennen, ist die bedeutende Ausübung, Bestätigung eines originalen Wahrheitsgefühles, das, im stillen längst ausgebildet, unversehens mit Blitzesschnelle zu einer fruchtbaren Erkenntnis führt. Es ist eine aus dem Innern am Äußern sich entwickelnde Offenbarung, die den Menschen seine Gottähnlichkeit vorahnen läßt. Es ist eine Synthese von Welt und Geist, welche von der ewigen Harmonie des Daseins die seligste Versicherung gibt.

Wilhelm Meisters Wanderjahre, Zweites Buch

Wohl ist alles in der Natur Wechsel, aber hinter dem Wechselnden ruhet ein *Ewiges*.

Gespräch mit Kanzler Müller, 15./16. Mai 1822

Was bin ich denn gegen das All? sprach er zu seinem Geiste; wie kann ich ihm gegenüber, wie kann ich in seiner Mitte stehen? ... Wie kann sich der Mensch gegen das Unendliche stellen, als wenn er alle geistigen Kräfte, die nach vielen Seiten hingezogen werden, in seinem Innersten, Tiefsten versammelt, wenn er sich fragt: Darfst du dich in der Mitte dieser ewig lebendigen Ordnung auch nur denken, sobald sich nicht gleichfalls in dir ein beharrlich Bewegtes, um einen reinen Mittelpunkt kreisend, hervortut? Und selbst wenn es dir schwer würde, diesen Mittelpunkt in deinem Busen aufzufinden, so würdest du ihn daran erkennen, daß eine wohlwollende, wohltätige Wirkung von ihm ausgeht und von ihm Zeugnis gibt.

Wilhelm Meisters Wanderjahre, Erstes Buch

Das unmittelbare Gewahrwerden der Urphänomene versetzt uns in eine Art von Angst; wir fühlen unsere Unzulänglichkeit; nur durch das ewige Spiel der Empirie belebt, erfreuen sie uns.

Maximen und Reflexionen

Das Höchste, wozu der Mensch gelangen kann, sagte Goethe bei dieser Gelegenheit, ist das Erstaunen; und wenn ihn das Urphänomen in Erstaunen setzt, so sei er zufrieden; ein Höheres kann es ihm nicht gewähren, und ein Weiteres soll er nicht dahinter suchen; hier ist die Grenze. Aber den Menschen ist der Anblick eines Urphänomens gewöhnlich noch nicht genug, sie denken, es müsse noch weiter gehen, und sie sind den Kindern ähnlich, die, wenn sie in einen Spiegel geguckt, ihn sogleich umwenden, um zu sehen, was auf der anderen Seite ist.

Gespräch mit Eckermann, 18. Februar 1829

Man kann in den Naturwissenschaften über manche Probleme nicht gehörig sprechen, wenn man die Metaphysik nicht zu Hülfe ruft; aber nicht jene Schul- und Wortweisheit; es ist dasjenige, was vor, mit und nach der Physik war, ist und sein wird.

Wilhelm Meisters Wanderjahre, Zweites Buch

Das schönste Glück des denkenden Menschen ist, das Erforschliche erforscht zu haben und das Unerforschliche ruhig zu verehren.

Maximen und Reflexionen

Der Mensch muß bei dem Glauben verharren, daß das Unbegreifliche begreiflich sei; er würde sonst nicht forschen.

Wilhelm Meisters Wanderjahre, Zweites Buch

Eine mir in diesen Tagen wiederholt sich zudringende Freude kann ich am Schlusse nicht verbergen. Ich fühle mich mit nahen und fernen, ernsten, tätigen Forschern glücklich im Einklang. Sie gestehen und behaupten: man solle ein Unerforschliches voraussetzen und zugeben, alsdann aber dem Forscher selbst keine Grenzlinie ziehen.

Freundlicher Zuruf

Die Natur hat sich so viel Freiheit vorbehalten, daß wir mit Wissen und Wissenschaft ihr nicht durchgängig beikommen oder sie in die Enge treiben können.

Maximen und Reflexionen

Unsere ganze Aufmerksamkeit muß aber darauf gerichtet sein, der Natur ihr Verfahren abzulauschen, damit wir sie durch zwängende Vorschriften nicht widerspenstig machen, aber uns dagegen auch durch ihre Willkür nicht vom Zweck entfernen lassen.

Probleme

Wenn der Naturforscher sein Recht einer freien Beschauung und Betrachtung behaupten will, so mache er sich zur Pflicht, die Rechte der Natur zu sichern; nur da, wo sie frei ist, wird er frei sein, da, wo man sie mit Menschensatzungen bindet, wird auch er gefesselt werden.

Recht und Pflicht

Das schädlichste Vorurteil ist, daß irgendeine Art Naturuntersuchung mit dem Bann belegt werden könne.

Wilhelm Meisters Wanderjahre, Drittes Buch

Bei dem Studieren der Wissenschaften, besonders derer, welche die Natur behandeln, ist die Untersuchung so nötig als schwer: ob das, was uns von alters her überliefert und von unsern Vorfahren für gültig geachtet worden, auch wirklich gegründet und zuverlässig sei, in dem Grade, daß man darauf fernerhin sicher fortbauen möge? oder ob ein herkömmliches Bekenntnis nur stationär geworden und deshalb mehr einen Stillstand als einen Fortschritt veranlasse? Ein Kennzeichen fördert diese Untersuchung, wenn nämlich das Angenommene lebendig und in das tätige Bestreben einwirkend und fördernd gewesen und geblieben.

Im Gegensatze steht die Prüfung des Neuen, wo man zu fragen hat: ob das Angenommene wirklicher Gewinn oder nur modische Übereinstimmung sei? denn eine Meinung, von energischen Männern ausgehend, verbreitet sich kontagios über die Menge, und dann heißt sie herrschend – eine Anmaßung, die für den treuen Forscher gar keinen Sinn ausspricht. Staat und Kirche mögen allenfalls Ursache finden, sich für herrschend zu erklären: denn die haben es mit der widerspenstigen Masse zu tun, und wenn nur Ordnung gehalten wird, so ist es ganz einerlei, durch welche Mittel; aber in den Wissenschaften ist die absoluteste Freiheit nötig: denn da wirkt man nicht für heut und morgen, sondern für eine undenklich vorschreitende Zeitenreihe.

Wilhelm Meisters Wanderjahre, Drittes Buch

In der Naturforschung bedarf es eines kategorischen Imperativs so gut als im Sittlichen; nur bedenke man, daß man dadurch nicht am Ende, sondern erst am Anfang ist.

Wilhelm Meisters Wanderjahre, Zweites Buch

Wo ich aufhören muß, sittlich zu sein, habe ich keine Gewalt mehr.

Wilhelm Meisters Wanderjahre, Drittes Buch

Wir wenden uns zu einer andern, allgemeineren Betrachtung: Ein Jahrhundert, das sich bloß auf die Analyse verlegt, und sich vor der Synthese gleichsam fürchtet, ist nicht auf dem rechten Wege; denn nur beide zusammen, wie Aus- und Einatmen, machen das Leben der Wissenschaft.

Analyse und Synthese

Goethe verglich an diesem Abend seine Beschäftigung mit Mineralogie und den daran geknüpften Wissenschaften mit dem Ballast in einem Luftballon. Er sagte: »Wenn man diesen zur Erde haltenden Ballast herauswirft, so gerät man in Gefahr, zu hoch in Lüften zu schweben, und muß am Ende gar, wenn man wieder herab will, ein Loch in den Ballon schneiden. Darum treibe ich solche ernste wissenschaftliche Dinge neben der Poesie. Triebe dies Ihr Vater auch neben seinem sonst lobenswürdigen Schreiben, so wäre er gerettet, so wäret ihr alle gerettet.«

Aus dem Tagebuch der Rosette Städel, 2. September 1815

Es ist ein angenehmes Geschäft, die Natur zugleich und sich selbst zu erforschen, weder ihr noch seinem Geiste Gewalt anzutun, sondern beide durch gelinden Wechseleinfluß mit einander ins Gleichgewicht zu setzen.

Maximen und Reflexionen

Da lobe ich mir, sagte Goethe, das Studium der Natur, das eine solche Krankheit nicht aufkommen läßt. Denn hier haben wir es mit dem unendlich und ewig Wahren zu tun, das jeden, der nicht durchaus rein und ehrlich bei Beobachtung und Behandlung seines Gegenstandes verfährt, sogleich als unzulänglich verwirft. Auch bin ich gewiß, daß mancher dialektisch Kranke im Studium der Natur eine wohltätige Heilung finden könnte.

Gespräch mit Eckermann, 18. Oktober 1827

Ohne meine Bemühungen in den Naturwissenschaften hätte ich jedoch die Menschen nie kennen gelernt, wie sie sind. In allen anderen Dingen kann man dem reinen

Anschauen und Denken, den Irrtümern der Sinne wie des Verstandes, den Charakter-Schwächen und -Stärken nicht so nachkommen; es ist alles mehr oder weniger biegsam und schwankend, und läßt alles mehr oder weniger mit sich handeln; aber die *Natur* versteht gar keinen Spaß, sie ist immer wahr, immer ernst, immer strenge; sie hat immer Recht, und die Fehler und Irrtümer sind immer des Menschen. Den Unzulänglichen verschmäht sie, und nur dem Zulänglichen, Wahren und Reinen ergibt sie sich und offenbart ihm ihre Geheimnisse.

Gespräch mit Eckermann, 13. Februar 1829

Freitag, den 28. April, bis Eger.

Bei Sonnenaufgang ganz klarer Himmel, in Westen Nebelwand, die sich nach und nach heranzog, indem sich der Ostwind in Westwind umlegte, der ganze Himmel überzog sich wieder, aber leicht.

Auf dem Wege nach Eger sahen wir abermals ein herrliches, höchst unterrichtendes Schauspiel vor uns, zu dessen Erinnerung ich folgendes allgemeiner bezeichne.

Der Kumulus kann seiner Natur gemäß vorerst in einer mittlern Region schwebend angesehen werden, eine Menge desselben zieht in langen Reihen hinter einander hin, oben ausgezackt, in der Mitte bauchig, unten geradlinig, als wenn sie auf einer Luftschicht auflägen. Steigt nun der Kumulus, so wird er von der obern Luft ergriffen, die ihn auflöst und in die Region des Zirrus überführt, senkt er sich, so wird er schwerer, grauer, unempfänglicher dem Lichte, er ruht auf einer horizontalen, gestreckten Wolkenbase und verwandelt sich unten in

Stratus. Diese Erscheinung sahen wir, in der größten Mannigfaltigkeit, an dem Halbkreise des westlichen Himmels vorgehen, bis die untere schwere Wolkenschicht, von der Erde angezogen, genötigt war in Regenstrichen niederzugehn. Aber auch diese behielten einen leichten, luftigen Charakter, indem sie, schief und in sich selbst gekrümmt, nach der Erde gerichtet, bald abzuregnen schienen, bald eine Zeit lang in der Höhe schwebend verweilten, endlich aber strich- und streifenweise vertikal in die Höhe stiegen, sich mit oberen stratusartigen Wolken verbanden und wieder zu ihrem ersten Ursprung zurückkehrten.

Indessen sahen wir am ganzen westlichen Horizont unzählbare solche Regenschauer einzeln über Felder und Hügel niedergehn, wie uns denn auch ein solcher, dem Landmann höchst erwünschter Regenstrich vorüberstreifend benetzte.

Durch den Flor, so wie durch die Zwischenräume dieser wässerigen Ergießungen, sahen wir den Fichtelberg, mit allem was ihm angehört, von einer schweren Masse festliegender Wolkenballen überlagert. Im Egerkreise war der Regen allgemein gewesen. Gegen Abend klärte sichs wieder auf.

Wolkengestalt nach Howard

... ich würde, wenn nicht so manche Abhaltungen entgegen stünden, meine späteren Jahre ganz der Naturforschung widmen.

Brief an Georg Friedrich von Jäger,
15. November 1828

Liebe und Leidenschaft für die Naturkunde ist mit den Jahren nur gewachsen, da gar manches andere in den Hintergrund zurücktritt, womit man früher seiner Tätigkeit mehr schmeichelt, als daß man sie wahrhaft beschäftigte.

Brief an Justus Christian Loder, 2. Januar 1829

In so hohen Jahren gibt mir nichts ein so reines befriedigendes Gefühl von Dauer als die Konsequenz der Natur und die Beharrlichkeit derer, die sich treu und liebevoll mit ihr beschäftigen.

Brief an Ernst Heinrich Meyer, 30. März 1829

An der Mannichfaltigkeit der Welterscheinungen freut sich der Lebemensch, an der Einheit dieser Mannichfaltigkeit der höhere Forscher.

Brief an Ernst Heinrich Meyer, 23. April 1829

Es ist nicht das erstemal, sagte die Fürstin, daß ich auf so hoher, weitumschauender Stelle die Betrachtung mache, wie doch die klare Natur so reinlich und friedlich aussieht und den Eindruck verleiht, als wenn gar nichts Widerwärtiges in der Welt sein könne …

Novelle

Dem aufgehenden Vollmonde

Dornburg, 25. August 1828

Willst du mich sogleich verlassen?
Warst im Augenblick so nah!
Dich umfinstern Wolkenmassen,
Und nun bist du gar nicht da.

Doch du fühlst, wie ich betrübt bin,
Blickt dein Rand herauf als Stern!
Zeugest mir, daß ich geliebt bin,
Sei das Liebchen noch so fern.

So hinan denn! hell und heller,
Reiner Bahn, in voller Pracht!
Schlägt mein Herz auch schmerzlich schneller,
Überselig ist die Nacht.

Dornburg, September 1828

Früh, wenn Tal, Gebirg und Garten
Nebelschleiern sich enthüllen,
Und dem sehnlichsten Erwarten
Blumenkelche bunt sich füllen;

Wenn der Äther, Wolken tragend,
Mit dem klaren Tage streitet,
Und ein Ostwind, sie verjagend,
Blaue Sonnenbahn bereitet;

Dankst du dann, am Blick dich weidend,
Reiner Brust der Großen, Holden,
Wird die Sonne, rötlich scheidend,
Rings den Horizont vergolden.

Die Natur, fügte er hinzu, ergibt sich nicht einem jeden. Sie erweiset sich vielmehr gegen viele wie ein neckisches junges Mädchen, das uns durch tausend Reize anlockt, aber in dem Augenblick, wo wir es zu fassen und zu besitzen glauben, unsern Armen entschlüpft.

Gespräch mit Eckermann, 2. August 1831

Es geht doch nichts über die Freude, fügte er hinzu, die uns das Studium der Natur gewährt. Ihre Geheimnisse sind von einer unergründlichen Tiefe; aber es ist uns Menschen erlaubt und gegeben, immer weitere Blicke hineinzutun. Und grade, daß sie am Ende doch unergründlich bleibt, hat für uns einen ewigen Reiz, immer wieder zu ihr heranzugehen und immer wieder neue Einblicke und neue Entdeckungen zu versuchen.

Gespräch mit Eckermann, 15. Juli 1831

Wenn am Tag Zenit und Ferne
Blau ins Ungemeßne fließt,
Nachts die Überwucht der Sterne
Himmlische Gewölbe schließt,
So am Grünen, so am Bunten
Kräftigt sich ein reiner Sinn,
Und das Oben wie das Unten
Bringt dem edlen Geist Gewinn.

Aus: Schwebender Genius über der Erdkugel

IX

Ordnung in manchen Dingen

Von den Pflichten

Ein unnütz Leben ist ein früher Tod ...

Iphigenie auf Tauris, Erster Aufzug

... ich hatte so viel wackere und brave Menschen kennen gelernt, die sich's in ihrer Pflicht, um der Pflicht willen, sauer werden ließen ...

Dichtung und Wahrheit, Dritter Teil

Als ich in der Stadt wieder an meine Geschäfte kam, fühlte ich die Beschwerlichkeit derselben mehr als sonst: denn der zur Tätigkeit geborene Mensch übernimmt sich in Planen und überladet sich mit Arbeiten. Das gelingt denn auch ganz gut, bis irgend ein physisches oder moralisches Hindernis dazutritt, um das Unverhältnismäßige der Kräfte zu dem Unternehmen ins klare zu bringen.

Das Juristische trieb ich mit so viel Fleiß, als nötig war, um die Promotion mit einigen Ehren zu absolvieren ...

Dichtung und Wahrheit, Dritter Teil

d. 3. Nach Ilmenau. Brand.
4. Im Bergwerk und Elgersburg.
5. Nach Frauenwald mit dem Kommando. Zurück. Il.

Tagebuch vom Mai 1776

Exerzitium der Husaren. Feuer in Neckerode.

Tagebuch vom 22. Mai 1776

30. Morgends. Akten. Mittag Tiefurt. Den ganzen Nachmittag dort. Nachts hereingefahren mit den Damen.

Tagebuch vom Juni 1776

Conseil. Nach Tisch zu Fritsch. Nach Ettersburg. Abends Prinz und Knebel herein. Geschwätzt.

Tagebuch vom 25. Juli 1777

Hatte Gedanken über künftige Vorräte zum Bauwesen. Grillen zu neuem Schloßbau. War in Jena. Beim Steinschleifer und in Walchs Kabinett, auch bei Griesbach. Ward das Wehr hinten am Landsch.-H. gemacht. Ward das Kamin im Kloster gemacht.

Tagebuch vom 18. September 1778

13. Die Kriegskommiss. übernommen. Erste Session. Fest und ruhig in meinen Sinnen, und scharf. Allein dies Geschäfte diese Tage her. Mich drin gebadet. Und gute Hoffnung, in Gewißheit des Ausharrens. Der Druck der Geschäfte ist sehr schön der Seele, wenn sie entladen ist, spielt sie freier und genießt des Lebens. Elender ist nichts als der behagliche Mensch ohne Arbeit, das schönste der Gaben wird ihm ekel. Schwierigkeit, irdische Maschinen in Gang zu setzen, auch zu erhalten. ...

Daß ich nur die Hälfte Wein trinke, ist mir sehr nützlich, seit ich den Kaffee gelassen, die heilsamste Diät.

Goethe: Rekrutenaushebung
Bleistift, Feder mit Tusche, Tuschlavierung
1779

Vom 14. bis 25. In Akten gekramt, die unordentliche Repositur durchgestört, es fängt an, drin heller zu werden. Das Geschäft mir ganz allein angelegen. Wenig auf dem Eis!

Tagebuch vom Januar 1779

Diese Zeit her habe ich meist gesucht, mich in Geschäften aufrecht zu erhalten und bei allen Vorfällen fest zu sein und ruhig.

Tagebuch vom 14. Februar 1779

Zwischen heut und morgen
Liegt eine lange Frist;
Lerne schnell besorgen,
Da du noch munter bist.

Sprichwörtlich

Die Pflicht sei tätig, wo die Liebe verstummt.

Stella, Fünfter Akt

Gestern und vorgestern hab ich meine Pflicht getan, aber was ist Pflicht ohne die Gegenwart der Liebe.

Brief an Charlotte von Stein, 10. Dezember 1780

Die Liebe kann wohl viel, allein die Pflicht noch mehr.

Die Mitschuldigen, Erster Aufzug

Pflicht: wo man liebt, was man sich selbst befiehlt.

Maximen und Reflexionen

Deiner Liebe und der guten Stunden, die du mir gönnst, wert zu sein will ich mich heute durch Fleiß und Ordnung bemühen. Ich sehe einen arbeitsamen Tag vor mir und einen glücklichen Abend, wenn du mir erlaubst, dir bei Sonnenuntergang zu sagen, daß ich dich immer gleich liebe und verehre.

Brief an Charlotte von Stein, 7. Mai 1781

Ich bin ein armer Sklave der Pflicht, mit welcher mich das Schicksal vermählt hat, drum verzeihe, wenn ich trocken und träge scheine.

Brief an Friedrich Heinrich Jacobi, 3. März 1784

Zu wandeln und auf seinen Weg zu sehen
Ist eines Menschen erste, nächste Pflicht,
Denn selten schätzt er recht was er getan.
Und was er tut weiß er fast nie zu schätzen.

Iphigenie auf Tauris, Vierter Aufzug

Jawohl ist dem Italiener das ultramontane eine dunkle Vorstellung, auch mir kommt das Jenseits der Alpen nun düster vor; doch winken freundliche Gestalten immer aus dem Nebel. Nur das Klima würde mich reizen, diese Gegenden jenen vorzuziehen; denn Geburt und Gewohnheit sind mächtige Fesseln. Ich möchte hier nicht leben, wie überall an keinem Orte, wo ich unbeschäftigt wäre ...

Italienische Reise; Venedig, 12. Oktober 1786

Ich arbeite fleißig in aestheticis, moralibus und physicis und würde auch in historicis etwas tun, wenn dies nicht das undankbarste und gefährlichste Fach wäre.

Brief an Friedrich Heinrich Jacobi, 7. Juli 1793

Alle Hoffnung auf Arbeit und was ich hier vornehmen wollte, muß ich aufgeben und bringe meine Papiere zurück, wie ich sie mitgenommen habe.

Brief an Christiane Vulpius, 19. Juli 1795

Wenn Sie über das, was Sie in Ihrem Fach aufzeichnen und leisten, sorglich sind, so habe ich bei meiner Natur noch viel mehr Ursache es zu sein, da ich weit mehr als Sie von der Stimmung abhänge und so selten gerade eben das tun kann, was ich mir vornehme.

Brief an Johann Heinrich Meyer, 22. Mai 1796

Ich habe soviel gearbeitet, daß ich es ganz satt habe und mir auch wieder einmal mit dir und dem Kleinen was zu Gute tun möchte.

Brief an Christiane Vulpius, 7. März 1796

Tages Arbeit! Abends Gäste!
Saure Wochen! Frohe Feste!

Aus: Der Schatzgräber

Es sei drum, erwiderte Wilhelm, wir können nicht immer das Tadelnswerte vermeiden, nicht vermeiden, daß unsere Gesinnungen und Handlungen auf eine sonderbare Weise von ihrer natürlichen und guten Richtung abgelenkt werden; aber gewisse Pflichten sollten wir niemals aus den Augen setzen.

Wilhelm Meisters Lehrjahre, Siebentes Buch

Tue nur jeden Tag das nötige, weiter bleibt uns in guten und bösen Zeiten nichts übrig.

Brief an Christiane Vulpius, 5. August 1798

Wir sind zur glücklichen Stunde beisammen, jeder verrichte sein Amt, jeder tue seine Pflicht, und ein allgemeines Glück wird die einzelnen Schmerzen in sich auflösen, wie ein allgemeines Unglück einzelne Freuden verzehrt.

Das Märchen

Bei mir drängt sich's nun so sehr über einander, daß ich für Forderungen von innen und von außen fast keine ruhige Stunde vor mir sehe, und jeden Tag nur das Nötige wegarbeiten muß, ohne mich um den folgenden zu bekümmern. Die Mannigfaltigkeit meiner Beschäftigungen ist sehr unterhaltend und selbst aufreizend und förderlich, doch will es manchmal ein bißchen gar zu bunt werden.

Brief an Friedrich von Stein, 21. Dezember 1798

In Geschäften ist er brauchbar, wenn dasselbe einer gewissen Folge bedarf und zuletzt auf irgend eine Weise ein dauerndes Werk daraus entspringt oder wenigstens unterweges immer etwas Gebildetes erscheint. Bei Hindernissen hat er keine Biegsamkeit, aber er gibt nach, er widersteht mit Gewalt, er dauert aus oder er wirft weg, je nachdem seine Überzeugung oder seine Stimmung es ihm im Augenblicke gebieten.

Selbstschilderung

Glücklich ist der, dem sein Geschäft auch zur Puppe wird, der mit demselbigen zuletzt noch spielt und sich an dem ergötzt, was ihm sein Zustand zur Pflicht macht.

Wilhelm Meisters Wanderjahre, Erstes Buch

Er mag sich in der Welt umsehen, sagte der alte Meister, und zugleich unsre Geschäfte an fremden Orten betreiben; man kann einem jungen Menschen keine größere Wohltat erweisen, als wenn man ihn zeitig in die Bestimmung seines Lebens einweiht. Ihr Sohn ist von seiner Expedition so glücklich zurückgekommen, hat seine Geschäfte so gut zu machen gewußt, daß ich recht neugierig bin, wie sich der meinige beträgt; ich fürchte, er wird mehr Lehrgeld geben als der Ihrige.

Wilhelm Meisters Lehrjahre, Erstes Buch

Wirf einen Blick auf die natürlichen und künstlichen Produkte aller Weltteile, betrachte, wie sie wechselsweise zur Notduft geworden sind! Welch eine angenehme, geistreiche Sorgfalt ist es, alles, was in dem Augenblicke am meisten gesucht wird und doch bald fehlt, bald schwer zu haben ist, zu kennen, jedem, was er verlangt, leicht und schnell zu verschaffen, sich vorsichtig in Vorrat zu setzen und den Vorteil jedes Augenblikkes dieser großen Zirkulation zu genießen! Dies ist, dünkt mich, was jedem, der Kopf hat, eine große Freude machen wird.

Wilhelm Meisters Lehrjahre, Erstes Buch

... ich wüßte nicht, wessen Geist ausgebreiteter wäre, ausgebreiteter sein müßte als der Geist eines echten Handelsmannes. Welchen Überblick verschafft uns nicht die Ordnung, in der wir unsere Geschäfte führen! Sie läßt uns jederzeit das Ganze überschauen, ohne daß wir nötig hätten, uns durch das Einzelne verwirren zu lassen. Welche Vorteile gewährt die doppelte Buchhaltung dem Kaufmanne! Es ist eine der schönsten Erfindungen des menschlichen Geistes, und ein jeder gute Haushalter sollte sie in seiner Wirtschaft einführen.

Wilhelm Meisters Lehrjahre, Erstes Buch

Nur nichts Überflüssiges im Hause! nur nicht zu viel Möbeln, Gerätschaften, nur keine Kutsche und Pferde! Nichts als Geld, und dann auf eine vernünftige Weise jeden Tag getan, was dir beliebt. Nur keine Garderobe, immer das Neueste und Beste auf dem Leibe; der Mann mag seinen Rock abtragen und die Frau den ihrigen vertrödeln, sobald er nur einigermaßen aus der Mode kömmt. Es ist mir nichts unerträglicher, als so ein alter Kram von Besitztum. Wenn man mir den kostbarsten Edelstein schenken wollte, mit der Bedingung, ihn täglich am Finger zu tragen, ich würde ihn nicht annehmen; denn wie läßt sich bei einem toten Kapital nur irgendeine Freude denken? Das ist also mein lustiges Glaubensbekenntnis: seine Geschäfte verrichtet, Geld geschafft, sich mit den Seinigen lustig gemacht und um die übrige Welt sich nicht mehr bekümmert, als insofern man sie nutzen kann.

Wilhelm Meisters Lehrjahre, Fünftes Buch

... aber um 's Himmels willen, Mutter! ist denn alles unnütz, was uns nicht unmittelbar Geld in den Beutel bringt, was uns nicht den allernächsten Besitz verschafft?

Wilhelm Meisters Lehrjahre, Erstes Buch

Wenn man von den Leuten Pflichten fordert und ihnen keine Rechte zugestehen will, muß man sie gut bezahlen.

Maximen und Reflexionen

Es ist mit den Geschäften wie mit dem Tanze: Personen, die gleichen Schritt halten, müssen sich unentbehrlich werden, ein wechselseitiges Wohlwollen muß notwendig daraus entspringen ...

Die Wahlverwandtschaften, Erster Teil

Nur Eines laß uns festsetzen und einrichten: trenne alles, was eigentlich Geschäft ist, vom Leben! Das Geschäft verlangt Ernst und Strenge, das Leben Willkür; das Geschäft die reinste Folge, dem Leben tut eine Inkonsequenz oft not, ja sie ist liebenswürdig und erheiternd. Bist du bei dem einen sicher, so kannst du in dem andern desto freier sein, anstatt daß bei einer Vermischung das Sichre durch das Freie weggerissen und aufgehoben wird.

Die Wahlverwandtschaften, Erster Teil

Ordnung in manchen Dingen.

Tagebuch vom 6. Mai 1814

Munda in oberaufsichtlichen Sachen und Expedition derselben.

Tagebuch vom 9. Januar 1824

Ordnung in dem Zimmer und sonst ... Gestriges Jubiläum. Zukünftiges.

Tagebuch vom 20. Januar 1824

Von drückenden Pflichten kann uns nur die gewissenhafteste Ausübung befreien, und was gar nicht aufzulösen ist, überlassen wir zuletzt Gott als dem allbedingenden und allbefreienden Wesen.

Wilhelm Meisters Wanderjahre, Erstes Buch

Grosherzogl. Sachsen Weimarischer
wirklicher Geheimerath und
Staatsminister
von Goethe.

»sich zu empfehlen«
Goethes Visitenkarte
um 1816
(Goethe-Museum Anton- und Katharina-Kippenberg-Stiftung, Düsseldorf)

Expeditionen in oberaufsichtlichen Angelegenheiten. Dergleichen im Konzept vorbereitet. Karte von Boden und Alt-Albenreuth vorgenommen und die dortigen Umstände bedacht.

Tagebuch vom 24. Januar 1824

Abschrift von Zelters Tagebuch. Sonstiges bedacht, vorbereitet, eingeleitet, zurechtgelegt. Für mich spazieren gefahren. Mittag für uns. Die Kinder spielten abends unten. Eckermann wegen dem ersten Bogen des neuen Stückes Kunst und Altertum. Mit John vieles beseitigt, was heute früh vorbereitet war.

Tagebuch vom 28. Januar 1824

So arbeite ich bei hohem Barometerstande leichter als bei tiefem; da ich nun dieses weiß, so suche ich, bei tiefem Barometer, durch größere Anstrengung die nachteilige Einwirkung aufzuheben, und es gelingt mir.

Gespräch mit Eckermann, 21. März 1830

Fortgesetztes Aufräumen. Mein Sohn hatte die noch nötigen Konzepte in Oberaufsichtssachen geschrieben. Dieselben mundiert, gesiegelt und expediert. In der blauen Stube aufgeräumt und Rubriken zu den Portefeuilles geschrieben ...

Tagebuch vom 10. März 1824

Erfüllte Pflicht empfindet sich immer noch als Schuld, weil man sich nie ganz genug getan.

Wilhelm Meisters Wanderjahre, Zweites Buch

Alle bedeutenden Menschen, die in ihrer Lebensweise eine gewisse Regelmäßigkeit und feste Grundsätze besitzen, die viel nachgedacht haben und mit den Angelegenheiten des Lebens kein Spiel treiben, können sehr leicht in den Augen oberflächlicher Beobachter als Pedanten erscheinen.

Gespräch mit Eckermann, 3. Februar 1830

Wir schätzen ohnehin die Gegenwart zu wenig, tun die meisten Dinge fronweise ab, um ihrer los zu werden. Eine tägliche Übersicht des Geleisteten und Erlebten macht erst, daß man seines Tuns gewahr und froh wird, führt zur Gewissenhaftigkeit. Was ist die Tugend anderes als das wahrhaft Passende in jedem Zustande? Fehler und Irrtümer treten bei solcher täglichen Buchführung mit sich selbst hervor, die Beleuchtung des Vergangnen wuchert für die Zukunft. Wir lernen den Moment würdigen, wenn wir ihn alsobald zu einem historischen machen.

Gespräch mit Kanzler Müller, 23. August 1827

Wenn jeder nur als Einzelner seine Pflicht tut und jeder nur in dem Kreise seines nächsten Berufes brav und tüchtig ist, so wird es um das Wohl des Ganzen gut stehen.

Gespräch mit Eckermann, 20. Oktober 1830

So lange es Tag ist, erwiderte Goethe, wollen wir den Kopf schon oben halten, und so lange wir noch hervorbringen können, werden wir nicht nachlassen.

Gespräch mit Eckermann, 14. Februar 1830

Hier nun allein kann der große Begriff der Pflicht uns aufrecht erhalten. Ich habe keine Sorge, als mich physisch im Gleichgewicht zu bewegen; alles andere gibt sich von selbst. Der Körper muß, der Geist will, und wer seinem Wollen die notwendigste Bahn vorgeschrieben sieht, der braucht sich nicht viel zu besinnen.

Brief an Karl Friedrich Zelter, 21. November 1830

Meine Hauptlehre aber ist vorläufig diese: der Vater sorge für sein Haus, der Handwerker für seine Kunden, der Geistliche für gegenseitige Liebe, und die Polizei störe die Freude nicht.

Gespräch mit Eckermann, 20. Oktober 1830

X

Wenn doch keine Trennungen wären!

Abschiede, Alter, Tod

Dieses Leben, meine Herren, ist für unsre Seele viel zu kurz ...

Zum Schäkspears-Tag, 1771

Woher ich kam? Es ist noch eine Frage,
Mein Weg hierher, der ist mir kaum bewußt;
Heut nun und hier am himmelfrohen Tage
Begegnen sich wie Freunde Schmerz und Lust.
O süßes Glück, wenn beide sich vereinen!
Einsam, wer möchte lachen, möchte weinen?

West-östlicher Divan, Buch der Betrachtungen

Es geht eins nach dem andern hin,
Und auch wohl vor dem andern;
Drum laßt uns rasch und brav und kühn
Die Lebenswege wandern.
Es hält dich auf, mit Seitenblick
Der Blumen viel zu lesen;
Doch hält nichts grimmiger zurück,
Als wenn du falsch gewesen.

West-östlicher Divan, Buch der Betrachtungen

16. Früh zurück. Brief des Tods m. Schwester. Dunkler zerrißner Tag.
17.
Leiden und Träumen.

Tagebuch vom Juni 1777

Ich kann ihr nichts sagen, als daß das Glück sich gegen mich immer gleich bezeigt, daß mir der Tod der Schwester nur desto schmerzlicher ist, da er mich in so glücklichen Zeiten überrascht. Ich kann nur menschlich fühlen, und lasse mich der Natur, die uns heftigen Schmerz nur kurze Zeit, Trauer lang empfinden läßt.

Brief an Katharina Elisabeth Goethe,
28. Juni 1777

Leben muß man und lieben: es endet Leben und Liebe.
Schnittest du, Parze, doch nur beiden die Fäden zugleich!

Vier Jahreszeiten; Sommer

In jeder großen Trennung liegt ein Keim von Wahnsinn, man muß sich hüten, ihn nachdenklich auszubrüten und zu pflegen.

Italienische Reise; Rom, 22. März 1788

Ein allgemeines Übel ist der Tod.

Die natürliche Tochter, Dritter Aufzug

Man weiß in solchen Fällen nicht, ob man besser tut, sich dem Schmerz natürlich zu überlassen, oder sich durch die Beihülfen, die uns die Kultur anbietet, zusammen zu nehmen. Entschließt man sich zu dem letzten, wie ich es immer tue, so ist man dadurch nur für einen

Augenblick gebessert und ich habe bemerkt, daß die Natur durch andere Krisen immer wieder ihr Recht behauptet.

Brief an Friedrich Schiller, 21. November 1795

Eltern und Kindern bleibt nichts übrig, als entweder vor oder hinter einander zu sterben, und man weiß am Ende nicht, was man vorziehen sollte.

Maximen und Reflexionen

Der Tod gefürchtet oder ungefürchtet
Kommt unaufhaltsam ...

Iphigenie auf Tauris, Zweiter Aufzug

Wie man einen Körper, solange die Verwesung dauert, nicht ganz tot nennen kann, solange die Kräfte, die vergebens nach ihren alten Bestimmungen zu wirken suchen, an der Zerstörung der Teile, die sie sonst belebten, sich abarbeiten; nur dann, wenn sich alles aneinander aufgerieben hat, wenn wir das Ganze in gleichgültigen Staub zerlegt sehen, dann entsteht das erbärmliche, leere Gefühl des Todes in uns, nur durch den Atem des Ewiglebenden zu erquicken.

Wilhelm Meisters Lehrjahre, Zweites Buch

Und laßt am Rand des Grabes, wo wir stehn,
Die Schmerzen in Betrachtung übergehn.

Aus: Auf Miedings Tod

Kinder! kehret ins Leben zurück! Eure Tränen trockne die frische Luft, die um das schlängelnde Wasser spielt. Entflieht der Nacht! Tag und Lust und Dauer ist das Los der Lebendigen.

Wilhelm Meisters Lehrjahre, Achtes Buch

... Des Todes rührendes Bild steht
Nicht als Schrecken dem Weisen und nicht als Ende dem Frommen.
Jenen drängt es ins Leben zurück und lehret ihn handeln;
Diesem stärkt es zu künftigem Heil im Trübsal die Hoffnung;
Beiden wird zum Leben der Tod. Der Vater mit Unrecht
Hat dem empfindlichen Knaben den Tod im Tode gewiesen.
Zeige man doch dem Jüngling des edel reifenden Alters
Wert und dem Alter die Jugend, daß beide des ewigen Kreises
Sich erfreuen und so sich Leben im Leben vollende!

Hermann und Dorothea, Neunter Gesang

Du lächelst, Freund, gefühlvoll, wie sich ziemt:
Ein gräßlich Scheiden machte dich berühmt;
Wir feierten dein kläglich Mißgeschick,
Du ließest uns zu Wohl und Weh zurück;
Dann zog uns wieder ungewisse Bahn
Der Leidenschaften labyrinthisch an;
Und wir, verschlungen wiederholter Not,
Dem Scheiden endlich – Scheiden ist der Tod!
Wie klingt es rührend, wenn der Dichter singt,
Den Tod zu meiden, den das Scheiden bringt!

Verstrickt in solche Qualen, halbverschuldet,
Geb' ihm ein Gott zu sagen, was er duldet.

Aus: An Werther

Sein Abschied von Macdonald rührte mich sehr. Er küßte ihn so warm und hingebend, und sagte sehr bewegt: »Wenn doch keine Trennungen wären!«

Aus dem Tagebuch des Kanzlers Müller, 12. September 1801

Wer von der Schönen zu scheiden verdammt ist,
Fliehe mit abgewendetem Blick!

Pandora

Schweizeralpe

War doch gestern dein Haupt noch so braun wie die Locke der Lieben,
Deren holdes Gebild still aus der Ferne mir winkt:
Silbergrau bezeichnet dir früh der Schnee nun die Gipfel,
Der sich in stürmender Nacht dir um den Scheitel ergoß.
Jugend, ach! ist dem Alter so nah, durchs Leben verbunden,
Wie ein beweglicher Traum Gestern und Heute verband.

Antiker Form sich nähernd

»Die Trauer wird durch Trauren immer herber.«
»Durch Trauren wird die Trauer zum Genuß.«

Die natürliche Tochter, Dritter Aufzug

Indessen war ich durch zwei schreckhafte Vorfälle, durch zwei Brände, welche in wenigen Abenden und Nächten hintereinander entstanden, und wobei ich jedesmal persönlich bedroht war, in mein Übel, aus dem ich mich zu retten strebte, zurückgeworfen. Schiller fühlte sich von gleichen Banden umschlungen. Unsere persönlichen Zusammenkünfte waren unterbrochen; wir wechselten fliegende Blätter. Einige im Februar und März von ihm geschriebene zeugen noch von seinen Leiden, von Tätigkeit, Ergebung und immer mehr schwindender Hoffnung. Anfangs Mai wagt' ich mich aus, ich fand ihn im Begriff, ins Schauspiel zu gehen, wovon ich ihn nicht abhalten wollte: ein Mißbehagen hinderte mich, ihn zu begleiten, und so schieden wir vor seiner Haustüre, um uns niemals wieder zu sehen. Bei dem Zustande meines Körpers und Geistes, die um aufrecht zu bleiben aller eigenen Kraft bedurften, wagte niemand die Nachricht von seinem Scheiden in meine Einsamkeit zu bringen. Er war am Neunten verschieden, und ich nun von allen meinen Übeln doppelt und dreifach angefallen.

Tag- und Jahreshefte, 1805

Der Verlust unserer Herzogin Mutter ist bei so manchen andern zerrütteten und verruckten Verhältnissen sehr groß. Man darf, wie gegenwärtig überhaupt, über nichts, also auch darüber nicht weiter nachdenken. Man muß von einem Tage zum andern leben und eben tun und leisten, was noch möglich ist.

Brief an Karl Friedrich Zelter, 4. Mai 1807

Madame Roland, auf dem Blutgerüste, verlangte Schreibzeug, um die ganz besondern Gedanken aufzuschreiben, die ihr auf dem letzten Wege vorgeschwebt. Schade, daß man ihr's versagte; denn am Ende des Lebens gehen dem gefaßten Geiste Gedanken auf, bisher undenkbare; sie sind wie selige Dämonen, die sich auf den Gipfeln der Vergangenheit glänzend niederlassen.

Maximen und Reflexionen

»Da ist ein Augenblick, der alles erfüllt,
Alles, was wir gesehnt, geträumt, gehofft,
Gefürchtet, meine Beste, – das ist der Tod!«
»Der Tod?«
»Wenn aus dem innerst tiefsten Grunde
Du ganz erschüttert alles fühlst,
Was Freud und Schmerzen jemals dir ergossen,
Im Sturm dein Herz erschwillt,
In Tränen sich erleichtern will und seine Glut vermehrt,
Und alles klingt an dir und bebt und zittert,
Und all die Sinne dir vergehn,
Und du dir zu vergehen scheinst
Und sinkst, und alles um dich her
Versinkt in Nacht, und du, in inner eigenem Gefühle,
Umfassest eine Welt:
Dann stirbt der Mensch.«

Prometheus, Zweiter Akt

Wenn ich an meinen Tod denke, darf ich, kann ich nicht denken, welche Organisation zerstört wird.

Maximen und Reflexionen

Der Moment des Todes, der darum auch sehr gut eine Auflösung heißt, ist eben der, wo die regierende Hauptmonas alle ihre bisherigen Untergebenen ihres treuen Dienstes entläßt. Wie das Entstehen, so betrachte ich auch das Vergehen als einen selbständigen Akt dieser nach ihrem eigentlichen Wesen uns völlig unbekannten Hauptmonas.

Gespräch mit Johannes Daniel Falk, 25. Januar 1813

Warum, sagte er, soll ich mir die lieblichen Eindrücke von den Gesichtszügen meiner Freunde und Freundinnen durch die Entstellungen einer Maske zerstören lassen? Es wird ja dadurch etwas Fremdartiges, ja völlig Unwahres meiner Einbildungskraft aufgedrungen. Ich habe mich wohl in acht genommen, weder Herder, Schiller, noch die verwitwete Frau Herzogin Amalia im Sarge zu sehen. Der Tod ist ein sehr mittelmäßiger Porträtmaler. Ich meinerseits will ein seelenvolleres Bild, als seine Masken, von meinen sämtlichen Freunden im Gedächtnis aufbewahren. Also bitte ich es Euch, wenn es dahin kommen sollte, auch einmal mit mir zu halten. Auch will ich es nicht verhehlen, eben das ist es, was mir an Schillers Hingang so ausnehmend gefällt. Unangemeldet und ohne Aufsehen zu machen kam er nach Weimar, und ohne Aufsehen zu machen ist er auch wieder von hinnen gegangen. Die Paraden im Tode sind nicht das, was ich liebe.

Gespräch mit Johannes Daniel Falk, 25. Januar 1813

Gut geschlafen und viel besser. Nahes Ende meiner Frau. Letzter fürchterlicher Kampf ihrer Natur. Sie verschied gegen Mittag. Leere und Totenstille in und außer mir. Ankunft und festlicher Einzug der Prinzessin Ida und Bernhards. Hofr. Meyer. Riemer. Abends brillante Illumination der Stadt. Meine Frau um 12 nachts ins Leichenhaus. Ich den ganzen Tag im Bett.

Tagebuch vom 6. Juni 1816

Wenn man die vielen versunkenen, die durch Kirchgänger abgetretenen Grabsteine, die über ihren Grabmälern selbst zusammengestürzten Kirchen erblickt, so kann einem das Leben nach dem Tode doch immer wie ein zweites Leben vorkommen, in das man nun im Bilde, in der Überschrift eintritt und länger darin verweilt als in dem eigentlichen lebendigen Leben. Aber auch dieses Bild, dieses zweite Dasein verlischt früher oder später. Wie über die Menschen, so auch über die Denkmäler läßt sich die Zeit ihr Recht nicht nehmen.

Die Wahlverwandtschaften, Zweiter Teil

Neben denen dereinst zu ruhen, die man liebt, ist die angenehmste Vorstellung, welche der Mensch haben kann, wenn er einmal über das Leben hinausdenkt. »Zu den Seinigen versammelt werden« ist ein so herzlicher Ausdruck.

Die Wahlverwandtschaften, Zweiter Teil

... denn eine Grabschrift ist ja eigentlich eine Lebensschrift, indem sie die Grabstätte durch die Erinnerung an das Leben beleben soll. Dient sie also als Gegengewicht des Todes, warum sollte sie nicht auch dem Lebendigen ein Übergewicht geben?

Brief an Friederike Caroline Sophie Prinzessin von Solms-Braunfels, 3. Januar 1812

... und so, über Gräber, vorwärts!

Brief an Karl Friedrich Zelter, 23. Februar 1831

Die Jahre

Die Jahre sind allerliebste Leut':
Sie brachten gestern, sie bringen heut,
Und so verbringen wir Jüngern eben
Das allerliebste Schlaraffen-Leben.
Und dann fällt's den Jahren auf einmal ein,
Nicht mehr, wie sonst, bequem zu sein;
Wollen nicht mehr schenken, wollen nicht mehr borgen,
Sie nehmen heute, sie nehmen morgen.

Epigrammatisch

Man muß keine Jugendfehler ins Alter hineinnehmen; denn das Alter führt seine eigenen Mängel mit sich.

Gespräch mit Eckermann, 16. August 1824

Ein gebranntes Kind scheut das Feuer, ein oft versengter Greis scheut, sich zu wärmen.

Maximen und Reflexionen

Man schont die Alten, wie man die Kinder schont.

Maximen und Reflexionen

Je länger das Leben dauert, desto mehr gehen die frühern Verhältnisse ins Enge und die neuern sind um desto höher zu achten, weil sie sich seltner fügen.

Brief an Karl Friedrich Graf von Reinhard,
9. Juni 1809

Der Alte verliert eins der größten Menschenrechte: er wird nicht mehr von seines Gleichen beurteilt.

Maximen und Reflexionen

Wie ich mich immer besser zu verstehn glaube, schein ich andern undeutlich zu werden.

Brief an Karl Friedrich Zelter, 26. Januar 1829

Ich kann eigentlich mit niemanden mehr über die mir wichtigsten Angelegenheiten sprechen, denn niemand kennt und versteht meine Prämissen.

Gespräch mit Kanzler Müller, 5. April 1830

Je älter man wird, je mehr fühlt man die Kürze der Jahre und sie sind doch auch für die Jugend nicht länger als für das Alter.

Brief an August Friedrich Justus Thibaut, 22. Januar 1809

Je älter man wird, desto mehr verallgemeint sich alles ...

Brief an Friedrich Wilhelm von Schelling, 16. Januar 1815

Man weiß aber nicht eher als nach einem längern Lebenslauf, was echte Maximen, die uns über das Gemeine heben, für einen hohen Wert haben, der so selten anerkannt wird.

Brief an Johann Friedrich Rochlitz, 29. März 1801

Alle Gesetze sind von Alten und Männern gemacht. Junge und Weiber wollen die Ausnahme, Alte die Regel.

Maximen und Reflexionen

Merkwürdige Äußerung Goethes über sich selbst, bei Gelegenheit des *Meister*. »Daß nur die Jugend die Varietät und Spezifikation, das Alter aber die Genera, ja die Familias habe.« An sich und Tizian gezeigt, der zuletzt den Samt nur symbolisch malte. Artige Anekdote, daß jemand ein bestelltes Bild nicht für fertig anerkennen wollte, weil er das Spezifische darin vermißte.

Gespräch mit Friedrich Wilhelm Riemer, 4. April 1814

Ludwig Sebbers: Goethe
Kreidezeichnung
1826

Die Tage und Jahre fliehen mit einer so reißenden Lebhaftigkeit, daß man sich kaum besinnen kann, und bergab scheint es noch immer schneller zu gehen.

Brief an Johann Christian Kestner, 16. Juli 1798

Die Summa Summarum des Alters ist eigentlich niemals erquicklich.

Brief an Friedrich von Stein, 21. Dezember 1798

Gewiß! das Alter ist ein kaltes Fieber
Im Frost von grillenhafter Not.
Hat einer dreißig Jahr vorüber,
So ist er schon so gut wie tot.
Am besten wär's, euch zeitig totzuschlagen.

Faust II

Das Alter

Das Alter ist ein höflich Mann:
Einmal übers andre klopft er an;
Aber nun sagt niemand: Herein!
Und vor der Türe will er nicht sein.
Da klinkt er auf, tritt ein so schnell,
Und nun heißt's, er sei ein grober Gesell.

Epigrammatisch

Es ist mit den Jahren wie mit den Sibyllinischen Büchern: je mehr man ihrer verbrennt, desto teurer werden sie.

Maximen und Reflexionen

Je älter ich werde, seh ich mein Leben immer lückenhafter, indem es andere als ein Ganzes zu behandeln belieben und sich daran ergötzen ...

Brief an Karl Friedrich Zelter, 20. August 1831

Daß der Mensch zuletzt Epitomator von sich selbst wird! Und dahin zu gelangen ist schon Glück genug.

Maximen und Reflexionen

»Ich bin über die Wurzeln des Baums gestolpert, den ich gepflanzt hatte.« Das muß ein alter Forstmann gewesen sein, der dies gesagt hat.

Maximen und Reflexionen

Man sagt sich oft im Leben, daß man die Vielgeschäftigkeit, *Polypragmosyne*, vermeiden, besonders, je älter man wird, sich desto weniger in ein neues Geschäft einlassen solle. Aber man hat gut reden, gut sich und anderen raten. Älter werden heißt selbst ein neues Geschäft antreten; alle Verhältnisse verändern sich, und man muß entweder zu handeln ganz aufhören oder mit Willen und Bewußtsein das neue Rollenfach übernehmen.

Maximen und Reflexionen

Wenn man alt ist, muß man mehr tun, als da man jung war.

Wilhelm Meisters Wanderjahre, Zweites Buch

Mit den Jahren steigern sich die Prüfungen.

Wilhelm Meisters Wanderjahre, Drittes Buch

Altes Fundament ehrt man, darf aber das Recht nicht aufgeben, irgendwo wieder einmal von vorn zu gründen.

Wilhelm Meisters Wanderjahre, Zweites Buch

Genau besehen haben wir uns noch alle Tage zu reformieren und gegen andere zu protestieren, wenn auch nicht in religiösem Sinne.

Wilhelm Meisters Wanderjahre, Drittes Buch

Das Erlebte weiß jeder zu schätzen, am meisten der Denkende und Nachsinnende im Alter; er fühlt mit Zuversicht und Behaglichkeit, daß ihm das niemand rauben kann.

So ruhen meine Naturstudien auf der reinen Basis des Erlebten; wer kann mir nehmen, daß ich 1749 geboren bin, daß ich (um vieles zu überspringen) mich aus *Erxlebens Naturlehre* erster Ausgabe treulich unterrichtet, daß ich den Zuwachs der übrigen Editionen, die sich durch Lichtenbergs Aufmerksamkeit grenzenlos anhäuften, nicht etwa im Druck zuerst gesehen, sondern jede neue

Entdeckung im Fortschreiten sogleich vernommen und erfahren; daß ich, Schritt für Schritt folgend, die großen Entdeckungen der zweiten Hälfte des achtzehnten Jahrhunderts bis auf den heutigen Tag wie einen Wunderstern nach dem andern vor mir aufgehen sehe? Wer kann mir die heimliche Freude nehmen, wenn ich mir bewußt bin, durch fortwährendes aufmerksames Bestreben mancher großen weltüberraschenden Entdeckung selbst so nahe gekommen zu sein, daß ihre Erscheinung gleichsam aus meinem eignen Innern hervorbrach und ich nun die wenigen Schritte klar vor mir liegen sah, welche zu wagen ich in düsterer Forschung versäumt hatte?

Maximen und Reflexionen

Wenn man älter wird, muß man mit Bewußtsein auf einer gewissen Stufe stehen bleiben.

Maximen und Reflexionen

Aber man muß wissen, wo man steht und wohin die andern wollen.

Maximen und Reflexionen

Alles hat seine Zeit! – Ein Spruch, dessen Bedeutung man bei längerem Leben immer mehr anerkennen lernt; diesem nach gibt es eine Zeit zu schweigen, eine andere zu sprechen, und zum letzten entschließt sich diesmal der Dichter. Denn wenn dem früheren Alter Tun und Wirken gebührt, so ziemt dem späteren Betrachtung und Mitteilung.

West-östlicher Divan; Noten und Abhandlungen

Wüßte kaum genau zu sagen
Ob ich es noch selber bin,
Will man mich im Ganzen fragen
Sag ich: ja *so* ist mein Sinn
Ist ein Sinn, der uns zuweilen
Bald beängstet, bald ergötzt,
Und in soviel tausend Zeilen
Wieder sich ins gleiche setzt.

Wilhelm Meisters Wanderjahre; aus dem Widmungsgedicht zur 1. Fassung, 1821

Der höchste Charakter orientalischer Dichtkunst ist, was wir Deutsche *Geist* nennen, das Vorwaltende des oberen Leitenden; hier sind alle übrigen Eigenschaften vereinigt, ohne daß irgendeine, das eigentümliche Recht behauptend, hervorträte. Der Geist gehört vorzüglich dem Alter oder einer alternden Weltepoche. Übersicht des Weltwesens, Ironie, freien Gebrauch der Talente finden wir in allen Dichtern des Orients.

West-östlicher Divan; Noten und Abhandlungen

Unbedingtes Ergeben in den unergründlichen Willen Gottes, heiterer Überblick des beweglichen, immer kreis- und spiralartig wiederkehrenden Erdetreibens, Liebe, Neigung zwischen zwei Welten schwebend, alles Reale geläutert, sich symbolisch auflösend. Was will der Großpapa weiter?

Brief an Karl Friedrich Zelter, 11. Mai 1820

Wenn einer fünf und siebzig Jahre alt ist, fuhr er darauf mit großer Heiterkeit fort, kann es nicht fehlen, daß er mitunter an den Tod denke. Mich läßt dieser Gedanke in völliger Ruhe, denn ich habe die feste Überzeugung, daß unser Geist ein Wesen ist ganz unzerstörbarer Natur; es ist ein fortwirkendes von Ewigkeit zu Ewigkeit. Es ist der Sonne ähnlich, die bloß unsern irdischen Augen unterzugehen scheint, die aber eigentlich nie untergeht, sondern unaufhörlich fortleuchtet.

Gespräch mit Eckermann, 2. Mai 1824

Es wäre nicht der Mühe wert, siebzig Jahr alt zu werden, wenn alle Weisheit der Welt Torheit wäre vor Gott.

Wilhelm Meisters Wanderjahre, Drittes Buch

Ich stehe wieder auf meiner Zinne über dem rauschenden Brückenbogen ... Die Scheite Brennholz dilettantisieren hinterdrein, einige kommen auch hinab wo Gott will, andere werden in Wirbel umgetrieben, andere interimistisch auf Kies und Sandbank aufgeschoben. Morgen wächst vielleicht das Wasser, hebt sie alle und führt sie Meilen weit zu ihrer Bestimmung, zum Feuerherd. Du siehst, daß ich nicht nötig habe, mich mit den Tagesblättern abzugeben, da die vollkommensten Symbole vor meinen eigenen Augen sich eräugnen.

Brief an Karl Friedrich Zelter, 19. März 1818

Lange leben heißt gar vieles überleben, geliebte, gehaßte, gleichgültige Menschen, Königreiche, Hauptstädte, ja Wälder und Bäume, die wir jugendlich gesäet und gepflanzt. Wir überleben uns selbst und erkennen durchaus noch dankbar, wenn uns auch nur einige Gaben des Leibes und Geistes übrig bleiben. Alles dieses Vorübergehende lassen wir uns gefallen; bleibt uns nur das Ewige jeden Augenblick gegenwärtig, so leiden wir nicht an der vergänglichen Zeit.

Redlich habe ich es mein Lebelang mit mir und andern gemeint und bei allem irdischen Treiben immer aufs Höchste hingeblickt; Sie und die Ihrigen haben es auch getan. Wirken wir also immerfort, so lang es Tag für uns ist, für andere wird auch eine Sonne scheinen, sie werden sich an ihr hervortun und uns indessen ein helleres Licht erleuchten.

Und so bleiben wir wegen der Zukunft unbekümmert! In unseres Vaters Reiche sind viel Provinzen, und da er uns hier zu Lande ein so fröhliches Ansiedeln bereitete, so wird drüben gewiß auch für beide gesorgt sein; vielleicht gelingt alsdann, was uns bis jetzo abging, uns angesichtlich kennen zu lernen und uns desto gründlicher zu lieben. Gedenken Sie mein in beruhigter Treue.

Brief an die Gräfin Auguste Louise Bernstorff,
17. April 1823

Das alte Märchen der tausendmal tausend und immer noch einmal einbrechenden Nacht erzählen sich die Parzen unermüdet. Lange leben heißt viele überleben, so klingt das leidige Ritornell unseres vaudevilleartig hinschludernden Lebensganges; es kommt immer wieder an die Reihe, ärgert uns und treibt uns doch wieder zu neuem ernstlichen Streben.

Mir erscheint der zunächst mich berührende Personenkreis wie ein Konvolut sibyllinischer Blätter, deren eins nach dem andern, von Lebensflammen aufgezehrt, in der Luft zerstiebt und dabei den überbleibenden von Augenblick zu Augenblick höhern Wert verleiht. Wirken wir fort bis wir, vor oder nacheinander, vom Weltgeist berufen in den Äther zurückkehren! Möge dann der ewig Lebendige uns neue Tätigkeiten, denen analog, in welchen wir uns schon erprobt, nicht versagen! Fügt er sodann Erinnerung und Nachgefühl des Rechten und Guten, was wir hier schon gewollt und geleistet, väterlich hinzu; so würden wir gewiß nur desto rascher in die Kämme des Weltgetriebes eingreifen.

Die entelechische Monade muß sich nur in rastloser Tätigkeit erhalten; wird ihr diese zur andern Natur, so kann es ihr in Ewigkeit nicht an Beschäftigung fehlen. Verzeih diese abstrusen Ausdrücke! man hat sich aber von jeher in solche Regionen verloren, in solchen Sprecharten sich mitzuteilen versucht, da wo die Vernunft nicht hinreichte und wo man doch die Unvernunft nicht wollte walten lassen.

Brief an Karl Friedrich Zelter, 19. März 1827

Jede Entelechie nämlich ist ein Stück Ewigkeit, und die paar Jahre, die sie mit dem irdischen Körper verbunden ist, machen sie nicht alt. – Ist diese Entelechie geringer Art, so wird sie während ihrer körperlichen Verdüsterung wenig Herrschaft ausüben, vielmehr wird der Körper vorherrschen, und wie er altert, wird sie ihn nicht halten und hindern. Ist aber die Entelechie mächtiger Art, wie es bei allen genialen Naturen der Fall ist, so wird sie, bei ihrer belebenden Durchdringung des Körpers, nicht allein auf dessen Organisation kräftigend und veredelnd einwirken, sondern sie wird auch, bei ihrer geistigen Übermacht, ihr Vorrecht einer ewigen Jugend fortwährend geltend zu machen suchen. Daher kommt es denn, daß wir bei vorzüglich begabten Menschen auch während ihres Alters immer noch frische Epochen besonderer Produktivität wahrnehmen; es scheint bei ihnen immer einmal wieder eine temporäre Verjüngung einzutreten, und das ist es, was ich eine wiederholte Pubertät nennen möchte.

Gespräch mit Eckermann, 11. März 1828

Kanzler v. Müller erzählte ihr von dem Tode des Großherzogs und von Goethes Betrübnis; als er ihm den Tod beibringen mußte, sagte Goethe nach einem starren Blick und Pause: Mein Leben ist nun aus, was etwa noch bleiben sollte, wollen wir unserm Großherzog weihen. Den andern Tag hat er alle Freunde bitten lassen, wenn sie ihn schonen wollten, nicht zu ihm zu kommen und hiervon zu reden. Als ihm der Kanzler einen Nekrolog des Fürsten gesandt, antwortete er, er könne dies jetzt nicht lesen, die Erinnerung an diese Vollkommenheiten würde ihn in Verzweiflung stürzen.

Briefliche Mitteilung aus dem Nachlaß von Frau Solger

Goethe ist wohl, würdig gefaßt, grüßt Sie viel tausendmal; doch lehnte er jede Beihülfe am Nekrolog ab, »weil die nähere Betrachtung solcher entzogenen Trefflichkeit ihn zur Verzweiflung bringen müsse und er dabei zugrunde gehen würde«. Gestern sagte er: »Eine unermeßliche Öde ist um mich her, noch vermag ich nicht, sie auszufüllen, aber ich will und muß es.«

Aus einem Brief von Kanzler Müller an Caroline von Egloffstein, 24. Juni 1828

Das Unerträgliche, das man so lange fürchtet, ja voraussieht, wird nicht erträglicher dadurch, daß es in die Wirklichkeit hereintritt; es übt alsdann erst seine eigentliche ganze Gewalt aus.

Brief an Sulpiz Boisserée, 6. Juli 1828

Ich muß mit Gewalt arbeiten, sagte er, um mich oben zu halten und mich in diese plötzliche Trennung zu schikken. Der Tod ist doch etwas so Seltsames, daß man ihn, unerachtet aller Erfahrung, bei einem uns teuren Gegenstande nicht für möglich hält und er immer als etwas Unglaubliches und Unerwartetes eintritt. Er ist gewissermaßen eine Unmöglichkeit, die plötzlich zur Wirklichkeit wird. Und dieser Übergang aus einer uns bekannten Existenz in eine andere, von der wir auch gar nichts wissen, ist etwas so Gewaltsames, daß es für die Zurückbleibenden nicht ohne die tiefste Erschütterung abgeht.

Gespräch mit Eckermann, 15. Februar 1830

… die Sorge geziemt dem Alter, damit die Jugend eine Zeitlang sorglos sein könne.

Wilhelm Meisters Lehrjahre, Achtes Buch

»Deine Zöglinge möchten dich fragen:
Lange lebten wir gern auf Erden;
Was willst du uns für Lehre sagen?« –
Keine Kunst ist's, alt zu werden,
Es ist Kunst, es zu ertragen.

Zahme Xenien

Wer in einem gewissen Alter frühere Jugendwünsche und Hoffnungen realisieren will, betriegt sich immer; denn jedes Jahrzehnt des Menschen hat sein eigenes Glück, seine eigenen Hoffnungen und Aussichten.

Die Wahlverwandtschaften, Zweiter Teil

Das Alter kann kein größeres Glück empfinden, als daß es sich in die Jugend hineingewachsen fühlt und mit ihr nun fortwächst.

Brief an Carl Gustav Carus, 23. März 1818

Sonst hämmere ich gar manches durch in meiner einsamsten Schmiede; aus dem Hause komm ich nicht, kaum aus der Stube, und da kann ich denn noch hoffen, den Freunden noch etwas zu werden.

Brief an Karl Friedrich Zelter, 18. Januar 1823

Man muß alt werden, um dieses alles zu übersehen, und Geld genug haben, seine Erfahrungen bezahlen zu können. Jedes Bonmot, das ich sage, kostet mir eine Börse voll Gold; eine halbe Million meines Privatvermögens ist durch meine Hände gegangen, um das zu lernen, was ich jetzt weiß, nicht allein das ganze Vermögen meines Vaters, sondern auch mein Gehalt und mein bedeutendes literarisches Einkommen seit mehr als funfzig Jahren. Außerdem habe ich anderthalb Millionen zu großen Zwecken von fürstlichen Personen ausgeben sehen, denen ich nahe verbunden war und an deren Schritten, Gelingen und Mißlingen ich Teil nahm.

Gespräch mit Eckermann, 13. Februar 1829

Schon manchmal hab ich bedacht, wie wir beiden gleichsam an die entgegengesetzten Enden der sozialen Welt angewiesen sind; du, in die kreiselnde Bewegung einer volkreichen Königstadt verschlungen, hast alles persönlich zu bestehen, unterrichtest und lehrst, gibst und genießest, arbeitest und vollbringst, versammelst und dirigierst, gebietest und herrschest und was nicht alles; hiezu noch der Familienzirkel und fremde Gelage gerechnet, da gibt es denn schon etwas auszuhalten. Indessen ich einsam, wie Merlin vom leuchtenden Grabe her, mein eignes Echo ruhig und gelegentlich, in der Nähe, wohl auch in die Ferne vernehmen lasse.

Brief an Karl Friedrich Zelter, 14. Dezember 1830

Ich schließe nun auch das naturwissenschaftliche Heft, das dieses Jahr unschicklicherweise retardiert worden, redigiere meine Korrespondenz mit Schiller von 1794 bis 1805. Es wird eine große Gabe sein, die den Deutschen, ja ich darf wohl sagen den Menschen geboten wird. Zwei Freunde der Art, die sich immer wechselseitig steigern, indem sie sich augenblicklich expektorieren. Mir ist es dabei wunderlich zu Mute, denn ich erfahre, was ich einmal war.

Brief an Karl Friedrich Zelter, 30. Oktober 1824

Ein Mann, der länger gelebt, ist verschiedene Epochen durchgegangen; er stimmt vielleicht nicht immer mit sich selbst überein; er trägt manches vor, davon wir das eine für wahr, das andre für falsch ansprechen möchten ...

Materialien zur Geschichte der Farbenlehre; Einleitung

Goethe sprach darauf von der Redaktion seines *zweiten Aufenthaltes in Rom*, die ihn jetzt beschäftiget.

»Bei den Briefen, sagte er, die ich in jener Periode geschrieben, sehe ich recht deutlich, wie man in jedem Lebensalter gewisse Avantagen und Desavantagen, in Vergleich zu früheren oder späteren Jahren hat. So war ich in meinem vierzigsten Jahre über einige Dinge vollkommen so klar und gescheit als jetzt und in manchen Hinsichten sogar besser; aber doch besitze ich jetzt in meinem achtzigsten Vorteile, die ich mit jenen nicht vertauschen möchte.«

Gespräch mit Eckermann, 12. April 1829

Man mag so gern das Leben aus dem Tode betrachten, und zwar nicht von der Nachseite, sondern von der ewigen Tagseite her, wo der Tod immer vom Leben verschlungen wird.

Brief an Nees von Esenbeck, 27. September 1829

Hofrat Riemer ließ sich melden und trat herein. Ich schickte mich an zu gehen, weil ich wußte, daß es der Abend war, wo Goethe mit Riemer zu arbeiten pflegt. Allein Goethe bat mich zu bleiben, welches ich denn sehr gerne tat und wodurch ich Zeuge einer Unterhaltung wurde voll Übermut, Ironie und mephistophelischer Laune von Seiten Goethes.

»Da ist der Sömmering gestorben, fing Goethe an, kaum elende 75 Jahr alt. Was doch die Menschen für Lumpe sind, daß sie nicht die Courage haben, länger auszuhalten als das! Da lobe ich mir meinen Freund Bentham, diesen höchst radikalen Narren; er hält sich gut, und doch ist er noch einige Wochen älter als ich.«

Man könnte hinzufügen, erwiderte ich, daß er Ihnen noch in einem anderen Punkte gleicht, denn er arbeitet noch immer mit der ganzen Tätigkeit der Jugend.

»Das mag sein, erwiderte Goethe; aber wir befinden uns an den beiden entgegengesetzten Enden der Kette: er will niederreißen, und ich möchte erhalten und aufbauen. In seinem Alter so radikal zu sein ist der Gipfel aller Tollheit.«

Gespräch mit Eckermann, 17. März 1830

Es ziemt sich dem Bejahrten weder in der Denkweise noch in der Art sich zu kleiden der Mode nachzugehen.

Maximen und Reflexionen

Er scherzte sehr hübsch über die Anmaßung gewisser Frauen, die sich ohne Vorstudien an die Lektüre philosophischer und wissenschaftlicher Werke machen, wie wenn sie einen Roman läsen, und Dinge verstehen wollen, die über ihre Fassungskraft hinausgehen. »Die guten Leutchen«, meinte er, »haben keine Ahnung, wieviel Zeit und Mühe es kostet, lesen zu lernen und mit Verstand zu lesen; ich habe achtzig Jahre dazu gebraucht.«

Aus Frédéric Sorets Erinnerungen,
25. Januar 1830

Und noch ein Zeichen vom Selbstgefühl der Dichter, das mir der Schauspielveteran Eduard Genast erzählte.

Zu den vielen, die, wenn sie einmal in Weimar waren, den Versuch machten, die Exzellenz Goethe zu sehen und zu sprechen, gehörte eines Tages auch Ernst Raupach ...

Raupach hatte einige Trauerspiele, »Die Fürsten Chawansky«, »Die Erdennacht«, geschrieben. Der Verkehr zwischen Petersburg und Weimar war der lebhafteste, und Raupach kam auch nach Weimar mit den glänzendsten Empfehlungen ...

Goethe schien sich in der eigenen Schwerfälligkeit und Langsamkeit seines spätern Wesens eine Redensart angewöhnt zu haben, die vielleicht auch seinen Jahren entsprach. Wer im Jahre 1749 geboren wurde, hatte wohl ein Recht, von den Nachgeborenen, wenn diese nicht an der Krücke gingen, wie von »Kindern«, zu sprechen. »Ihr junges Volk« oder »ihr jungen Leutchen« – das hätte er selbst zu Uhland und Rückert gesagt ...

Als Goethe, die Hände auf dem Rücken, auf und nieder ging und sich wahrscheinlich auf den Tadel besann, der bei Eckermann verzeichnet steht, begann er sich zu dem Professor Raupach mit den ungefähren Worten herabzulassen: »Ja, mein Lieber, wenn *ihr jungen Leute* doch nur – das allgemein Menschliche festhalten wolltet! Aber das *junge Volk* denkt immer, wenn es nur einen Stoff theatralisch zurechtstutzen kann, dann sei es schon getroffen« usf. – Da soll denn der damals fast schon fünfzigjährige Raupach den Hut ergriffen und sich mit den Worten empfohlen haben: »Exzellenz, aus den Kinderschuhen bin ich herausgewachsen.«

Aus: Karl Gutzkow, »Am Lethestrom«, 1876.
Weimar, 1823

»Die Jahre nahmen dir, du sagst, so vieles:
Die eigentliche Lust des Sinnenspieles,
Erinnerung des allerliebsten Tandes
Von gestern, weit- und breiten Landes
Durchschweifen frommt nicht mehr; selbst nicht von oben
Der Ehren anerkannte Zier, das Loben,
Erfreulich sonst. Aus eignem Tun Behagen
Quillt nicht mehr auf, dir fehlt ein dreistes Wagen!
Nun wüßt ich nicht, was dir Besondres bliebe?«

Mir bleibt genug! Es bleibt Idee und Liebe!

West-östlicher Divan, Buch der Betrachtungen

Am andern Tage [24. April 1830] empfing er die Devrient höchst freundlich und liebreich. Sie sang ihm unter anderm auch die Schubertsche Komposition des »Erlkönig« vor, und obgleich er kein Freund von durchkomponierten Strophenliedern war, so ergriff ihn der hochdramatische Vortrag der unvergleichlichen Wilhelmine so gewaltig, daß er ihr Haupt in beide Hände nahm und sie mit den Worten: »Haben Sie tausend Dank für diese großartige künstlerische Leistung!« auf die Stirn küßte...

Wilhelmine war entzückt über sein Lob und über die Aufnahme, die ihr von ihm wie von seiner Schwiegertochter zuteil geworden war. Beim Nachhausefahren sagte sie: »Das ist der schönste alte Mann, den ich je gesehen, in den könnte ich mich sterblich verlieben.«

Aus dem Tagebuch des Eduard Genast

Der Mensch erfährt, er sei auch, wer er mag,
Ein letztes Glück und einen letzten Tag.

Sprichwörtlich

Am 26. August 1831 gegen Abend traf Goethe mit seinen beiden Enkeln und Bedienung im Gasthofe zum Löwen hier [in Ilmenau] ein...

Nach mehreren Erkundigungen, ob nicht wieder etwas in geognostischer Beziehung Merkwürdiges vorgekommen sei, fragte er dann, ob man wohl bequem zu Wagen auf den Kickelhahn fahren könne. Er wünsche das auf dem Kickelhahn befindliche, ihm von früherer

Zeit her sehr merkwürdige Jagdhäuschen zu sehen, und daß ich ihn auf dieser Fahrt begleiten möge ...

Ganz bequem waren wir so bis auf den höchsten Punkt des Kickelhahns gelangt, als er ausstieg, sich erst an der kostbaren Aussicht auf dem Rondell ergötzte, dann über die herrliche Waldung freute und dabei ausrief: »Ach! hätte doch dieses Schöne mein guter Großherzog Carl August noch einmal sehen können!« Hierauf fragte er: »Das kleine Waldhaus muß hier in der Nähe sein? Ich kann zu Fuß dahin gehen, und die Chaise soll hier so lange warten, bis wir zurückkommen.« Wirklich schritt er rüstig durch die auf der Kuppe des Berges ziemlich hochstehenden Heidelbeersträuche hindurch, bis zu dem wohlbekannten zweistöckigen Jagdhause, welches aus Zimmerholz und Bretterbeschlag besteht. Eine steile Treppe führt in den obern Teil desselben. Ich erbot mich, ihn zu führen; er aber lehnte es mit jugendlicher Munterkeit ab, ob er gleich tags darauf seinen zweiundachtzigsten Geburtstag feierte, mit den Worten: »Glauben Sie ja nicht, daß ich die Treppe nicht steigen könnte; das geht mit mir noch recht sehr gut.« Beim Eintritt in das obere Zimmer sagte er: »Ich habe in früherer Zeit in dieser Stube mit meinem Bedienten im Sommer acht Tage gewohnt und damals einen kleinen Vers hier an die Wand geschrieben. Wohl möchte ich diesen Vers nochmals sehen, und wenn der Tag darunter bemerkt ist, an welchem es geschehen, so haben Sie die Güte, mir solchen aufzuzeichnen.« Sogleich führte ich ihn an das südliche Fenster der Stube, an welchem links mit Bleistift geschrieben steht:

Über allen Gipfeln ist Ruh,
In allen Wipfeln spürest du
Kaum einen Hauch.

Das 1870 abgebrannte Goethe-Häuschen auf dem Kickelhahn bei Ilmenau

Es schweigen die Vöglein im Walde;
Warte nur, balde
Ruhest du auch.

D. 7. September 1783. Goethe.

Goethe überlas diese wenigen Verse, und Tränen flossen über seine Wangen. Ganz langsam zog er sein schneeweißes Taschentuch aus seinem dunkelbraunen Tuchrock, trocknete sich die Tränen und sprach in sanftem, wehmütigem Ton: »Ja, warte nur, balde ruhest du auch!«, schwieg eine halbe Minute, sah nochmals durch das Fenster in den düstern Fichtenwald, und wendete sich darauf zu mir, mit den Worten: »Nun wollen wir wieder gehen.«

Johann Heinrich Christian Mahr, Goethes letzter Aufenthalt in Ilmenau; 1855

Sechs Tage, und zwar die heitersten des ganzen Sommers, war ich von Weimar abwesend und hatte meinen Weg nach Ilmenau genommen, wo ich in frühern Jahren viel gewirkt und eine lange Pause des Wiedersehens gemacht hatte. Auf einem einsamen Bretterhäuschen des höchsten Gipfels der Tannenwälder rekognoszierte ich die Inschrift vom 7. September 1783 des Liedes, das du auf den Fittigen der Musik so lieblich beruhigend in alle Welt getragen hast:

»Über allen Gipfeln ist Ruh pp.«

Nach so vielen Jahren war denn zu übersehen: das Dauernde, das Verschwundene. Das Gelungene trat vor und erheiterte, das Mißlungene war vergessen und verschmerzt. Die Menschen lebten alle vor wie nach ihrer

Art gemäß, vom Köhler bis zum Porzellanfabrikanten. Eisen ward geschmolzen, Braunstein aus den Klüften gefördert, wenn auch in dem Augenblicke nicht so lebhaft gesucht wie sonst. Pech ward gesotten, der Ruß aufgefangen, die Rußbüttchen künstlichst und kümmerlichst verfertigt. Steinkohlen mit unglaublicher Mühseligkeit zu Tage gebracht.

Brief an Karl Friedrich Zelter, 4. September 1831

Jedem Alter des Menschen antwortet eine gewisse Philosophie. Das Kind erscheint als Realist; denn es findet sich so überzeugt von dem Dasein der Birnen und Äpfel als von dem seinigen. Der Jüngling, von innern Leidenschaften bestürmt, muß auf sich selbst merken, sich vorfühlen: er wird zum Idealisten umgewandelt. Dagegen ein Skeptiker zu werden hat der Mann alle Ursache; er tut wohl zu zweifeln, ob das Mittel, das er zum Zwecke gewählt hat, auch das rechte sei. Vor dem Handeln, im Handeln hat er alle Ursache, den Verstand beweglich zu erhalten, damit er nicht nachher sich über eine falsche Wahl zu betrüben habe. Der Greis jedoch wird sich immer zum Mystizismus bekennen. Er sieht, daß so vieles vom Zufall abzuhängen scheint: das Unvernünftige gelingt, das Vernünftige schlägt fehl, Glück und Unglück stellen sich unerwartet ins Gleiche; so ist es, so war es, und das hohe Alter beruhigt sich in dem, der da ist, der da war, und der da sein wird.

Maximen und Reflexionen

Die Schwierigkeiten wachsen, je näher man dem Ziele kommt.

Säen ist nicht so beschwerlich als ernten.

Die Wahlverwandtschaften, Zweiter Teil

Und so bleibt denn im höchsten Alter uns die Pflicht noch übrig, das Menschliche, das uns nie verläßt, wenigstens in seinen Eigenheiten anzuerkennen und uns durch Reflexion über die Mängel zu beruhigen, deren Zurechnung nicht ganz abzuwenden ist.

Brief an Carl Julius Moritz Seebeck,
3. Januar 1832

Die Betrachtung, die sich uns nur zu sehr aufdrängt: daß der Tod alles gleich mache, ist ernst, aber traurig und ohne Seufzer kaum auszusprechen; herzerhebend, erfreulich aber ist es, an einen Bund zu denken, der die Lebenden gleich macht, und zwar in dem Sinne, daß er sie zu vereintem Wirken aufruft, deshalb jeden zuerst auf sich selbst zurückweist und sodann auf das Ganze hinleitet.

Betrachten wir also die von uns abgeschiedenen Brüder, als wenn sie noch unter uns wären! Auch sind sie noch unter uns; denn wir haben wechselseitig auf einander gewirkt, und indem daraus grenzenlose Folgen sich entwickeln, deutet es auf ein ewiges Zusammensein.

Ridels und der früher heimgegangenen Brüder
Kästner, Krumbholz, Slevoigt und Jagemann
Totenfeier

XI

Uns zu verewigen …

Vorgänger, Zeitgenossen, Nachwelt

Alles Gescheite ist schon gedacht worden, man muß nur versuchen, es noch einmal zu denken.

Wilhelm Meisters Wanderjahre, Zweites Buch

Vorgänger gehabt zu haben ist immer vorteilhaft ... Wir sehen aufmerksamer, wenn von uns gefordert wird zu sehen, was jene gesehen haben, und es ist immer schon genug, wenn einer sieht, was der andere sah, ob er es gleich vielleicht anders sieht.

Der Kammerberg bei Eger

Der törigste von allen Irrtümern ist, wenn junge gute Köpfe glauben, ihre Originalität zu verlieren, indem sie das Wahre anerkennen, was von andern schon anerkannt worden.

Maximen und Reflexionen

Wer nicht von dreitausend Jahren
Sich weiß Rechenschaft zu geben,
Bleib im Dunkeln unerfahren,
Mag von Tag zu Tage leben.

West-östlicher Divan, Buch des Unmuts

Wir sind nur Originale, weil wir nichts wissen.

Schicksal der Druckschrift

»Ich hielt mich stets von Meistern entfernt;
Nachtreten wäre mir Schmach!
Hab alles von mir selbst gelernt.«
Es ist auch darnach!

Zahme Xenien

Man spricht immer von Originalität, allein was will das sagen! So wie wir geboren werden, fängt die Welt an, auf uns zu wirken, und das geht so fort bis ans Ende. Und überall! was können wir denn unser Eigenes nennen, als die Energie, die Kraft, das Wollen! – Wenn ich sagen könnte, was ich alles großen Vorgängern und Mitlebenden schuldig geworden bin, so bliebe nicht viel übrig.

Gespräch mit Eckermann, 12. Mai 1825

Den Originalen

Ein Quidam sagt: »Ich bin von keiner Schule;
Kein Meister lebt, mit dem ich buhle;
Auch bin ich weit davon entfernt,
Daß ich von Toten was gelernt.«
Das heißt, wenn ich ihn recht verstand:
Ich bin ein Narr auf eigne Hand.

Epigrammatisch

Original, fahr hin in deiner Pracht! –
Wie würde dich die Einsicht kränken:
Wer kann was Dummes, wer was Kluges denken,
Das nicht die Vorwelt schon gedacht?

Faust II

Was heißt auch erfinden und wer kann sagen, daß er dies oder jenes erfunden habe? Wie es denn überhaupt, auf Priorität zu pochen, wahre Narrheit ist; denn es ist nur bewußtloser Dünkel, wenn man sich nicht redlich als Plagiarier bekennen will.

Maximen und Reflexionen

Unwissende werfen Fragen auf, welche von Wissenden vor tausend Jahren schon beantwortet sind.

Maximen und Reflexionen

Die originalsten Autoren der neusten Zeit sind es nicht deswegen, weil sie etwas Neues hervorbringen, sondern allein, weil sie fähig sind, dergleichen Dinge zu sagen, als wenn sie vorher niemals wären gesagt gewesen.

Daher ist das schönste Zeichen der Originalität, wenn man einen empfangenen Gedanken dergestalt fruchtbar zu entwickeln weiß, daß niemand leicht, wie viel in ihm verborgen liege, gefunden hätte.

Wilhelm Meisters Wanderjahre, Drittes Buch

Eben so kann und muß auch der Gelehrte seine Vorgänger benutzen, ohne jedesmal ängstlich anzudeuten, woher es ihm gekommen; versäumen wird er aber niemals, seine Dankbarkeit gelegentlich auszudrücken gegen die Wohltäter, welche die Welt ihm aufgeschlossen ...

Meteore des literarischen Himmels; Plagiat

Verschiedene Sprüche der Alten, die man sich öfters zu wiederholen pflegt, hatten eine ganz andere Bedeutung, als man ihnen in späteren Zeiten geben möchte.

Wilhelm Meisters Wanderjahre, Drittes Buch

Man kann das Überlieferte sich nicht gleich zu eigen machen; wie dieses und jenes passe, unter was für Umständen, in welcher Folge die Dinge zu gebrauchen seien, dazu gehört Übung und Nachdenken ...

Wilhelm Meisters Wanderjahre, Zweites Buch

Man denke sich das Große der Alten, vorzüglich der sokratischen Schule, daß sie Quelle und Richtschnur alles Lebens und Tuns vor Augen stellt, nicht zu leerer Spekulation, sondern zu Leben und Tat auffordert.

Wilhelm Meisters Wanderjahre, Drittes Buch

Welche neuere Nation verdankt nicht den Griechen ihre Kunstbildung? und, in gewissen Fächern, welche mehr als die deutsche?

Propyläen; Einleitung, 1798

Wenn wir uns dem Altertum gegenüberstellen und es ernstlich in der Absicht anschauen, uns daran zu bilden, so gewinnen wir die Empfindung, als ob wir erst eigentlich zu Menschen würden.

Wilhelm Meisters Wanderjahre, Drittes Buch

Halten Sie fest an dem, was Sie Ihrer Natur gemäß fühlen, und da hier vom ästhetischen Sinn die Rede ist, prüfen Sie sich immerfort am diamantnen Schild der Griechen, in welchem Sie Ihre Tugenden und Mängel jederzeit am klarsten erblicken können.

Brief an Joseph Stanislaus Zauper,
2. Februar 1823

Möge das Studium der griechischen und römischen Literatur immerfort die Basis der höhern Bildung bleiben.

Wilhelm Meisters Wanderjahre, Drittes Buch

Mancher hat nach der Antike studiert und sich ihr Wesen nicht ganz zugeeignet: ist er darum scheltenswert?

Kurzgefaßte Miszellen aus den »Propyläen«,
1800

Man kann das Gegenwärtige nicht ohne das Vergangene erkennen ...

Italienische Reise; Rom, 25. Januar 1787

Ist man treu, sagte sie, das Gegenwärtige festzuhalten, so wird man erst Freude an der Überlieferung haben, indem wir den besten Gedanken schon ausgesprochen, das liebenswürdigste Gefühl schon ausgedrückt finden. Hiedurch kommen wir zum Anschauen jener Übereinstimmung, wozu der Mensch berufen ist, wozu er sich oft wider seinen Willen finden muß, da er sich gar zu gern einbildet, die Welt fange mit ihm von vorne an.

Wilhelm Meisters Wanderjahre, Erstes Buch

Es gibt wenig Menschen, die sich mit dem Nächstvergangenen zu beschäftigen wissen. Entweder das Gegenwärtige hält uns mit Gewalt an sich, oder wir verlieren uns in die Vergangenheit und suchen das völlig Verlorene, wie es nur möglich sein will, wieder hervorzurufen und herzustellen.

Die Wahlverwandtschaften, Zweiter Teil

Denn was Überlieferung für ein schlechtes Ding sei, mußte ich dieses Mal wieder bemerken.

Italienische Reise, 26. Oktober 1786

Wir stehen mit der Überlieferung beständig im Kampfe, und jene Forderung, daß wir die Erfahrung des Gegenwärtigen auf eigene Autorität machen sollten, ruft uns gleichfalls zu einem bedenklichen Streit auf. ... Denn es ist am Ende doch nur immer das Individuum, das einer breiteren Natur und breiteren Überlieferung Brust und Stirn bieten soll.

Materialien zur Geschichte der Farbenlehre; »Lücke«

Das Närrischste ist, daß jeder glaubt überliefern zu müssen, was man gewußt zu haben glaubt.

Wilhelm Meisters Wanderjahre, Zweites Buch

Der Kampf des Alten, Bestehenden, Beharrenden mit Entwicklung, Aus- und Umbildung ist immer derselbe. Aus aller Ordnung entsteht zuletzt Pedanterie; um diese los zu werden, zerstört man jene, und es geht eine Zeit hin, bis man gewahr wird, daß man wieder Ordnung machen müsse ...

Maximen und Reflexionen

Lebensregel

Willst du dir ein hübsch Leben zimmern,
Mußt dich ums Vergangne nicht bekümmern;
Das wenigste muß dich verdrießen;
Mußt stets die Gegenwart genießen,
Besonders keinen Menschen hassen
Und die Zukunft Gott überlassen.

Ich statuiere keine *Erinnerung* in eurem Sinne, das ist nur eine unbeholfene Art sich auszudrücken. Was uns irgend Großes, Schönes, Bedeutendes begegnet, muß nicht erst von außen her wieder *er-innert*, gleichsam er-jagt werden, es muß sich vielmehr gleich vom Anfang her in unser Inneres verweben, mit ihm eins werden, ein neueres beßres Ich in uns erzeugen und so ewig bildend *in uns* fortleben und schaffen.

Es gibt kein Vergangnes, das man zurücksehnen dürfte, es gibt nur ein ewig Neues, das sich aus den erweiterten Elementen des Vergangenen gestaltet, und die echte Sehnsucht muß stets produktiv sein, ein neues Beßres erschaffen.

Gespräch mit Kanzler Müller, 4. November 1823

Den Besten

Die Abgeschiednen betracht ich gern,
Stünd ihr Verdienst auch noch so fern;
Doch mit den edlen lebendigen Neuen
Mag ich, wetteifernd, mich lieber freuen.

Epigrammatisch

Was nebeneinander existiert, scheint nur zum Streite berufen zu sein.

Brief an Charlotte von Stein, 19. November 1807

Was ich recht weiß, weiß ich eigentlich nur mir selbst; sobald ich damit hervortrete, rückt mir sogleich Bedingung, Bestimmung, Widerrede auf den Hals.

Brief an Karl Friedrich Zelter, 30. Oktober 1828

Wie selten kann man mit dem andern über einen Grundsatz theoretisch einig werden!

Propyläen; Einleitung, 1789

Es läßt sich bemerken, daß ein jeder den Weg, auf welchem er zu irgendeiner Kenntnis und Einsicht gelangt, allen übrigen vorziehen und seine Nachfolger gern auf denselben einleiten und einweihen möchte.

West-östlicher Divan, Noten und Abhandlungen

Was man Mode heißt, ist augenblickliche Überlieferung. Alle Überlieferung führt eine gewisse Notwendigkeit mit sich, sich ihr gleichzustellen.

Maximen und Reflexionen

Laß dich nur in keiner Zeit
Zum Widerspruch verleiten,
Weise fallen in Unwissenheit,
Wenn sie mit Unwissenden streiten.

West-östlicher Divan, Buch der Sprüche

Mit Kritik geb ich mich gar nicht ab.

Brief an Gottlieb Friedrich Schönborn,
1. Juni / 4. Juli 1774

Auf alle Fälle sind wir genötigt, unser Jahrhundert zu vergessen, wenn wir nach unsrer Überzeugung arbeiten wollen. Denn so eine Salbaderei in Prinzipien, wie sie im allgemeinen jetzt gelten, ist wohl noch nicht auf der Welt gewesen, und was die neuere Philosophie Gutes stiften wird, ist noch erst abzuwarten.

Brief an Friedrich Schiller, 25. November 1797

Gegen die Kritik kann man sich weder schützen noch wehren; man muß ihr zum Trutz handeln, und das läßt sie sich nach und nach gefallen.
Maximen und Reflexionen

Ich lasse mich nicht irre schrein,
Nicht durch Kritik noch Zweifel.
Faust I

Autorität: ohne sie kann der Mensch nicht existieren, und doch bringt sie ebenso viel Irrtum als Wahrheit mit sich …
Maximen und Reflexionen

… alle Verhältnisse verändern sich, und man muß entweder zu handeln ganz aufhören oder mit Willen und Bewußtsein das neue Rollenfach übernehmen.
Maximen und Reflexionen

In der Welt kommt's nicht darauf an, daß man die Menschen kenne, sondern daß man im Augenblick klüger sei als der vor uns Stehende. Alle Jahrmärkte und Marktschreier geben Zeugnis.
Maximen und Reflexionen

Beharre, wo du stehst! – Maxime, notwendiger als je, indem einerseits die Menschen in große Parteien gerissen werden; sodann aber auch jeder Einzelne nach individueller Einsicht und Vermögen sich geltend machen will.

Wilhelm Meisters Wanderjahre, Zweites Buch

Nach unserm Rat bleibe jeder auf dem eingeschlagenen Wege und lasse sich ja nicht durch Autorität imponieren, durch allgemeine Übereinstimmung bedrängen und durch Mode hinreißen.

Maximen und Reflexionen

Dabei bleibt er ebenso beruhigt, wenn ihm die Majorität beistimmt, als wenn er sich in der Minorität befindet; denn er hat das Seinige getan, er hat seine Überzeugung ausgeprochen, er ist nicht Herr über die Geister noch über die Gemüter.

Wilhelm Meisters Wanderjahre, Drittes Buch

Eine falsche Lehre läßt sich nicht widerlegen, denn sie ruht ja auf der Überzeugung, daß das Falsche wahr sei. Aber das Gegenteil kann, darf und muß man wiederholt aussprechen.

Maximen und Reflexionen

Man muß sein Glaubensbekenntnis von Zeit zu Zeit wiederholen, aussprechen, was man billigt, was man verdammt; der Gegenteil läßt's ja auch nicht daran fehlen.

Maximen und Reflexionen

In der jetzigen Zeit soll niemand schweigen oder nachgeben; man muß reden und sich rühren, nicht um zu überwinden, sondern sich auf seinem Posten zu erhalten; ob bei der Majorität oder Minorität, ist ganz gleichgültig.

Maximen und Reflexionen

Innerhalb einer Epoche gibt es keinen Standpunkt, eine Epoche zu betrachten.

Maximen und Reflexionen

Wenn jemand spricht, er habe mich widerlegt, so bedenkt er nicht, daß er nur eine Ansicht der meinigen entgegen aufstellt; dadurch ist ja noch nichts ausgemacht. Ein Dritter hat eben das Recht und so ins Unendliche fort.

Maximen und Reflexionen

Mit Widerlegen, Bedingen, Begrimmen
Bemüht und brüstet mancher sich;
Ich kann daraus nichts weiter gewinnen,
Als daß er anders denkt wie ich.

Zahme Xenien

Es ist mit Meinungen, die man wagt, wie mit Steinen, die man voran im Brette bewegt: sie können geschlagen werden, aber sie haben ein Spiel eingeleitet, das gewonnen wird.

Maximen und Reflexionen

Streiten soll man nicht, aber das Entgegengesetzte faßlich zu machen ist Schuldigkeit.

Tagebuch vom 3. Januar 1832

Wie wir die Menschen kennen, besonders unsre Zeitgenossen, so macht sich doch jeder zuletzt seine eigene Sauce dran.

Brief an Karl Ludwig von Knebel, 5. November 1806

Paläophron und Neoterpe lösen den Konflikt des Alten und Neuen auf eine heitere Weise, die freilich in dieser zerspalteten Welt nicht denkbar ist: denn nicht allein durch leidenschaftliches Widerstreben, sondern auch durch unzulässiges Vereinen wird gefehlt und bei dem wunderlichsten Schwanken tritt in Deutschland ein sehr trauriges Phänomen hervor, daß nämlich jeder sich berechtigt glaubt, ohne irgend ein Fundament bejahen und verneinen zu können, wodurch denn ein Geist des Widerspruchs und ein Krieg aller gegen alle erregt wird.

Brief an Sulpiz Boisserée, 27. September 1816

... so sind die Leute, ich habe sie kennen gelernt, so sind sie und nicht anders.

Gespräch mit Eckermann, 1. Februar 1827

Gute Menschen! es ist ihnen aber nicht zu helfen ...

Gespräch mit Kanzler Müller, 11. Januar 1830

Denkt man sich, bei deprimierter Stimmung, recht tief in das Elend unserer Zeit hinein, so kommt es einem oft vor, als wäre die Welt nach und nach zum jüngsten Tage reif. – Und das Übel häuft sich von Generation zu Generation! – Denn nicht genug, daß wir an den Sünden unserer Väter zu leiden haben, sondern wir überliefern auch diese geerbten Gebrechen, mit unseren eigenen vermehrt, unsern Nachkommen.

Gespräch mit Eckermann, 12. März 1828

Niebuhr hat Recht gehabt, sagte Goethe, wenn er eine barbarische Zeit kommen sah. Sie ist schon da, wir sind schon mitten darinne; denn worin besteht die Barbarei anders als darin, daß man das Vortreffliche nicht anerkennt.

Gespräch mit Eckermann, 22. März 1831

Was ist das für eine Zeit, wo man die Begrabenen beneiden muß?

Maximen und Reflexionen

Denn eigentlich gedeiht doch das Wunderwürdige der Geschichte den Mitlebenden sowie den Nachkommen alsdann erst heilsam und ersprießlich, wenn man sie erkennen läßt, wie das Merkwürdigste und Größte von bedeutenden Menschen unter den sonderbarsten Zuständen und Zufälligkeiten geleistet worden.

Brief an den Grafen Karl Friedrich von Reinhard, 18. Juni 1829

Ist doch eigentlich das wahrhaft Vernünftige und Auslangende das Erbteil weniger, im Stillen fortwirkender Individuen.

Brief an Karl Friedrich Zelter, 4. März 1829

Das Zeitalter war's, das den Sokrates durch Gift hinrichtete, das Zeitalter, das Hussen verbrannte: die Zeitalter sind sich immer gleich geblieben.

Maximen und Reflexionen

Die größten Menschen hängen immer mit ihrem Jahrhundert durch eine Schwachheit zusammen.

Die Wahlverwandtschaften, Zweiter Teil

Ich weiß recht gut, ich bin vielen ein Dorn im Auge, sie wären mich alle sehr gerne los; und da man nun an meinem Talent nicht rühren kann, so will man an meinen Charakter. Bald soll ich stolz sein, bald egoistisch, bald voller Neid gegen junge Talente, bald in Sinnenlust versunken, bald ohne Christentum, und nun endlich gar ohne Liebe zu meinem Vaterlande und meinen lieben Deutschen. – Sie kennen mich nun seit Jahren hinlänglich und fühlen, was an alle dem Gerede ist. Wollen Sie aber wissen, was ich gelitten habe, so lesen Sie meine *Xenien* und es wird Ihnen aus meinen Gegenwirkungen klar werden, womit man mir abwechselnd das Leben zu verbittern gesucht hat.

Ein deutscher Schriftsteller, ein deutscher Märtyrer! – Ja, mein Guter! Sie werden es nicht anders finden!

Und ich selbst kann mich noch kaum beklagen; es ist allen anderen nicht besser gegangen, den meisten sogar schlechter, und in England und Frankreich ganz wie bei uns. Was hat nicht Moliere zu leiden gehabt! und was nicht Rousseau und Voltaire! Byron ward durch die bösen Zungen aus England getrieben und würde zuletzt ans Ende der Welt geflohen sein, wenn ein früher Tod ihn nicht den Philistern und ihrem Haß enthoben hätte.

Und wenn noch die bornierte Masse höhere Menschen verfolgte! – Nein! *Ein* Begabter und *ein* Talent verfolgt das andere. Platen ärgert Heine, und Heine Platen, und jeder sucht den andern schlecht und verhaßt zu machen, da doch zu einem friedlichen Hinleben und Hinwirken die Welt groß und weit genug ist, und jeder schon an seinem eigenen Talent einen Feind hat, der ihm hinlänglich zu schaffen macht.

Gespräch mit Eckermann, 14. März 1830

Überhaupt muß ich nun versuchen, Tag für Tag, Stunde für Stunde zu sehn, was noch zu leisten ist, um das Gegründete rein aufzurichten und praktisch zu befestigen. Es gibt sehr vorzügliche junge Leute, aber die Hansnarren wollen alle von vornen anfangen und unabhängig, selbstständig, original, eigenmächtig, uneingreifend, gerade vor sich hin, und wie man die Torheiten alle nennen möchte, wirken und dem Unerreichbaren genug tun. Ich sehe diesem Gange seit 1789 zu und weiß, was hätte geschehen können, wenn irgend einer rein eingegriffen und nicht jeder ein Peculium für sich vorbehalten hätte. Mir ziemt jetzt 1829 über das Vorliegende klar zu werden, es vielleicht auszusprechen; und wenn mir das auch gelingt, wird's doch nichts helfen, denn das Wahre ist einfach und gibt wenig zu tun, das Falsche gibt Gelegenheit, Zeit und Kräfte zu zersplittern.

Brief an Karl Friedrich Zelter, 2. Januar 1829

Man hat einen Oktavband herausgegeben: »Goethe in den wohlwollenden Zeugnissen der Mitlebenden«. Nun würde ich raten, ein Gegenstück zu besorgen: »Goethe in den mißwollenden Zeugnissen der Mitlebenden«. Die dabei zu übernehmende Arbeit würde den Gegnern leicht werden und zur Unterhaltung dienen, einem Verleger, dem Gewinn von allen Seiten her guten Geruch bringt, sichern Vorteil gewähren. ...

Mir selbst würde es bei dem Rückblick auf mein eigenes Leben höchst interessant sein; denn wann sollt' ich mir leugnen, daß ich vielen Menschen widerwärtig und verhaßt geworden und daß diese mich auf ihre Weise dem Publikum vorzubilden gesucht. Ich bin mir wohl bewußt, daß ich niemals unmittelbar dagegen gewirkt, daß ich mich in ununterbrochener Tätigkeit erhalten und sie bis jetzt, wiewohl angefochten, bis gegen das Ende durchgeführt.

Vorschlag zur Güte

Überhaupt kann ich wohl sagen, daß ich von allem dem, was seit fünfzig Jahren gegen mich gewirkt wird, großen Nutzen gezogen; denn ich lernte dadurch meine Nation kennen, und dies ist auch jetzt der Fall, insofern etwas von meinen neuen Widersachern in meine Zelle gelangt, die einsamer ist als die Ihrige; denn ich lerne ja daran die

Zeitgesinnung am besten einsehen, die ich an dem, was ich auf die Zeit wirken wollte und gewirkt habe, am besten prüfen kann.

Brief an Joseph Stanislaus Zauper, 2. Februar 1823

Ich bin persönlich das Widerbellen durch viele Jahre gewohnt worden, und spreche aus Erfahrung: wir haben noch lange nicht zu fürchten, daß wir überstimmt werden, wenn man uns auch widerspricht. Nur keine Ungeduld! immer fort gehandelt und mit unter gesprochen! so findet sich am Ende noch eine genugsame Zahl, die sich für unsere Art zu denken erklärt. Niemanden aber wollen wir hindern, sich seinen eignen Kreis zu bilden; denn in unseres Vaters Hause ist Wohngelaß für manche Familie.

Brief an Karl Friedrich Zelter, 15. Januar 1826

Zwar ist die Lesewelt so zerstreut, abgestumpft und selbsttätig, daß man mehr als jemals Ursache hat, auf die Nachwelt zu vertrauen.

Brief an Karl Friedrich Zelter, 30. Oktober 1828

Eigentlich für solche alte Käuze, wie du bist, hab ich, mein Teuerster, die Schillerische Korrespondenz schon gegenwärtig drucken lassen; die Jetzt- und Folgewelt mag sie hinnehmen, wie sie kann, für sie bleibt dies Wesen alles historisch, und auch so wird es manchem Verständigen dienlich und heilsam werden; denen aber, die damals schon lebten und wirkten, dient es zu größerer Vollständigkeit und Bequemlichkeit, wenn auch sie das Fazit ihres Lebens zu ziehen haben.

Im allgemeinen aber bleibt es gewiß einem jeden Denkenden interessant, in das Spiel zu sehen, wie damals die Karten verteilt waren, und wie mit verschiedenem Geschick, Glück und Klugheit das Unternommene getrieben wurde.

Brief an Karl Friedrich Zelter, 4. März 1829

Überhaupt muß ich mich jetzt sehr zusammennehmen und, mehr als jemals, alles Polemische an mir vorübergehen lassen. Der Mensch hat wirklich viel zu tun, wenn er sein eignes Positive bis ans Ende durchführen will. Glücklicherweise bleibt uns zuletzt die Überzeugung, daß gar vieles neben einander bestehen kann und muß, was sich gerne wechselseitig verdrängen möchte: der Weltgeist ist toleranter, als man denkt.

Brief an den Grafen Karl Friedrich von Reinhard, 12. Mai 1826

... allein im Grunde ist alles polemische Wirken gegen meine eigentliche Natur und ich habe daran wenig Freude.

Gespräch mit Eckermann, 15. Mai 1831

Es sei! Wir ergeben uns gern, da wir Streit und Widerstreit nicht lieben ...

Architektonisch-Naturhistorisches Problem

Auch in diesen unsern Blättern konnte Widerspruch und Widerstreit, ja sogar heftiger, nicht vermieden werden, doch wünsche nichts mehr, als daß die feindlichen Elemente sich nach und nach daraus immer mehr entfernen. Weil ich aber für mich und andere einen freiern Spielraum, als man uns bisher gegönnt, zu erringen wünsche, so darf man mir und den Gleichgesinnten keineswegs verargen, wenn wir dasjenige, was unsern rechtmäßigen Forderungen entgegen steht, scharf bezeichnen und uns nicht mehr gefallen lassen, was man seit so vielen Jahren herkömmlich gegen uns verübte.

Damit aber desto schneller alle widerwärtige Geistesaufregung verklinge, so geht unser Vorschlag zur Güte dahin, daß doch ein Jeder, er sei auch wer es wolle, sein Befugnis prüfen und sich fragen möge: was leistest du denn eigentlich an deiner Stelle und wozu bist du berufen? Wir tun es jeden Tag und diese Hefte sind die Bekenntnisse darüber, die wir so klar und rein, als der Gegenstand und die Kräfte es erlauben, ungestört fortzusetzen gedenken.

Vorschlag zur Güte

Ich habe mich bisher bei der Methode, mit mehreren zu arbeiten, zu wohl befunden, als daß ich nicht solche fortsetzen sollte. Ich weiß genau, wem ich dieses und jenes auf meinem Weg schuldig geworden, und es soll mir eine Freude sein, es künftig öffentlich bekanntzumachen.

Der Versuch als Vermittler von Objekt und Subjekt

... nur ein allgemeines Vergeben und Vergessen könne ganz allein das verlorne Gleichgewicht sowohl, als das gestörte wechselseitige Vertrauen nach und nach wieder herstellen.

Brief an Karl Wilhelm Freiherr von Fritsch, 7. Januar 1826

Ich werde fortfahren, so lange es mir gegönnt ist, mit niemand streiten, aber auch niemand zu Liebe Ansicht und Überzeugung verbergen.

Brief an Karl Friedrich Zelter, 11. April 1825

... und hier bewahrheitete sich mir abermals die Erfahrung, daß wir in jedem Fach von den Mitlebenden auf das schönste gefördert werden, sobald man sich ihrer Vorzüge dankbar und freundlich bedienen mag. Kenntnisreiche Männer belehren uns über die Vergangenheit, sie geben den Standpunkt an, auf welchem sich die augenblickliche Tätigkeit hervortut, sie deuten vorwärts auf den nächsten Weg, den wir einzuschlagen haben.

West-östlicher Divan, Noten und Abhandlungen

Wenn das Einzelne durch die Zeit ausgelöscht wird, so geht das Allgemeine rein hervor; die Handlungen verschwinden, die Gesinnungen bleiben übrig, man hört auf, nach den Mitteln zu fragen, die erreichten Zwecke treten vor die Seele des Betrachters.

Brief an Karl Wilhelm Freiherr von Fritsch, 7. Januar 1826

Was soll ich viel lieben, was soll ich viel hassen? Man lebt nur vom leben lassen.

Sprichwörtlich

Ich werde mir daher die Freiheit nehmen, meine bisherigen Erfahrungen und Bemerkungen, und die daraus entspringende Sinnesweise fernerhin in diesen Blättern geschichtlich darzulegen; wenigstens ist dabei ein charakteristisches Glaubensbekenntnis zu erzwecken, Gegnern zur Einsicht, Gleichdenkenden zur Fördernis, der Nachwelt zur Kenntnis, und, wenn es glückt, zu einiger Ausgleichung.

Bedeutende Fördernis durch ein einziges geistreiches Wort

Geselligkeit lag in meiner Natur; deswegen ich bei vielfachem Unternehmen mir Mitarbeiter gewann und mich ihnen zum Mitarbeiter bildete und so das Glück erreichte, mich in ihnen und sie in mir fortleben zu sehn.

Maximen und Reflexionen

Proselyten zu machen ist der natürlichste Wunsch eines jeden Menschen ...

Dichtung und Wahrheit, Erster Teil

Laß uns soviel als möglich an der Gesinnung halten, in der wir herankamen, wir werden, mit vielleicht noch wenigen, die Letzten sein einer Epoche, die so bald nicht wiederkehrt.

Brief an Karl Friedrich Zelter, 6. Juni 1825

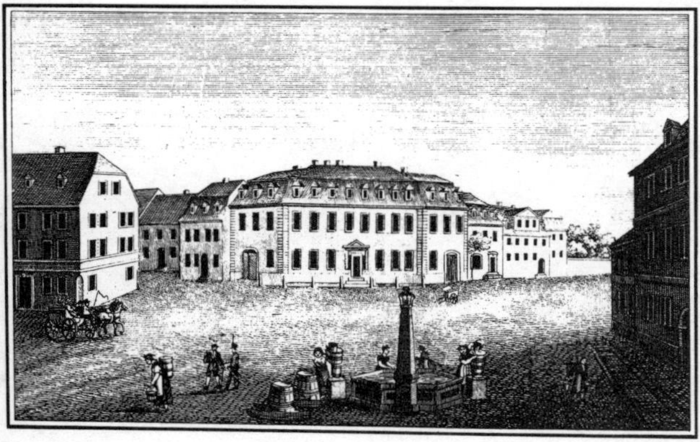

Goethes Wohnhaus am Frauenplan
Stich
um 1830

Denn etwa funfzig Jahre bleibt der Name vorzüglicher Menschen in der Erinnerung des Volks, weiterhin verschwindet er oder wird märchenhaft.

Wilhelm Meisters Wanderjahre, Erstes Buch

An literarische Wirkung ist auf einige Jahre gar nicht zu denken, und man kann jetzt weiter nichts tun, als für eine friedlichere Zukunft im Stillen manches Gute vorzubereiten.

Gespräch mit Eckermann, 21. März 1831

Wer aber nicht eine Million Leser erwartet, sollte keine Zeile schreiben.

Gespräch mit Eckermann, 12. Mai 1825

Die gegenwärtige Welt ist nicht wert, daß wir etwas für sie tun; denn die bestehende kann in dem Augenblick abscheiden. Für die vergangne und künftige müssen wir arbeiten: für jene, daß wir ihr Verdienst anerkennen, für diese, daß wir ihren Wert zu erhöhen suchen.

Maximen und Reflexionen

Wir blicken so gern in die Zukunft, weil wir das Ungefähre, was sich in ihr hin und her bewegt, durch stille Wünsche so gern zu unsern Gunsten heranleiten möchten.

Die Wahlverwandtschaften, Zweiter Teil

Weissagungen sind oft nur fromme Wünsche.

Paralipomenon zu »Dichtung und Wahrheit«

Man müßt z. B. vor allen Dingen auf das Vorauswissen und Prophezeien Verzicht tun, und wem ist das zuzumuten.

Brief an Karl Friedrich Zelter, 4. März 1829

Dabei bedenke, mein Freund, der Mensch hat gar eine eigne Lust, Proselyten zu machen, dasjenige, was er an sich schätzt, auch außer sich in andern zur Erscheinung zu bringen, sie genießen zu lassen, was er selbst genießt, und sich in ihnen wiederzufinden und darzustellen.

Wilhelm Meisters Wanderjahre, Zweites Buch

Ich habe über das Menschengeschlecht, besonders wie es jetzt nachwächst, allerlei Gedanken und werde sie wohl einmal in ruhiger Stunde dir auf das Papier sprechen.

Brief an Karl Friedrich Zelter, 28. April 1829

Was uns bei unsern Darstellungen zunächst gelingt, empfehlen wir längst verehrten Freunden, und zugleich der deutschen nach dem Guten und Rechten hinstrebenden Jugend.

Möchten wir aus ihnen frische Teilnehmer und künftige Beförderer heranlocken und erwerben.

Glückliches Ereignis

Nichts vom Vergänglichen,
Wie's auch geschah!
Uns zu verewigen,
Sind wir ja da.

Zahme Xenien

Goethe zeigte mir sodann einen Brief eines englischen Schriftstellers mit der Adresse: *An Se. Durchlaucht den Fürsten Goethe.* »Diesen Titel, sagte Goethe lachend, habe ich wahrscheinlich den deutschen Journalisten zu danken, die mich aus allzugroßer Liebe wohl den deutschen Dichterfürsten genannt haben. Und so hat denn der unschuldige deutsche Irrtum den ebenso unschuldigen Irrtum des Engländers zur Folge gehabt.«

Gespräch mit Eckermann, 27. Januar 1830

Kräuter erzählte mir: als sich Goethe gestern die Haare schneiden ließ, habe er, Kräuter, dringend um eine Locke gebeten, der Friseur aber geantwortet, sie seien alle gezählt; der Ertrag jedes Haarschnittes wandere nach Frankfurt; dieser Handel geht schon Jahre hindurch, und Goethe ahnt nicht, daß er seinen Haarkünstler zum reichen Manne macht.

Aus den Erinnerungen von Frédéric Soret,
4. November 1822

Ich wiederhole also: es ist für die vereinigten Staaten durchaus unerläßlich, daß sie sich eine Durchfahrt aus dem Mexikanischen Meerbusen in den stillen Ozean bewerkstelligen, und ich bin gewiß, daß sie es erreichen.

Dieses möchte ich erleben, aber ich werde es nicht. Zweitens möchte ich erleben, eine Verbindung der Donau mit dem Rhein hergestellt zu sehen. Aber dieses Unternehmen ist gleichfalls so riesenhaft, daß ich an der Ausführung zweifle, zumal in Erwägung unserer deutschen Mittel. Und endlich drittens möchte ich die Engländer im Besitz eines Kanals von Suez sehen. Diese drei großen Dinge möchte ich erleben, und es wäre wohl der Mühe wert, ihnen zu Liebe es noch einige funfzig Jahre auszuhalten.

Gespräch mit Eckermann, 21. Februar 1827

Die Entwickelung der Menschheit, sagte ich, scheint auf Jahrtausende angelegt.

Wer weiß, erwiderte Goethe, – vielleicht auf Millionen! Aber laß die Menschheit dauern so lange sie will, es wird ihr nie an Hindernissen fehlen, die ihr zu schaffen machen, und nie an allerlei Not, damit sie ihre Kräfte entwickele. Klüger und einsichtiger wird sie werden, aber besser, glücklicher und tatkräftiger nicht, oder doch nur auf Epochen. Ich sehe die Zeit kommen, wo Gott keine Freude mehr an ihr hat, und er abermals alles zusammenschlagen muß zu einer verjüngten Schöpfung. Ich bin gewiß, es ist alles danach angelegt und es steht in der fernen Zukunft schon Zeit und Stunde fest, wann diese Verjüngungs-Epoche eintritt. Aber bis dahin hat es sicher noch gute Weile, und wir können noch Jahrtausende und aber Jahrtausende auch auf dieser lieben alten Fläche, wie sie ist, allerlei Spaß haben.

Gespräch mit Eckermann, 23. Oktober 1828

Nichts ist stillstehend. Bei allen scheinbaren Rückschritten müssen Menschheit und Wissenschaft immer vorschreiten, und wenn beide sich zuletzt auch wieder in sich selbst abschließen sollten. Vorzügliche Geister haben sich immer gefunden, die sich mitteilen mochten. Viel Schätzenswertes hievon ist auf uns gekommen, woraus wir uns überzeugen können, daß es unsern Vorfahren an treffenden Ansichten der Natur nie gefehlt habe.

Der Kreis, den die Menschheit auszulaufen hat, ist bestimmt genug, und ungeachtet des großen Stillstandes, den die Barbarei machte, hat sie ihre Laufbahn schon mehr als einmal zurückgelegt. Will man ihr auch eine Spiralbewegung zuschreiben, so kehrt sie doch immer wieder in jene Gegend, wo sie schon einmal durchgegangen. Auf diesem Wege wiederholen sich alle wahren Ansichten und alle Irrtümer.

Materialien zur Geschichte der Farbenlehre; Einleitung

... und hier liegt das Inkalkulable, das Inkommensurable der Weltgeschichte. Gesetz und Zufall greifen ineinander, der betrachtende Mensch aber kommt oft in den Fall, beide miteinander zu verwechseln ...

Materialien zur Geschichte der Farbenlehre; »Lücke«

Da aber bei wachsender Überzeugung: daß alles, was durch den Menschen geschieht, in ethischem Sinne betrachtet werden müsse, der sittliche Wert jedoch nur aus dem Lebensgange zu beurteilen sei ...

Luke Howard to Goethe. A biographical scetch

Wenn man der Nachwelt etwas Brauchbares hinterlassen will, so müssen es Konfessionen sein, man muß sich als Individuum hinstellen, wie man's denkt, wie man's meint, und die Folgenden mögen sich heraussuchen, was ihnen gemäß ist und was im Allgemeinen gültig sein mag. Dergleichen blieb uns viel von unsern Vorfahren.

Brief an Karl Friedrich Zelter, 1. November 1829

Denn dieses scheint die Hauptaufgabe der Biographie zu sein, den Menschen in seinen Zeitverhältnissen darzustellen, und zu zeigen, inwiefern ihm das Ganze widerstrebt, inwiefern es ihn begünstigt, wie er sich eine Welt- und Menschenansicht daraus gebildet, und wie er sie, wenn er Künstler, Dichter, Schriftsteller ist, wieder nach außen abgespiegelt.

Dichtung und Wahrheit, Erster Teil

Die neuere Zeit schätzt sich selbst zu hoch, wegen der großen Masse Stoffes, den sie umfaßt. Der Hauptvorzug des Menschen beruht aber nur darauf, inwiefern er den Stoff zu behandeln und zu beherrschen weiß.

Materialien zur Geschichte der Farbenlehre; »Lücke«

Und hiemit lasset uns zum Schluß eilen; denn sowohl über ihn als sonstige Abgeschiedene eigentlich Gericht zu halten, möchte niemals der Billigkeit gemäß sein. Wir leiden alle am Leben; wer will uns, außer Gott, zur Rechenschaft ziehen? Tadeln darf man keinen Abgeschiedenen; nicht was sie gefehlt und gelitten, sondern was sie geleistet und getan, beschäftige die Hinterbliebenen. An den Fehlern erkennt man den Menschen, an den Vorzügen den Einzelnen; Mängel und Schicksale haben wir alle gemein, die Tugenden gehören jedem besonders.

Ridels und der früher heimgegangenen Brüder Kästner, Krumbholz, Slevoigt und Jagemann Totenfeier

Die höchste Kultur aber, welche diesen letzten Zeiten gegönnt sein möge, erwiese sich wohl darin: daß alles Würdige, dem Menschen eigentlich Werte, in verschiedenen Formen neben einander müßte bestehen können und daß daher verschiedene Denkweisen, ohne sich verdrängen zu wollen, in einer und derselben Region ruhig neben einander fortwandelten.

Vorbetrachtung

Weite Welt und breites Leben,
Langer Jahre redlich Streben,
Stets geforscht und stets gegründet,
Nie geschlossen, oft geründet,
Ältestes bewahrt mit Treue,
Freundlich aufgefaßtes Neue,
Heitern Sinn und reine Zwecke:
Nun! man kommt wohl eine Strecke.

Gott und die Welt

... bis dahin, wo die Feder zu laufen aufhört!

Brief an Karl Friedrich Zelter, 9. Januar 1824

Anhang

Editorische Notiz

Die Texte der vorliegenden Ausgabe folgen den hier verzeichneten Editionen; in den Textnachweisen werden sie jeweils mit den angegebenen Titelsiglen abgekürzt zitiert. Orthographie und Interpunktion wurden behutsam dem heutigen Gebrauch angeglichen, bei Wahrung des Lautstandes und sprachlicher Eigenheiten.

GA Goethe. Gedenkausgabe der Werke, Briefe und Gespräche zum 28. August 1949. Hrsg. von Ernst Beutler. 24 Bde. und 3 Erg.-Bde. Zürich [seit 1960: Zürich/Stuttgart]: Artemis-Verlag, 1948–71.

HA Goethes Werke. Hamburger Ausgabe in 14 Bänden. Hrsg. von Erich Trunz [u. a.]. Hamburg: Wegner, 1948–64. – München: C. H. Beck, 1972. [Bd. 1–14, in wechselnder Aufl.: 7.–13., neubearb. Aufl. 1982.]

JA Goethes Sämtliche Werke. Jubiläumsausgabe. 40 Bde. und 1 Reg.-Bd. Hrsg. von Eduard von der Hellen. Stuttgart/Berlin: Cotta, [1902–12].

LA Goethe. Die Schriften zur Naturwissenschaft. Vollständige mit Erläuterungen versehene Ausgabe. Hrsg. im Auftrage der Deutschen Akademie der Naturforscher (Leopoldina) zu Halle von Günter Schmid [u. a.]. Abt. 1: Texte. 11 Bde. Weimar: Böhlau, 1947–70. – Abt. 2: Ergänzungen und Erläuterungen. Bd. 1 ff. Ebd. 1959 ff.

WA Goethes Werke. Hrsg. im Auftrage der Großherzogin Sophie von Sachsen. [Weimarer Ausgabe.] Abt. 1: Werke. Abt. 2: Naturwissenschaftliche Schriften. Abt. 3: Tagebücher. Abt. 4: Briefe. Insges. 133 Bde. (in 143 Tln.). Weimar: Böhlau, 1887–1919. – Reprogr. Nachdr. München: Deutscher Taschenbuch Verlag, 1987.

Eck. Johann Peter Eckermann: Gespräche mit Goethe in den letzten Jahren seines Lebens. Hrsg. von H[einrich] H[ubert] Houben. Leipzig: Brockhaus, 1925.

Gespr. Goethes Gespräche. Eine Sammlung zeitgenössischer Berichte aus seinem Umgang. Auf Grund der Ausgabe und des Nachlasses von Flodoard Freiherrn von Biedermann erg. und hrsg. von Wolfgang Herwig. Bd. 1 ff. Zürich/Stuttgart: Artemis, 1965 ff.

Maximen und Reflexionen Goethe. Maximen und Reflexionen. Hrsg. von Max Hecker und erw. sowie erl. von Christoph Michel. Nachw. von Isabella Kuhn. Frankfurt a. M.: Insel Verlag, 1976.

Soret Frédéric Soret. Zehn Jahre bei Goethe. Erinnerungen an Weimars klassische Zeit 1822–1832. Aus Sorets handschriftlichem Nachlaß, seinen Tagebüchern und seinem Briefwechsel zum erstenmal zsgest., übers. und erl. von H[einrich] H[ubert] Houben. Leipzig: Brockhaus, 1929.

Textnachweise

I

Kindheit und Jugend

17 1 Dichtung und Wahrheit, Erster Teil: HA 9,71.
2 Dichtung und Wahrheit, Erster Teil: HA 9,10.
3 Wilhelm Meisters Lehrjahre, Achtes Buch: HA 7,519.
4 Die Leiden des jungen Werthers, Erstes Buch: HA 6,30.
18 1 Brief an Ch. von Stein, 22. September 1781: WA IV 5,196.
2 Wilhelm Meisters Lehrjahre, Siebentes Buch: HA 7,496.
3 Dichtung und Wahrheit, Erster Teil: HA 9,70.
21 1 Wilhelm Meisters Lehrjahre, Erstes Buch: HA 7,30.
2 Wilhelm Meisters Lehrjahre, Erstes Buch: HA 7,19.
3 Dichtung und Wahrheit, Erster Teil: HA 9,117 f.
22 1 Wilhelm Meisters Lehrjahre, Erstes Buch: HA 7,24.
2 Wilhelm Meisters Wanderjahre, Zweites Buch: HA 8,296.
3 Gespräch mit F. Soret, 18. Juli 1824: Soret, S. 125 f.
4 Wilhelm Meisters Lehrjahre, Achtes Buch: HA 7,498.
23 1 Brief an J. F. Kraft, 13. Juli 1779: WA IV 4,46.
2 Maximen und Reflexionen, Nr. 276.
3 Zahme Xenien: GA 1,427.
4 Aus dem Tagebuch der F. Bruns, 12. Juli 1795: Gespr. I, S. 608.
24 1 Maximen und Reflexionen, Nr. 274.
2 Wilhelm Meisters Lehrjahre, Achtes Buch: HA 7,569.
3 Hermann und Dorothea, Dritter Gesang: HA 2,457 (V. 47–50).
25 1 Dichtung und Wahrheit, Erster Teil: HA 9,72.
2 Dichtung und Wahrheit, Zweiter Teil: HA 9,240.
3 Brief an Ch. von Stein, 5. Oktober 1784: WA IV 6,366.
4 Gespräch mit Eckermann, 17. März 1830: Eck., S. 591.
26 1 Dichtung und Wahrheit, Erster Teil: HA 9,31 f.
2 Unterhaltungen deutscher Ausgewanderten: HA 6,189.
3 West-östlicher Divan, Noten und Abhandlungen: HA 2,202.
27 1 Gespräch mit Eckermann, 17. Januar 1827: Eck., S. 166.
28 1 Maskenzug 1818: GA 3,724.
2 Dichtung und Wahrheit, Erster Teil: HA 9,72.
3 Dichtung und Wahrheit, Erster Teil: HA 9,71 f.

28 4 Die Wahlverwandtschaften, Erster Teil: HA 6,311.

29 1 Dichtung und Wahrheit, Erster Teil: HA 9,65 f.

2 Gespräch mit Eckermann, 12. März 1828: Eck., S. 547.

30 1 Dichtung und Wahrheit, Erster Teil: HA 9,68.

2 Die Wahlverwandtschaften, Zweiter Teil: HA 6,481.

31 1 Dichtung und Wahrheit, Erster Teil: HA 9,82.

2 Die Wahlverwandtschaften, Zweiter Teil: HA 6,410.

3 Theaterrede. Prolog vom 7. Mai 1791: JA 9,271.

4 Dichtung und Wahrheit, Vierter Teil: HA 10,130.

5 Faust II, Zweiter Akt: HA 3,208 (V. 6776–84).

32 1 Brief an J. C. Lavater, 6. März 1780: WA IV 4,192.

2 Faust II, Zweiter Akt: HA 3,208 (V. 6793–6800).

3 Brief an E. W. Behrisch, 10./11. November 1767: WA IV 1,140 f.

33 1 Des Epimenides Erwachen, Erster Aufzug: HA 5,368 (V. 67 f.).

2 Maximen und Reflexionen, Nr. 1119.

34 1 Torquato Tasso, Zweiter Aufzug: HA 5,116 (V. 1601 ff.).

2 Dichtung und Wahrheit, Zweiter Teil: HA 9,222.

3 Faust II, Zweiter Akt: HA 3,207 (V. 6744–49).

4 Voß und Stolberg, 1820: JA 30,421.

35 1 Brief an J. G. d'Orville, 13. September 1799: WA IV 14,175.

2 Wilhelm Meisters Lehrjahre, Achtes Buch: HA 7,548 f.

3 Brief an J. J. Riese, 21. Oktober 1765: WA IV 1,13 f.

36 1 Brief an F. Oeser, 6. November 1768: WA IV 1,170.

2 Wilhelm Meisters Lehrjahre, Erstes Buch: HA 7,45 f.

37 1 Brief an E. W. Behrisch, 2. November 1767: WA IV 1,127.

2 Aus: Abschied: GA 1,46.

3 Wilhelm Meisters Lehrjahre, Erstes Buch: HA 7,57.

4 Selbstbetrug: GA 1,25.

38 1 Aus: Liebhaber in allen Gestalten: GA 1,28.

2 Am Flusse: GA 1,45.

39 1 Wilhelm Meisters Lehrjahre, Zweites Buch: HA 7,78.

2 Erster Verlust: GA 1,42 f.

3 Wilhelm Meisters Lehrjahre, Achtes Buch: HA 7,512.

4 Dichtung und Wahrheit, Vierter Teil: HA 10,129.

40 1 West-östlicher Divan, Das Schenkenbuch: HA 2,90.

2 Gespräch mit Kanzler Müller, 18. Mai 1821: Gespr. III 1, S. 247.

3 Gespräch mit Eckermann, 11. März 1828: Eck., S. 537.

4 Gespräch mit Eckermann, 12. März 1828: Eck., S. 548.

41 1 Jugenderinnerungen von Gustav Parthey. Handschrift für Freunde. Neu hrsg. und mit einer Einl. sowie Anm. vers. von Ernst Friedel. Bd. 2. Berlin: E. Frensdorff, 1907. S. 364.
2 Zahme Xenien: GA 1,607.
3 Hermann und Dorothea, Fünfter Gesang: HA 2,472 (V. 85).
42 1 Sprichwörtlich: GA 1,427.
2 Zahme Xenien: GA 1,607.
3 Zahme Xenien: GA 1,605.
4 Maximen und Reflexionen, Nr. 992.
5 Brief an K. F. Graf von Reinhard, 8. Mai 1811: WA IV 22,84.
43 1 Brief an F. H. Jacobi, 27. Dezember 1794: WA IV 10,217.
2 Paläophron und Neoterpe: HA 5,303.
3 Die natürliche Tochter, Dritter Aufzug: HA 5,262 (V. 1614–17).
4 Die Wahlverwandtschaften, Zweiter Teil: HA 6,417 f.
44 1 Maximen und Reflexionen, Nr. 1413.
2 Wilhelm Meisters Lehrjahre, Erstes Buch: HA 7,36.
3 Die Wahlverwandtschaften, Erster Teil: HA 6,278 f.
4 Wilhelm Meisters Wanderjahre, Drittes Buch: HA 8,460.
5 Wilhelm Meisters Lehrjahre, Erstes Buch: HA 7,66.
47 1 Aus: Antworten bei einem gesellschaftlichen Fragespiel: GA 1,30.
2 Maximen und Reflexionen, Nr. 993.
3 Gespräch mit J. Ch. Lobe, Juli 1820: Gespr. III 1, S. 184.
4 Gespräch mit Eckermann, 12. April 1829: Eck., S. 290 f.
48 1 Maximen und Reflexionen, Nr. 991.
2 Wilhelm Meisters Lehrjahre, Zweites Buch: HA 7,121.

II

Reisen und Fluchten

51 1 Zum Schäkspears-Tag, 1771: HA 12,224.
2 Brief an A. F. Oeser, 14. Februar 1769: WA IV 1,204.
3 Brief an F. von Stein, 21. Dezember 1798: WA IV 13,352.
4 Wilhelm Meisters Lehrjahre, Achtes Buch: HA 7,564.
5 Die Leiden des jungen Werthers, Zweites Buch: HA 6,103.
52 1 Wilhelm Meisters Lehrjahre, Zweites Buch: HA 7,86 f.
2 Wilhelm Meisters Lehrjahre, Fünftes Buch: HA 7,288 f.
3 Zahme Xenien: GA 2,392.

53 1 Dichtung und Wahrheit, Dritter Teil: HA 9,452 f.
2 Reineke Fuchs, Dritter Gesang: HA 2,305 (V. 32).
3 Brief an Ch. von Stein, 6. Dezember 1777: WA IV 3,192.
54 1 Tagebuch der Italienischen Reise, 5. September 1786: WA III 1,151 f.
2 Brief an J. H. Meyer, 30. Dezember 1795: WA IV 10,359 f.
3 Brief an Ch. von Stein, 2. September 1786: WA IV 8,22.
55 1 Italienische Reise, 3. September 1786: HA 11,9.
2 Italienische Reise, 3. September 1786: HA 11,11.
56 1 Italienische Reise, 6. September 1786: HA 11,13.
2 Italienische Reise, 7. September 1786: HA 11,13.
3 Italienische Reise, 8. September 1786: HA 11,16.
57 1 Italienische Reise, 8. September 1786: HA 11,17.
2 Italienische Reise, 8. September 1786: HA 11,18 f.
3 Italienische Reise, 11. September 1786: HA 11,25.
4 Italienische Reise, 12. September 1786: HA 11,28.
58 1 Italienische Reise, 27. Oktober 1786: HA 11,121.
2 Italienische Reise, 28. Oktober 1786: HA 11,124.
3 Italienische Reise, 1. November 1786: HA 11,125 f.
4 Italienische Reise, 7. November 1786: HA 11,130.
61 1 Italienische Reise, 10. November 1786: HA 11,134.
2 Italienische Reise, 9. März 1787: HA 11,197.
3 Italienische Reise, 17. März 1787: HA 11,210.
62 1 Italienische Reise, 26. März 1787: HA 11,223.
2 Schicksal der Handschrift: HA 13,102.
3 Wilhelm Meisters Wanderjahre, Zweites Buch: HA 8,302.
4 Wilhelm Meisters Wanderjahre, Erstes Buch: HA 8,11.
5 Woldemar Freiherr von Biedermann: Goethe und Dresden. Berlin: Hempel, 1875. S. 46.
63 1 Gespräch mit Kanzler Müller, 30. Mai 1814: Gespr. II, S. 904.
2 Brief Eckermanns an Goethe. Genf, 12. September 1830: Eck., S. 331.
3 Aus dem Tagebuch der Italienischen Reise. An Ch. von Stein, 25. September 1786: WA III 1,231 f.
64 1 Brief an Ch. von Stein, 10. Februar 1787: WA IV 8,181.
2 Brief an J. G. Herder, 13. Januar 1787: WA IV 8,134 f.
67 1 Brief an Herzog Carl August, 3. Februar 1787: WA IV 8,171.
2 C. Herder an ihren Mann, 12. September 1788: Gespr. I, S. 439.
3 Brief an Ch. Vulpius, 29. Mai 1793: WA IV 10,60 f.
4 Brief an F. von Stein, 23. Oktober 1793: WA IV 10,122.
68 1 Brief an Ch. Vulpius, 29. Juli 1795: WA IV 10,282.

68 2 Brief an Ch. Vulpius, 23. September 1797: WA IV 12,307.
3 Dichtung und Wahrheit, Vierter Teil: HA 10,152.
4 Brief an Herzog Carl August, 6. Juni 1797: WA IV 12,138.
69 1 Brief an Ch. G. Körner, 20. Juli 1797: WA IV 12,198 f.
2 Brief an F. Schiller, 14. Oktober 1797: WA IV 12,329 f.
3 Brief an F. Schiller, 14. Oktober 1797: WA IV 12,325 f.
70 1 Brief an F. von Stein, 21. Dezember 1798: WA IV 13,352.
2 Brief an F. Schiller, 9. August 1797: WA IV 12,216 f.
3 Philipp Hackert: JA 34,305.
71 1 Brief an C. Goethe, 6. Dezember 1765: WA IV 1,21.
2 Italienische Reise, 11. Oktober 1786: HA 11,97.
3 Brief an die Herzogin Louise, 23. Dezember 1786: WA IV 8,96.
4 Brief an F. Schiller, 12. August 1797: WA IV 12,231.
72 1 Die Wahlverwandtschaften, Erster Teil: HA 6,351.
2 Die Wahlverwandtschaften, Zweiter Teil: HA 6,432 f.
73 1 Brief an F. H. Jacobi, 27. Dezember 1794: WA IV 10,218.
2 Faust I: HA 3,99 (V. 3085–88).
3 Wilhelm Meisters Wanderjahre, Erstes Buch: HA 8,12.
4 Wilhelm Meisters Wanderjahre, Drittes Buch: HA 8,318.
74 1 Sprichwörtlich: GA 1,440.
2 Brief an K. F. Zelter, 24. Juli 1823: WA IV 37,133 f.
3 Sprichwörtlich: GA 1,426.
75 1 Tag- und Jahreshefte, 1807: HA 10,498.
2 Die Wahlverwandtschaften, Zweiter Teil: HA 6,396.
3 Die Wahlverwandtschaften, Zweiter Teil: HA 6,396.
4 Brief an W. von Humboldt, 26. Mai 1799: WA IV 14,95.
76 1 Geschichte meines botanischen Studiums: LA I 10,332.
2 Gespräch mit Kanzler Müller, 10. Mai 1819: Gespr. III 1, S. 115.
3 Gespräch mit Kanzler Müller, 16. Dezember 1822: Gespr. III 1, S. 430.
4 Gespräch mit Eckermann, 10. Januar 1825: Eck., S. 105.
77 1 Brief an J. H. Meyer, 11. September 1797: WA IV 12,284.
2 Gespräch mit Eckermann, 24. September 1827: Eck., S. 212 f.
78 1 Zahme Xenien: GA 1,605.
2 West-östlicher Divan, Noten und Abhandlungen: HA 2,127.
3 Wilhelm Meisters Lehrjahre, Achtes Buch: HA 7,502.
79 1 Wilhelm Meisters Wanderjahre, Drittes Buch: HA 8,390.
2 Rezension der ›Reisen und Unterhaltungen in Griechenland‹ von P. O. Bröndsted, 1826: JA 38,50.
3 Zur Naturwissenschaft überhaupt, Erster Band: LA I 8,2.

III

Selbstbetrachtung und Selbsterkenntnis

83 1 Dichtung und Wahrheit, Zweiter Teil: HA 9,412.
2 Italienische Reise, 2. Oktober 1787: HA 11,411.
3 Maximen und Reflexionen, Nr. 837.
4 Brief an L. Ysenburg von Buri, 2. Juni 1764: WA IV 1,4.
5 Wilhelm Meisters Lehrjahre, Erstes Buch: HA 7,72.
6 Brief an L. Ysenburg von Buri, 23. Mai 1764: WA IV 1,2.
84 1 Sprichwörtlich: GA 1,436.
2 Brief an J. H. Merck, 7. März 1775: WA IV 2,240.
3 Brief an Hetzler junior, 24. August 1770: WA IV 1,243 f.
4 Die guten Weiber: GA 9,408.
5 Faust I: HA 3,41 (V. 1112–17).
85 1 Dichtung und Wahrheit, Zweiter Teil: HA 9,402.
2 Wilhelm Meisters Lehrjahre, Zweites Buch: HA 7,80.
3 Wilhelm Meisters Lehrjahre, Zweites Buch: HA 7,82.
4 Tagebuch vom Februar 1778: WA III 1,61.
86 1 Tagebuch vom 31. August 1778: WA III 1,69.
2 Tagebuch vom 15. Dezember 1778: WA III 1,74 f.
3 Tagebuch vom 25. Juli 1779: WA III 1,90 f.
87 1 Tagebuch vom 7. August 1779: WA III 1,93 f.
88 1 Tagebuch vom 13. Mai 1780: WA III 1,118 f.
2 Brief an Ch. von Stein, 9. September 1782: WA IV 6,54.
3 Brief an Ch. von Stein, 3. April 1785: WA IV 7,38.
4 Gespräch mit Eckermann, 12. März 1828: Eck., S. 544 f.
5 Italienische Reise, 17. September 1786: HA 11,45.
89 1 Italienische Reise, 10. November 1786: HA 11,135.
2 Brief an Ch. von Stein, 6. Januar 1787: WA IV 8,116.
3 Italienische Reise, 12. September 1787: HA 11,396.
90 1 Tagebuch vom 15. Dezember 1778: WA III 1,74.
2 Brief an Ch. von Stein, 30. Juni 1780: WA IV 4,246.
3 Selbstschilderung: HA 10,531.
4 Selbstbiographie: HA 10,531.
91 1 Venetianische Epigramme, Nr. 74: GA 1,237.
2 Selbstschilderung: HA 10,530 f.
92 1 Wilhelm Meisters Lehrjahre, Zweites Buch: HA 7,81.
2 Selbstschilderung: HA 10,529 f.
93 1 Brief an F. Schiller, 12. August 1797: WA IV 12,231.
2 Brief an Ch. von Stein, 9. September 1783: WA IV 6,195.

93 3 Brief an K. F. von Reinhard, 8. Mai 1811: WA IV 22,83 f.
94 1 Die Wahlverwandtschaften, Erster Teil: HA 6,270.
2 Aus einem Gespräch mit F. W. Riemer, 1803–1814: GA 22,756.
3 Wilhelm Meisters Lehrjahre, Zweites Buch: HA 7,121.
4 Torquato Tasso, Zweiter Aufzug: HA 5,107 (V. 1242 f.).
95 1 Brief an K. L. von Knebel, 3. Januar 1807: WA IV 19,259.
2 Über Autobiographie: HA 10,536.
3 Ferneres in bezug auf mein Verhältnis zu Schiller: HA 10,542 f.
96 1 Sprichwörtlich: GA 1,439.
2 Wilhelm Meisters Lehrjahre, Erstes Buch: HA 7,17.
3 Wilhelm Meisters Lehrjahre, Zweites Buch: HA 7,101.
4 Die Wahlverwandtschaften, Zweiter Teil: HA 6,397.
97 1 Wilhelm Meisters Wanderjahre, Zweites Buch: HA 8,175.
2 Dichtung und Wahrheit, Zweiter Teil: HA 9,407.
98 1 Gespräch mit F. W. Riemer, Anfang 1807: GA 22,435.
2 Brief an J. C. Lavater, 28. Oktober 1779: WA IV 4,112.
3 J. Ch. Kestner; Brief an A. F. von Hennings, Herbst 1772. Gespr. I, S. 62.
4 Brief an J. C. Lavater, 29. Juli 1782: WA IV 6,20.
5 K. A. Varnhagen von Ense, Tagebuch vom 28. Juni 1843: HA 6,623.
99 1 Dorothea von Schlegel an ihre Söhne, 28. November 1817: Gespr. III 1, S. 36 f.
2 Gespräch mit Eckermann, 4. Januar 1824: Eck., S. 433.
3 Brief an S. Boisserée, 22. März 1831: WA IV 48,155 f.
4 Maximen und Reflexionen, Nr. 657.
100 1 Maximen und Reflexionen, Nr. 134.
2 Sprichwörtlich: GA 1,423.
3 Italienische Reise, 17. März 1787: HA 11,211.
103 1 Maximen und Reflexionen, Nr. 143.
2 Der Sammler und die Seinigen, Zweiter Brief: GA 13,263.
3 Maximen und Reflexionen, Nr. 278.
104 1 Wilhelm Meisters Lehrjahre, Achtes Buch: HA 7,505.
2 Wilhelm Meisters Wanderjahre, Drittes Buch: HA 8,426.
3 Handschrift von 1801: GA 13,335.
4 Sprichwörtlich: GA 1,418.
105 1 Gespräch mit J. D. Falk, 9. Mai 1808: Gespr. II, S. 313.
2 Brief an J. F. Rochlitz, 23. November 1829: WA IV 46,167 f.
3 Wilhelm Meisters Wanderjahre, Drittes Buch: HA 8,338.

105 4 Sprichwörtlich: GA 1,439.
106 1 Die Wahlverwandtschaften, Zweiter Teil: HA 6,385.
2 Die Wahlverwandtschaften, Zweiter Teil: HA 6,397.
3 Wilhelm Meisters Wanderjahre, Erstes Buch: HA 8,32.
4 Wilhelm Meisters Wanderjahre, Zweites Buch: HA 8,288.
107 1 Maximen und Reflexionen, Nr. 198.
2 Maximen und Reflexionen, Nr. 266.
108 1 Bedeutende Fördernis durch ein einziges geistreiches Wort: HA 13,38.
2 Freundlicher Zuruf: HA 13,34.
109 1 Gespräch mit Eckermann, 17. Februar 1832: Eck., S. 611.
110 1 Zahme Xenien: GA 2,377.
2 Gespräch mit Kanzler Müller, 5. April 1824: Gespr. III 1, S. 674.
3 Gespräch mit Eckermann, 14. März 1830: Eck., S. 583.
4 Brief an K. F. Zelter, 31. Oktober 1831: WA IV 49,128.
5 Gespräch mit Kanzler Müller, 18. Februar 1830: Gespr. III 2, S. 571.
111 1 Gespräch mit Eckermann, 27. Januar 1824: Eck., S. 65 f.
2 Gespräch mit Kanzler Müller, 8. März 1824: Gespr. III 1, S. 663 f.
3 Die Wahlverwandtschaften, Erster Teil: HA 6,252.
112 1 Gespräch mit Eckermann, 12. April 1829: Eck., S. 289.
2 Wilhelm Meisters Wanderjahre, Erstes Buch: HA 8,73.
3 Dichtung und Wahrheit, Erster Teil: HA 9,129.
113 1 Noch ein Wort für junge Dichter: HA 12,361.
2 Brief an C. F. von Brühl, 23. Oktober 1828: WA IV 45,32.

IV

Kunst und Künstlerexistenz

117 1 Brief an J. J. Riese, 21. Oktober 1765: WA IV 1,14.
2 Brief an C. Goethe, 11. Mai 1767: WA IV 1,88.
3 Maximen und Reflexionen, Nr. 448.
4 Wilhelm Meisters Wanderjahre, Drittes Buch: HA 8,479.
5 Ephemerides: GA 4,964.
118 1 Maximen und Reflexionen, Nr. 1106.
2 Maximen und Reflexionen, Nr. 382.
3 Dichtung und Wahrheit, Dritter Teil: HA 10,45.

118 4 Maximen und Reflexionen, Nr. 62.
5 Maximen und Reflexionen, Nr. 130.
119 1 Italienische Reise, 5. Oktober 1786: HA 11,80.
2 Brief an P. F. Seidel, 27. Oktober 1787: WA IV 8,282.
3 Brief an J. F. Reichardt, 2. November 1789: WA IV 9,159.
4 Wilhelm Meisters Lehrjahre, Zweites Buch: HA 7,81.
120 1 Maximen und Reflexionen, Nr. 1085.
2 Brief an J. G. Röderer, 21. September 1772, WA IV 2,25.
3 Italienische Reise, 19. Oktober 1786: HA 11,105.
4 Dichtung und Wahrheit, Dritter Teil: HA 10,48.
5 Brief an S. Boisserée, 11. September 1820: WA IV 33,213.
123 1 Zahme Xenien: GA 1,642.
2 Gespräch mit Eckermann, 11. März 1828: Eck., S. 538 f.
3 Brief an F. Schiller, 9. Dezember 1797: WA IV 12,374 f.
4 Gespräch mit Kanzler Müller, 31. März 1824: Gespr. III 1, S. 672.
124 1 Brief an F. Schiller, 23. Dezember 1795: WA IV 10,353.
2 Wilhelm Meisters Lehrjahre, Zweites Buch: HA 7,83.
3 Brief an F. Schiller, 19. November 1796: WA IV 11,265 f.
4 Wilhelm Meisters Lehrjahre, Zweites Buch: HA 7,82 f.
126 1 Propyläen; Einleitung: HA 12,54.
2 Propyläen; Einleitung: HA 12,42.
3 Propyläen; Einleitung: HA 12,43.
127 1 Maximen und Reflexionen, Nr. 384.
2 Maximen und Reflexionen, Nr. 377.
3 Maximen und Reflexionen, Nr. 183.
4 Winckelmann: HA 12,102 f.
128 1 Maximen und Reflexionen, Nr. 201.
2 Tag- und Jahreshefte 1805: GA 11,753.
3 Brief an F. Schiller, 28. Februar 1798: WA IV 13,84.
4 Venetianische Epigramme, Nr. 35: GA 1,229.
129 1 Propyläen; Einleitung: HA 12,46.
2 Maximen und Reflexionen, Nr. 452.
3 Der Sammler und die Seinigen, Sechster Brief: HA 12,81.
130 1 Wilhelm Meisters Lehrjahre, Achtes Buch: HA 7,516.
2 Gespräch mit F. W. Riemer, 5. März 1809: Gespr. II, S. 431.
3 Dichtung und Wahrheit, Zweiter Teil: HA 9,280.
4 Gespräch mit Eckermann, 29. Oktober 1823: Eck., S. 49.
5 Wilhelm Meisters Lehrjahre, Erstes Buch: HA 7,70.
131 1 Kurzgefaßte Miszellen aus den »Propyläen«, 1800: GA 13,331 f.

131 2 Über Laokoon: HA 12,58 f.
3 Über Laokoon: HA 12,56.
4 Maximen und Reflexionen, Nr. 1107.

132 1 Die Wahlverwandtschaften, Zweiter Teil: HA 6,398.
2 Der Sammler und die Seinigen, Achter Brief: HA 12,96.
3 Aus einem Gespräch mit F. W. Riemer, 1803–1814: GA 22,755.
4 Brief an Herzog Carl August, 28. September 1787: WA IV 8,261 f.
5 Italienische Reise, 8. Dezember 1787: HA 11,444 f.

135 1 Brief an K. L. von Knebel, 10. August 1797: WA IV 12,224.
2 Maximen und Reflexionen, Nr. 224.
3 Brief an K. F. Zelter, 7. November 1816: WA IV 27,221.
4 Kunst und Handwerk, 1797: GA 13,126.

136 1 Die Wahlverwandtschaften, Zweiter Teil: HA 6,398.
2 Gespräch mit Eckermann, 20. Oktober 1830: Eck., S. 598.
3 Propyläen; Einleitung: HA 12,51.

137 1 Kurzgefaßte Miszellen aus den »Propyläen«: GA 13,331.
2 Propyläen; Einleitung: HA 12,49.

138 1 Über den Dilettantismus: GA 14,753.
2 Maximen und Reflexionen, Nr. 1121.
3 Über strenge Urteile, Handschrift aus dem Nachlaß: GA 13,199.
4 Maximen und Reflexionen, Nr. 194.
5 Gespräch mit J. Ch. Lobe, November 1821: Gespr. III 1, S. 353.
6 Maximen und Reflexionen, Nr. 1118.

139 1 Gespräch mit Eckermann, 14. März 1830: Eck., S. 583.
2 Zahme Xenien: GA 2,397.
3 Aus Goethes Brieftasche: HA 12,27.
4 Italienische Reise, 17. September 1786: HA 11,47.

140 1 Gespräch mit F. Soret, 8. Mai 1831: Soret, S. 536.
2 Maximen und Reflexionen, Nr. 1115.
3 Gespräch mit Eckermann, 8. März 1831: Eck., S. 375.
4 Maximen und Reflexionen, Nr. 1105.
5 Wilhelm Meisters Wanderjahre, Zweites Buch: HA 8,177.

141 1 Gespräch mit E. J. Förster, 13. November 1825: Gespr. III 1, S. 865.
2 Über das Lehrgedicht, 1827: GA 14,370.
3 Brief an J. H. Meyer, 20. Juni 1796: WA IV 11,101.
4 Maximen und Reflexionen, Nr. 61.

142 1 Campagne in Frankreich: HA 10,361.
2 West-östlicher Divan, Noten und Abhandlungen: HA 2,178.
3 Wilhelm Meisters Wanderjahre, Zweites Buch: HA 8,242.
4 Wilhelm Meisters Wanderjahre, Zweites Buch: HA 8,255.
143 1 Maximen und Reflexionen, Nr. 58.
2 Wilhelm Meisters Wanderjahre, Drittes Buch: HA 8,412.
144 1 Die Wahlverwandtschaften, Zweiter Teil: HA 6,370.
2 Faust I: HA 3,25 (V. 558 f.).
3 Gespräch mit Eckermann, 29. Februar 1824: Eck., S. 79.
4 Gespräch mit Eckermann, 12. Januar 1827: Eck., S. 159.
145 1 Epigrammatisch: GA 1,457.
2 Für junge Dichter. Wohlgemeinte Erwiderung: HA 12,359.
3 Wilhelm Meisters Lehrjahre, Zweites Buch: HA 7,79.
146 1 Noch ein Wort für junge Dichter: HA 12,360 f.
147 1 Handschrift aus dem Nachlaß: GA 13,335.
148 1 Brief an A. F. C. Streckfuß, 27. Januar 1827: WA IV 42,28.
2 Gespräch mit Eckermann, 31. Januar 1827: Eck., S. 181.
3 Maximen und Reflexionen, Nr. 1094.
4 Wilhelm Meisters Wanderjahre, Drittes Buch: HA 8,471.
5 Maximen und Reflexionen, Nr. 1077.

V

Lob der Geselligkeit

151 1 Maskenzug, 1818: GA 3,740.
2 Wilhelm Meisters Wanderjahre, Zweites Buch: HA 8,295.
3 Brief an J. D. Salzmann, Juni 1771: WA IV 1,259 f.
4 Sprichwörtlich: GA 1,420.
152 1 Brief an S. von La Roche, etwa 20. November 1772: WA IV 2,39 f.
2 Zahme Xenien: GA 1,669.
3 J. C. Lavaters Tagebuch, 26. Juni 1774: Gespr. I, S. 96.
4 Die Wahlverwandtschaften, Erster Teil: HA 6,304.
153 1 Brief an Ch. von Stein, 4. April 1782: WA IV 5,294.
2 Clavigo, Vierter Akt: HA 4,290.
3 Maximen und Reflexionen, Nr. 332.
4 Torquato Tasso, Erster Aufzug: HA 5,85 (V. 447 f.).
5 Diderots Versuch über die Malerei: GA 13,202.
6 Brief an Ch. von Stein, 25. September 1786. In: Goethes

Briefe an Charlotte von Stein. Hrsg. von Julius Petersen. 2. Band, Erster Teil. Leipzig: Insel-Verlag, 1923. S. 348.

154 1 Wilhelm Meisters Lehrjahre, Zweites Buch: HA 7,94.
2 Sprichwörtlich: GA 1,417.
3 Wilhelm Meisters Lehrjahre, Zweites Buch: HA 7,122.
4 Wilhem Meisters Lehrjahre, Erstes Buch: HA 7,25.
5 Über Autobiographie: HA 10,536.

155 1 Dichtung und Wahrheit, Dritter Teil: HA 9,455.
2 Wilhelm Meisters Wanderjahre, Erstes Buch: HA 8,77 f.
3 Die guten Weiber: GA 9,421.

156 1 Die guten Weiber: GA 9,430.
2 Wilhelm Meisters Wanderjahre, Zweites Buch: HA 8,294.
3 Brief an F. Schiller, 29. Juni 1796: WA IV 11,112.
4 Unterhaltungen deutscher Ausgewanderten: HA 6,186.
5 Unterhaltungen deutscher Ausgewanderten: HA 6,139.

158 1 Das Märchen: HA 6,230.
2 Brief an F. Schiller, 27. August 1794: WA IV 10,184.
3 Brief an F. von Stein, 28. August 1794: WA IV 10,186 f.

159 1 Brief an F. Jacobi, 2. Februar 1795: WA IV 10,233.
2 Brief an W. von Humboldt, 26. Mai 1799: WA IV 14,98.
3 Brief an J. H. Meyer, 20. Juni 1796: WA IV 11,100.

160 1 Tag- und Jahreshefte, 1802: HA 10,458.
2 An G. Ch. Lichtenberg, 26. Dezember 1796: WA IV 11,298.
3 Propyläen; Einleitung: HA 12,39 f.

162 1 Diderots Versuch über die Malerei: GA 13,201 f.
2 Der Versuch als Vermittler von Objekt und Subjekt: HA 13,13.
3 Wilhelm Meisters Lehrjahre, Achtes Buch: HA 7,552.

163 1 Brief an J. F. von Cotta, 17. Oktober 1798: WA IV 13,293 f.
2 Die Wahlverwandtschaften, Zweiter Teil: HA 6,384.

164 1 Maximen und Reflexionen, Nr. 365.
2 Die Wahlverwandtschaften, Zweiter Teil: HA 6,396.
3 Wilhelm Meisters Wanderjahre, Zweites Buch: HA 8,184.

167 1 Brief an Ch. Vulpius, 4. Mai 1796: WA IV 11,61.
2 Wilhelm Meisters Lehrjahre, Zweites Buch: HA 7,101 f.
3 Die Wahlverwandtschaften, Zweiter Teil: HA 6,396.

168 1 Die Wahlverwandtschaften, Zweiter Teil: HA 6,396.
2 Die Wahlverwandtschaften, Zweiter Teil: HA 6,365.

169 1 Brief an F. Schiller, 8. Juli 1795: WA IV 10,276.
2 Die Wahlverwandtschaften, Zweiter Teil: HA 6,396.
3 Die Wahlverwandtschaften, Erster Teil: HA 6,252.

169 4 Wilhelm Meisters Wanderjahre, Drittes Buch: HA 8,476.
5 Gespräch mit F. W. Riemer, 6. Dezember 1807: Gespr. II, S. 272.
170 1 Epigrammatisch: GA 1,454.
2 Faust I: HA 3,110 (V. 3469 f.).
3 Venetianische Epigramme, Nr. 75: GA 1,237.
4 Maximen und Reflexionen, Nr. 917.
171 1 Wilhelm Meisters Wanderjahre, Erstes Buch: HA 8,62.
2 Wilhelm Meisters Lehrjahre, Siebentes Buch: HA 7,496.
3 Wilhelm Meisters Wanderjahre, Zweites Buch: HA 8,308.
4 Maximen und Reflexionen, Nr. 1287.
5 Die natürliche Tochter, Dritter Aufzug: HA 5,258 (V. 1472).
172 1 Wilhelm Meisters Wanderjahre, Zweites Buch: HA 8,306.
2 Maximen und Reflexionen, Nr. 1000.
3 Maximen und Reflexionen, Nr. 983.
4 Die natürliche Tochter, Erster Aufzug: HA 5,227 (V. 412 f.).
5 Maximen und Reflexionen, Nr. 891.
173 1 Maximen und Reflexionen, Nr. 892.
2 Materialien zum historischen Teil der Farbenlehre: LA II 6,48.
3 Dem Menschen wie den Tieren ist ein Zwischenknochen der obern Kinnlade zuzuschreiben: LA I 9,172.
174 1 Brief an Ch. L. Schultz, 11. März 1816: WA IV 26,289 f.
2 Goethe in vertraulichen Briefen seiner Zeitgenossen. Hrsg. von Wilhelm Bode. Neu hrsg. von Regine Otto und Paul-Gerhard Wenzlaff. Bd. 2. Berlin/Weimar: Aufbau-Verlag, 1982. S. 470.
175 1 Wilhelm Meisters Wanderjahre, Zweites Buch: HA 8,293.
2 Gespräch mit Kanzler Müller, 13. Juni 1824: Gespr. III 1, S. 698 f.
3 Gespräch mit Kanzler Müller, 6. Juni 1830: Gespr. III 2, S. 638.
4 Brief an K. F. von Reinhard, 10. April 1823: WA IV 37,7.
5 Gespräch mit Kanzler Müller, 20. September 1823: Gespr. III 1, S. 580 f.
176 1 Gespräch mit Kanzler Müller, 2. Oktober 1823: Gespr. III 1, S. 592.
2 Gespräch mit Kanzler Müller, 3. Oktober 1823: Gespr. III 1, S. 592.
3 Goethe in der Anekdote. Ges. und hrsg. von Edwin Zellwe-

ker. Verm. und verb. Aufl. Wien: Gerlach und Wiedling, 1947. S. 166.

176 4 Maximen und Reflexionen, Nr. 328.
5 Gespräch mit Eckermann, 12. Mai 1825: Eck., S. 126.

177 1 Gespräch mit Eckermann, 17. Februar 1832: Eck., S. 610.
2 Gespräch mit Eckermann, 12. März 1828: Eck., S. 545.

178 1 Wilhelm Meisters Wanderjahre, Drittes Buch: HA 8,391.
2 Wilhelm Meisters Wanderjahre, Erstes Buch: HA 8,37.
3 Zahme Xenien: GA 1,612.
4 Das Märchen: HA 6,215.

179 1 Gespräch mit Kanzler Müller, 6. März 1818: Gespr. III 1, S. 48.

VI

Denken und Tun

183 1 Wilhelm Meisters Lehrjahre, Achtes Buch: HA 7,563.
2 Sprichwörtlich: GA 1,427.
3 Brief an Hetzler junior, 24. August 1770: WA IV 1,244.
4 Wilhelm Meisters Wanderjahre, Drittes Buch: HA 8,466.

184 1 Dichtung und Wahrheit, Zweiter Teil: HA 9,222.
2 Faust I: HA 3,27 (V. 632 f.).
3 Sprichwörtlich: GA 1,419.
4 Brief an J. C. Lavater, 6. März 1776: WA IV 3,37.
5 Tagebuch vom 13. Januar 1779: WA III 1,77.

185 1 Tagebuch vom 8. April 1779: WA III 1,84 f.
2 Brief an J. F. Krafft, 11. August 1780: WA IV 4,268.
3 Italienische Reise, 17. März 1787: HA 11,210.
4 Italienische Reise, 23. August 1787: HA 11,386.

186 1 Wilhelm Meisters Lehrjahre, Fünftes Buch: HA 7,348.
2 Wilhelm Meisters Lehrjahre, Zweites Buch: HA 7,86.
3 Unterhaltungen deutscher Ausgewanderten: HA 6,171.
4 Pandora: HA 5,364 (V. 1045).
5 Faust II, Vierter Akt: HA 3,308 (V. 10188).

187 1 Brief an K. L. von Knebel, 15. März 1799: WA IV 14,43.
2 Brief an F. Schiller, 22. Juni 1797: WA IV 12,167.
3 Beobachten und Ordnen: LA I 3,296.
4 Unterhaltungen deutscher Ausgewanderten, HA 6,186.
5 Wilhelm Meisters Lehrjahre, Siebentes Buch: HA 7,496.
6 Wilhelm Meisters Lehrjahre, Achtes Buch: HA 7,550.

188 1 Maximen und Reflexionen, Nr. 853.
2 Brief an F. von Stein, 21. Dezember 1798: WA IV 13,351.
3 Brief an C. W. Jacobi, 16. August 1799: WA IV 14,153.
4 Maximen und Reflexionen, Nr. 329.
5 Wilhelm Meisters Wanderjahre, Zweites Buch: HA 8,286.
189 1 Wilhelm Meisters Lehrjahre, Achtes Buch: HA 7,520.
2 Wilhelm Meisters Lehrjahre, Sechstes Buch: HA 7,405.
3 Wilhelm Meisters Lehrjahre, Sechstes Buch: HA 7,415 f.
190 1 Wilhelm Meisters Lehrjahre, Achtes Buch: HA 7,608.
2 Diderots Versuch über die Malerei: GA 13,202.
3 Brief an J. H. Meyer, 8. Februar 1796: WA IV 11,22.
191 1 Wilhelm Meisters Lehrjahre, Achtes Buch: HA 7,540.
2 Wilhelm Meisters Wanderjahre, Erstes Buch: HA 8,27.
3 Propyläen; Einleitung: HA 12,47.
4 Die Wahlverwandtschaften, Zweiter Teil: HA 6,407.
5 Maximen und Reflexionen, Nr. 391–393.
192 1 Maximen und Reflexionen, Nr. 67.
193 1 Maximen und Reflexionen, Nr. 68.
2 Maximen und Reflexionen, Nr. 149.
3 Maximen und Reflexionen, Nr. 331.
194 1 Maximen und Reflexionen, Nr. 282.
2 Wilhelm Meisters Lehrjahre, Siebentes Buch: HA 7,494 f.
3 Wilhelm Meisters Lehrjahre, Siebentes Buch: HA 7,495.
4 Maximen und Reflexionen, Nr. 166.
5 Maximen und Reflexionen, Nr. 1220.
195 1 Vier Jahreszeiten, Nr. 50: JA 1,241.
2 Maximen und Reflexionen, Nr. 310.
3 Wilhelm Meisters Wanderjahre, Zweites Buch: HA 8,297.
4 Maximen und Reflexionen, Nr. 116.
5 Maximen und Reflexionen, Nr. 236.
196 1 Wilhelm Meisters Wanderjahre, Zweites Buch: HA 8,292.
2 Maximen und Reflexionen, Nr. 895.
3 Wilhelm Meisters Wanderjahre, Zweites Buch: HA 8,307.
4 Maximen und Reflexionen, Nr. 78.
5 Wilhelm Meisters Wanderjahre, Zweites Buch: HA 8,305.
6 Maximen und Reflexionen, Nr. 292.
197 1 Maximen und Reflexionen, Nr. 197.
2 Friedrich Johannes Frommann: Das Frommannsche Haus und seine Freunde. 2., verm. Aufl. Jena: Frommann, 1872. S. 51.
3 West-östlicher Divan, Noten und Abhandlungen: HA 2,197.

198 1 West-östlicher Divan, Buch der Betrachtungen: HA 2,34 f.
2 Sprichwörtlich: GA 1,440.
3 Sprichwörtlich: GA 1,441.
4 Tag- und Jahreshefte, 1802: GA 11,707.
199 1 Am Rhein, Main und Neckar, 1814/15: GA 12,531.
2 Wilhelm Meisters Wanderjahre, Zweites Buch: HA 8,241.
3 Gespräch mit Kanzler Müller, 22. März 1825: Gespr. III 1, S. 756.
4 Brief an K. F. Zelter, 30. Oktober 1828: WA IV 45,39.
5 Maximen und Reflexionen, Nr. 367.
6 Faust I: HA 3,58 (V. 1748 f.).
7 Maximen und Reflexionen, Nr. 281.
200 1 Dichtung und Wahrheit, Zweiter Teil: HA 9,324.
2 Torquato Tasso, Vierter Aufzug: HA 5,135 (V. 2305 f.).
3 Materialien zur Geschichte der Farbenlehre, Newtons Verhältnis zur Sozietät: HA 14,154.
4 Gespräch mit Kanzler Müller, 1. Mai 1826: Gespr. III 2, S. 37.
5 Zahme Xenien: GA 2,381.
6 Zahme Xenien: GA 1,614.
201 1 Zahme Xenien: GA 1,620.
2 Brief an S. Boisserée, 27. Februar 1820: WA IV 32,173.
3 Gespräch mit Kanzler Müller, 29. Januar 1820: Gespr. III 1, S. 149.
4 Brief an S. Boisserée, 27. September 1816: WA IV 27,170 f.
5 Maximen und Reflexionen, Nr. 924.
6 Maximen und Reflexionen, Nr. 286.
202 1 Brief an K. F. Zelter, 31. Dezember 1829: WA IV 46,199.
2 Brief an J. K. Stieler, 26. Januar 1829: WA IV 45,135.
3 Maximen und Reflexionen, Nr. 921.
4 Wilhelm Meisters Wanderjahre, Zweites Buch: HA 8,297.
203 1 Wilhelm Meisters Wanderjahre, Zweites Buch: HA 8,306.
2 Gespräch mit Eckermann, 11. März 1828: Eck., S. 540.
3 Brief an K. F. Zelter, 9. August 1828: WA IV 44,261.
4 Faust I: HA 3,18 (V. 340 f.).
5 Brief an den Grafen von Brühl, 23. Oktober 1828: WA IV 45,32.
204 1 Brief an J. J. von Willemer, 6. Oktober 1816: WA IV 27,194 f.
2 Tagebuch vom 1. Februar 1824: WA III 9,174.
3 Gespräch mit Kanzler Müller, 28. Juni 1830: Gespr. III 2, S. 645.

204 4 Wilhelm Meisters Wanderjahre, Zweites Buch: HA 8,241.
5 Wilhelm Meisters Wanderjahre, Zweites Buch: HA 8,241.
6 Maximen und Reflexionen, Nr. 241.
207 1 Die natürliche Tochter, Dritter Aufzug: HA 5,250 (V. 1198).
2 Wilhelm Meisters Wanderjahre, Zweites Buch: HA 8,283.
3 Wilhelm Meisters Wanderjahre, Zweites Buch: HA 8,286.
4 Maximen und Reflexionen, Nr. 898.
5 Maximen und Reflexionen, Nr. 100.
6 Wilhelm Meisters Wanderjahre, Drittes Buch: HA 8,471.
208 1 Faust I: HA 3,39 (V. 1064 ff.).
2 Faust II, Fünfter Akt: HA 3,344 f. (V. 11433–452).
3 Maximen und Reflexionen, Nr. 897.
209 1 Wilhelm Meisters Wanderjahre, Drittes Buch: HA 8,426.
2 Wilhelm Meisters Wanderjahre, Erstes Buch: HA 8,36.
3 Maximen und Reflexionen, Nr. 1203.
210 1 Wilhelm Meisters Wanderjahre, Drittes Buch: HA 8,313.
2 Wilhelm Meisters Wanderjahre, Zweites Buch: HA 8,263.
3 Gespräch mit Eckermann, 17. März 1830: Eck., S. 591.
4 Wilhelm Meisters Wanderjahre, Zweites Buch: HA 8,309.

VII

Freundschaft und Liebe

213 1 Brief an J. Ch. Kestner, 25. Dezember 1773: WA IV 2,135.
2 Brief an E. W. Behrisch, 2. November 1767: WA IV 1,128.
3 Brief an E. W. Behrisch, 2. November 1767: WA IV 1,127.
4 Erwin und Elmire, Erster Aufzug: GA 6,987 (V. 114 f.).
214 1 Brief an K. Schönkopf, 23. Januar 1770: WA IV 1,224.
2 Brief an K. Fabricius, 27. Juni 1770: WA IV 1,236 f.
215 1 J. Ch. Kestner; Brief an A. F. von Hennings, Herbst 1772. Gespr. I, S. 61.
2 Wilhelm Meisters Lehrjahre, Erstes Buch: HA 7,14.
3 Aus: Willkommen und Abschied. Spätere Fassung: GA 1,50.
4 Aus: An den Mond. Spätere Fassung: GA 1,72.
216 1 Brief an J. G. Herder, Sommer 1771: WA IV 1,264.
2 Brief an J. G. Herder, Mitte Juli 1772: WA IV 2,15.
3 Brief an J. G. Herder, Mitte Juli 1772: WA IV 2,18.
217 1 Brief an J. G. Herder, 5. Dezember 1772: WA IV 2,43.
2 Brief an J. Ch. Kestner, 15. Dezember 1772: WA IV 2,45 f.

217 3 Brief an A. Gräfin zu Stolberg, 18. September 1775: WA IV 2, 293 f.
218 1 Epigrammatisch: GA 1,458.
2 Brief an A. Gräfin zu Stolberg, 18./19. September 1775: WA IV 2,294.
3 Gespräch mit Eckermann, 5. März 1830: Eck., S. 573 f.
219 1 Dichtung und Wahrheit, Dritter Teil: HA 9,578 f.
220 1 Dichtung und Wahrheit, Dritter Teil: HA 9,561 f.
2 Brief an Ch. von Stein, 23. Februar 1776: WA IV 3,33 f.
3 Brief an Ch. von Stein, 27. März 1781: WA IV 5,97.
223 1 Die Wahlverwandtschaften, Erster Teil: HA 6,324.
2 Brief an Ch. von Stein, 29. Oktober 1781: WA IV 5,208.
3 Wilhelm Meisters Lehrjahre, Erstes Buch: HA 7,72.
4 Brief an Ch. von Stein, 20. Januar 1782: WA IV 5,253.
224 1 Die Wahlverwandtschaften, Zweiter Teil: HA 6,398.
2 Brief an Ch. von Stein, 10. April 1782: WA IV 5,305.
3 Die Wahlverwandtschaften, Zweiter Teil: HA 6,427.
4 Brief an Ch. von Stein, 1. März 1784: WA IV 6,249.
5 Brief an Ch. von Stein, 1. September 1786: WA IV 8,10.
225 1 Wilhelm Meisters Lehrjahre, Sechstes Buch: HA 7,372.
2 Brief an Ch. von Stein, 23. Dezember 1786: WA IV 8,101 f.
3 Maximen und Reflexionen, Nr. 845.
4 Zahme Xenien: GA 1, 606.
226 1 Italienische Reise, 17. März 1787: HA 11,210 f.
2 Römische Elegien, V: GA 1,167.
227 1 Wilhelm Meisters Lehrjahre, Viertes Buch: HA 7,235.
2 Wilhelm Meisters Lehrjahre, Erstes Buch: HA 7,15.
3 Torquato Tasso, Zweiter Aufzug: HA 5,107 (V. 1271 f.).
4 Briefe aus der Schweiz: GA 9,495 f.
228 1 Wilhelm Meisters Lehrjahre, Erstes Buch: HA 7,73.
2 Torquato Tasso, Vierter Aufzug: HA 5,138 (V. 2402 ff.).
229 1 Brief an Ch. Vulpius, 22. Juni 1793: WA IV 10,80 f.
2 Dichtung und Wahrheit, Dritter Teil: HA 9,454.
3 Brief an Ch. Vulpius, 10. September 1792: WA IV 10,17 f.
230 1 Dichtung und Wahrheit, Dritter Teil: HA 9,456.
2 Brief an Ch. Vulpius, 19. Juli 1795: WA IV 10,278.
3 Brief an F. von Stein, 21. Dezember 1798: WA IV 13,351.
4 Brief an S. A. Herder, Dezember 1798: WA IV 13,366 f.
233 1 Wilhelm Meisters Lehrjahre, Viertes Buch: HA 7,233.
2 Brief an K. L. von Knebel, 31. Dezember 1798: WA IV 13,365.

233 3 Wilhelm Meisters Wanderjahre, Drittes Buch: HA 8,414.

234 1 Brief an F. H. Jacobi, 3. März 1784: WA IV 6,251.

2 Brief an W. von Humboldt, 26. Mai 1799: WA IV 14,96.

3 Brief an C. Herder, Ende September 1794: WA IV 10,198.

4 Brief an die Herzogin Amalia, 25. September 1792: WA IV 10,23.

5 Torquato Tasso, Vierter Aufzug: HA 5,145 (V. 2670 ff.).

235 1 Brief an C. Herder, 28. Oktober 1795: WA IV 10,318.

2 Brief an C. Herder, 30. Oktober 1795: WA IV 10,318 f.

3 Brief an C. Herder, 30. Oktober 1795: WA IV 10,323.

4 Maximen und Reflexionen, Nr. 396.

236 1 Die Wahlverwandtschaften, Zweiter Teil: HA 6,461.

2 Die Wahlverwandtschaften, Erster Teil: HA 6,329.

3 Das Märchen: HA 6,238.

4 Vier Jahreszeiten, Sommer, Nr. 30–32: JA 1,239.

237 1 Wilhelm Meisters Lehrjahre, Erstes Buch: HA 7,54.

2 Die natürliche Tochter, Vierter Aufzug: HA 5,276 (V. 2136–2144).

3 Wilhelm Meisters Lehrjahre, Sechstes Buch: HA 7,372.

238 1 Bettina von Arnim: Aufzeichnung aus Teplitz vom August 1810: Gespr. II, S. 554 ff.

240 1 Bettina von Arnims Sämtliche Werke. Hrsg. von Waldemar Oehlke. 7 Bde. Berlin: Propyläen-Verlag, 1920–1922. Bd. 4. S. 160.

2 Die Wahlverwandtschaften, Zweiter Teil: HA 6,384 f.

3 Die Wahlverwandtschaften, Zweiter Teil: HA 6,397.

4 Aus dem Tagebuch von K. A. Varnhagen von Ense, 24. August 1854: Gespr. II, S. 687.

241 1 Wilhelm Meisters Lehrjahre, Achtes Buch: HA 7,566.

2 Die Wahlverwandtschaften, Zweiter Teil: HA 6,385.

242 1 Die Wahlverwandtschaften, Zweiter Teil: HA 6,385.

2 Die Wahlverwandtschaften, Zweiter Teil: HA 6,385.

3 Maximen und Reflexionen, Nr. 847.

4 Sprichwörtlich: GA 1,430.

243 1 Torquato Tasso, Zweiter Aufzug: HA 5,94 (V. 767–775).

2 Gespräch mit Kanzler Müller, 21. Dezember 1824: Gespr. III 1, S. 743.

3 Dankbare Gegenwart, 1823: JA 25,274.

244 1 Dichtung und Wahrheit, Zweiter Teil: HA 9,412.

2 Gespräch mit Eckermann, 23. Oktober 1828: Eck., S. 555.

245 1 Maximen und Reflexionen, Nr. 395.

245 2 Maximen und Reflexionen: JA 38,263 f.
3 Brief an S. Boisserée, 22. März 1831: WA IV 48,156.
4 Wilhelm Meisters Wanderjahre, Zweites Buch: HA 8,193.
246 1 Gespräch mit Eckermann, 2. Januar 1824: Eck., S. 428.
2 Gespräch mit Eckermann, 12. Mai 1825: Eck., S. 127.
247 1 Die natürliche Tochter, Erster Aufzug: HA 5,220 (V. 181 f.).
2 West-östlicher Divan, Buch der Sprüche: HA 2,52.
3 An Ulrike von Levetzow, I, II: HA 1,378.
4 Die Wahlverwandtschaften, Erster Teil: HA 6,322.
248 1 Die Wahlverwandtschaften, Zweiter Teil: HA 6,351.
2 Die Wahlverwandtschaften, Zweiter Teil: HA 6,376.
3 Die natürliche Tochter, Vierter Aufzug: HA 5,271 (V. 1968 f.).
4 Die natürliche Tochter, Dritter Aufzug: HA 5,252 (V. 1274–77).
249 1 Aus: Marienbader Elegie: GA 1,475 f.
2 Gespräch mit Eckermann, 5. März 1830: Eck., S. 574.
250 1 Aussöhnung: HA 1,385 f.
2 Novelle: HA 6,512.
251 1 Bemerkungen der Freunde: HA 10,537.
2 Zahme Xenien: GA 1,606.

VIII

Natur, Naturbetrachtung, Naturerforschung

255 1 Aus: Mailied: GA 1,52.
2 Dichtung und Wahrheit, Dritter Teil: HA 10,44.
256 1 Aus: An Luna: GA 1,38.
2 Aus: Die Natur: HA 13,45 ff.
258 1 Erläuterungen zu dem aphoristischen Aufsatz »Die Natur«. Brief an Kanzler Müller, 24. Mai 1828: HA 13,48.
259 1 Rezension zu »Die schönen Künste« von J. G. Sulzer: HA 12,18.
2 Fragment eines Romans in Briefen: GA 4,266.
3 Über den Granit: HA 13,255.
260 1 Brief an K. L. von Knebel, 2. April 1785: WA IV 7,36.
2 Italienische Reise, 9. Oktober 1786: HA 11,93.
3 Italienische Reise, 20. Oktober 1786: HA 11,109 f.
261 1 Italienische Reise, 7. April 1787: HA 11,240.

261 2 Italienische Reise, 17. März 1787: HA 11,210.
262 1 Venetianische Epigramme, Nr. 77: GA 1,237.
2 Faust I: HA 3,103 f. (V. 3217–39).
263 1 Brief an K. L. von Knebel, 9. Juli 1790: WA IV 9,213.
2 Vorschlag zur Güte: LA I 8,62.
264 1 Brief an F. Schiller, 30. Juli 1796: WA IV 11,143.
2 Zur Farbenlehre. Didaktischer Teil, Schlußwort: HA 13,523.
3 Brief an F. Schiller, 26. Oktober 1796: WA IV 11,244.
4 Bedeutende Fördernis durch ein einziges geistreiches Wort: HA 13,40 f.
265 1 Ferneres in bezug auf mein Verhältnis zu Schiller: HA 10,543.
2 Wilhelm Meisters Wanderjahre, Zweites Buch: HA 8,301 f.
266 1 Der Verfasser teilt die Geschichte seiner botanischen Studien mit: HA 13,155.
2 Wolkengestalt nach Howard: LA I 8,74.
3 Materialien zur Geschichte der Farbenlehre; »Lücke«: HA 14,51.
4 Brief an F. H. Jacobi, 29. Dezember 1794: WA IV 10,219 f.
267 1 Maximen und Reflexionen, Nr. 72.
2 Gespräch mit Eckermann, 28. März 1827: Eck., S. 484.
3 Maximen und Reflexionen, Nr. 1262.
4 Brief an K. L. von Knebel, 12. Januar 1798: WA IV 13,18.
268 1 Wilhelm Meisters Wanderjahre, Zweites Buch: HA 8,305.
2 Die Wahlverwandtschaften, Zweiter Teil: HA 6,416 f.
3 Die Wahlverwandtschaften, Zweiter Teil: HA 6,416.
4 Wilhelm Meisters Wanderjahre, Zweites Buch: HA 8,284 f.
269 1 Epirrhema: GA 1,519.
2 Gott, Gemüt und Welt: GA 1,410.
3 Maximen und Reflexionen, Nr. 1251.
270 1 Die Absicht eingeleitet: LA I 9,7.
2 Probleme: HA 13,35.
3 Rezension zu »Das Sehen in subjektiver Hinsicht«, von J. E. Purkinje, 1819: LA I 9,343.
273 1 Aus: Eins und Alles: GA 1,514.
2 Zur Farbenlehre. Didaktischer Teil, »Nachbarliche Verhältnisse«, § 739: HA 13,488.
3 Aus: Vermächtnis: GA 1,514.
274 1 Maximen und Reflexionen: Nr. 1106.
2 Naturphilosophie: HA 13,44.
3 Schicksal der Druckschrift: LA I 9,67.

274 4 Brief an K. L. von Knebel, 25. November 1808: WA IV 20,223.

275 1 Wilhelm Meisters Wanderjahre, Drittes Buch: HA 8,386.

2 Zur Farbenlehre. Didaktischer Teil, »Nachbarliche Verhältnisse«, §§ 753, 754: HA 13,492 f.

276 1 Rezension zu »Das Sehen in subjektiver Hinsicht«, von J. E. Purkinje, 1819: LA I 9,347.

2 Wilhelm Meisters Wanderjahre, Zweites Buch: HA 8,301.

277 1 Wilhelm Meisters Wanderjahre, Zweites Buch: HA 8,309.

2 Wilhelm Meisters Wanderjahre, Zweites Buch: HA 8,304.

3 Wilhelm Meisters Wanderjahre, Drittes Buch: HA 8,473.

278 1 Wilhelm Meisters Wanderjahre, Drittes Buch: HA 8,474.

2 Wilhelm Meisters Wanderjahre, Zweites Buch: HA 8,293.

3 Wilhelm Meisters Wanderjahre, Zweites Buch: HA 8,293.

4 Bedeutende Fördernis durch ein einziges geistreiches Wort: HA 13,37.

279 1 Wilhelm Meisters Wanderjahre, Zweites Buch: HA 8,302.

2 Gespräch mit F. W. Riemer, August 1807: Gespr. II, S. 246.

3 Maximen und Reflexionen, Nr. 203.

4 Maximen und Reflexionen, Nr. 220.

280 1 Zur Geologie. Aphoristisch: JA 40,39.

2 Wilhelm Meisters Wanderjahre, Erstes Buch: HA 8,34.

3 Maximen und Reflexionen, Nr. 1250.

4 Faust I: HA 3,28 (V. 672–675).

5 Maximen und Reflexionen, Nr. 115.

281 1 Epigrammatisch: GA 2,186.

2 Maximen und Reflexionen, Nr. 810.

3 Bedenken und Ergebung: HA 13,31.

4 Maximen und Reflexionen, Nr. 811.

5 Wilhelm Meisters Wanderjahre, Zweites Buch: HA 8,302.

282 1 Gespräch mit Kanzler Müller, 15./16. Mai 1822: Gespr. III 1, S. 367.

2 Wilhelm Meisters Wanderjahre, Erstes Buch: HA 8,119.

283 1 Maximen und Reflexionen, Nr. 433.

2 Gespräch mit Eckermann, 18. Februar 1829: Eck., S. 253.

3 Wilhelm Meisters Wanderjahre, Zweites Buch: HA 8,299.

4 Maximen und Reflexionen, Nr. 1207.

284 1 Wilhelm Meisters Wanderjahre, Zweites Buch: HA 8,302.

2 Freundlicher Zuruf: HA 13,34.

3 Maximen und Reflexionen, Nr. 439.

4 Probleme: HA 13,37.

284 5 Recht und Pflicht: LA I 8,388.
285 1 Wilhelm Meisters Wanderjahre, Drittes Buch: HA 8,472.
2 Wilhelm Meisters Wanderjahre, Drittes Buch: HA 8,442 f.
286 1 Wilhelm Meisters Wanderjahre, Zweites Buch: HA 8,303.
2 Wilhelm Meisters Wanderjahre, Drittes Buch: HA 8,469.
3 Analyse und Synthese: HA 13,51.
4 Aus dem Tagebuch der R. Städel, 2. September 1815: Gespr. II, S. 1073.
287 1 Maximen und Reflexionen, Nr. 1140.
2 Gespräch mit Eckermann, 18. Oktober 1827: Eck., S. 532.
3 Gespräch mit Eckermann, 13. Februar 1829: Eck., S. 251.
288 1 Wolkengestalt nach Howard: LA I 8,79.
289 1 Brief an G. F. von Jäger, 15. November 1828: WA IV 45,54.
290 1 Brief an J. Ch. Loder, 2. Januar 1829: WA IV 45,104.
2 Brief an E. H. Meyer, 30. März 1829: WA IV 45,224.
3 Brief an E. H. Meyer, 23. April 1829: WA IV 45,250.
4 Novelle: HA 6,500.
291 1 GA 2,50.
2 GA 2,51.
292 1 Gespräch mit Eckermann, 2. August 1831: Eck., S. 606 f.
2 Gespräch mit Eckermann, 15. Juli 1831: Eck., S. 605.
3 Aus: Schwebender Genius über der Erdkugel: GA 2,144 f.

IX

Von den Pflichten

295 1 Iphigenie auf Tauris, Erster Aufzug: HA 5,10 (V. 115).
2 Dichtung und Wahrheit, Dritter Teil: HA 10,44.
3 Dichtung und Wahrheit, Dritter Teil: HA 9,450.
4 Tagebuch vom Mai 1776: WA III 1,12.
5 Tagebuch vom 22. Mai 1776: WA III 1,13.
296 1 Tagebuch vom Juni 1776: WA III 1,15.
2 Tagebuch vom 25. Juli 1777: WA III 1,43.
3 Tagebuch vom 18. September 1778: WA III 1,70.
4 Tagebuch vom Januar 1779: WA III 1,77 f.
299 1 Tagebuch vom 14. Februar 1779: WA III 1,80.
2 Sprichwörtlich: GA 1,418.
3 Stella, Fünfter Akt: HA 4,351.
4 Brief an Ch. von Stein, 10. Dezember 1780: WA IV 5,15.

299 5 Die Mitschuldigen, Erster Aufzug: HA 4,32.
300 1 Maximen und Reflexionen, Nr. 829.
2 Brief an Ch. von Stein, 7. Mai 1781: WA IV 5,120f.
3 Brief an F. H. Jacobi, 3. März 1784: WA IV 6,251.
4 Iphigenie auf Tauris, Vierter Aufzug: HA 5,52 (V. 1661–64).
5 Italienische Reise, 12. Oktober 1786: HA 11,97f.
301 1 Brief an F. H. Jacobi, 7. Juli 1793: WA IV 10,88.
2 Brief an Ch. Vulpius, 19. Juli 1795: WA IV 10,278.
3 Brief an J. H. Meyer, 22. Mai 1796: WA IV 11,68f.
4 Brief an Ch. Vulpius, 7. März 1796: WA IV 11,44.
302 1 Aus: Der Schatzgräber: GA 1,125.
2 Wilhelm Meisters Lehrjahre, Siebentes Buch: HA 7,468.
3 Brief an Ch. Vulpius, 5. August 1798: WA IV 13,241.
4 Das Märchen: HA 6,231.
5 Brief an F. von Stein, 21. Dezember 1798: WA IV 13,351.
303 1 Selbstschilderung: HA 10,529.
2 Wilhelm Meisters Wanderjahre, Erstes Buch: HA 8,137.
3 Wilhelm Meisters Lehrjahre, Erstes Buch: HA 7,41.
304 1 Wilhelm Meisters Lehrjahre, Erstes Buch: HA 7,38.
2 Wilhelm Meisters Lehrjahre, Erstes Buch: HA 7,37.
3 Wilhelm Meisters Lehrjahre, Fünftes Buch: HA 7,287.
305 1 Wilhelm Meisters Lehrjahre, Erstes Buch: HA 7,11.
2 Maximen und Reflexionen, Nr. 180.
3 Die Wahlverwandtschaften, Erster Teil: HA 6,289.
306 1 Die Wahlverwandtschaften, Erster Teil: HA 6,266.
2 Tagebuch vom 6. Mai 1814: WA III 5,105.
3 Tagebuch vom 9. Januar 1824: WA III 9,164f.
4 Tagebuch vom 20. Januar 1824: WA III 9,169.
5 Wilhelm Meisters Wanderjahre, Erstes Buch: HA 8,84.
309 1 Tagebuch vom 24. Januar 1824: WA III 9,170.
2 Tagebuch vom 28. Januar 1824: WA III 9,172.
3 Gespräch mit Eckermann, 21. März 1830: Eck., S. 322.
4 Tagebuch vom 10. März 1824: WA III 9,190.
5 Wilhelm Meisters Wanderjahre, Zweites Buch: HA 8,295.
310 1 Gespräch mit Eckermann, 3. Februar 1830: Eck., S. 567.
2 Gespräch mit Kanzler Müller, 23. August 1827: Gespr. III 2, S. 163.
3 Gespräch mit Eckermann, 20. Oktober 1830: Eck., S. 598.
4 Gespräch mit Eckermann, 14. Februar 1830: Eck., S. 570.
311 1 Brief an K. F. Zelter, 21. November 1830: WA IV 48,21.
2 Gespräch mit Eckermann, 20. Oktober 1830: Eck., S. 599.

X

Abschiede, Alter, Tod

315 1 Zum Schäkspears-Tag, 1771: HA 12,224.
2 West-östlicher Divan, Buch der Betrachtungen: HA 2,38.
3 West-östlicher Divan, Buch der Betrachtungen: HA 2,38.
4 Tagebuch vom Juni 1777: WA III 1,40.
316 1 Brief an K. E. Goethe, 28. Juni 1777: WA IV 3,161.
2 Vier Jahreszeiten; Sommer: JA 1,239.
3 Italienische Reise, 22. März 1788: HA 11,531.
4 Die natürliche Tochter, Dritter Aufzug: HA 5,257 (V, 1448).
5 Brief an F. Schiller, 21. November 1795: WA IV 10,335 f.
317 1 Maximen und Reflexionen, Nr. 996.
2 Iphigenie auf Tauris, Zweiter Aufzug: HA 5,23 (V. 604 f.).
3 Wilhelm Meisters Lehrjahre, Zweites Buch: HA 7,77.
4 Aus: Auf Miedings Tod: GA 2,90.
318 1 Wilhelm Meisters Lehrjahre, Achtes Buch: HA 7,575.
2 Hermann und Dorothea, Neunter Gesang: HA 2,504 (V. 46–54).
3 Aus: An Werther: HA 1,381.
319 1 Aus dem Tagebuch des Kanzlers Müller, 12. September 1801. In: Kanzler von Müller. Unterhaltungen mit Goethe. Kritische Ausgabe bes. von Ernst Grumach. Weimar: Böhlau, 1956. S. 4.
2 Pandora: JA 15,169 (V. 761 f.).
3 Antiker Form sich nähernd; Schweizeralpe: GA 1,356.
320 1 Die natürliche Tochter, Dritter Aufzug: HA 5,260 (V. 1559 f.).
2 Tag- und Jahreshefte, 1805: HA 10,471.
3 Brief an K. F. Zelter, 4. Mai 1807: WA IV 19,321.
321 1 Maximen und Reflexionen, Nr. 258.
2 Prometheus, Zweiter Akt: HA 4,187 (V. 391–406).
322 1 Maximen und Reflexionen, Nr. 997.
2 Gespräch mit J. D. Falk, 25. Januar 1813: Gespr. II, S. 772 f.
3 Gespräch mit J. D. Falk, 25. Januar 1813: Gespr. II, S. 768.
323 1 Tagebuch vom 6. Juni 1816: WA III 5,239.
2 Die Wahlverwandtschaften, Zweiter Teil: HA 6,370.
3 Die Wahlverwandtschaften, Zweiter Teil: HA 6,369.
324 1 Brief an F. C. S. Prinzessin von Solms-Braunfels, 3. Januar 1812: WA IV 22,233.

324 2 Brief an K. F. Zelter, 23. Februar 1831: WA IV 48,129.
3 Epigrammatisch: GA 1,460.
4 Gespräch mit Eckermann, 16. August 1824: Eck., S. 96.
325 1 Maximen und Reflexionen, Nr. 931.
2 Maximen und Reflexionen, Nr. 370.
3 Brief an K. F. Graf von Reinhard, 9. Juni 1809: WA IV 20,357.
4 Maximen und Reflexionen, Nr. 371.
5 Brief an K. F. Zelter, 26. Januar 1829: WA IV 45,138.
6 Gespräch mit Kanzler Müller, 5. April 1830: Gespr. III 2, S. 603.
326 1 Brief an A. F. J. Thibaut, 22. Januar 1809: WA IV 20,286 f.
2 Brief an F. W. von Schelling, 16. Januar 1815: WA IV 25,159.
3 Brief an J. F. Rochlitz, 29. März 1801: WA IV 15,208.
4 Maximen und Reflexionen, Nr. 686.
5 Gespräch mit F. W. Riemer, 4. April 1814: Gespr. II, S. 892.
329 1 Brief an J. Ch. Kestner, 16. Juli 1798: WA IV 13,212.
2 Brief an F. von Stein, 21. Dezember 1798: WA IV 13,352.
3 Faust II, Zweiter Akt: HA 3,208 (V. 6785–89).
4 Epigrammatisch: GA 1,460.
330 1 Maximen und Reflexionen, Nr. 990.
2 Brief an K. F. Zelter, 20. August 1831: WA IV 49,47 f.
3 Maximen und Reflexionen, Nr. 995.
4 Maximen und Reflexionen, Nr. 994.
5 Maximen und Reflexionen, Nr. 259.
331 1 Wilhelm Meisters Wanderjahre, Zweites Buch: HA 8,295.
2 Wilhelm Meisters Wanderjahre, Drittes Buch: HA 8,469.
3 Wilhelm Meisters Wanderjahre, Zweites Buch: HA 8,299.
4 Wilhelm Meisters Wanderjahre, Drittes Buch: HA 8,469.
5 Maximen und Reflexionen, Nr. 400, 401.
332 1 Maximen und Reflexionen, Nr. 987.
2 Maximen und Reflexionen, Nr. 989.
3 West-östlicher Divan, Noten und Abhandlungen: HA 2,126.
333 1 Wilhelm Meisters Wanderjahre; aus dem Widmungsgedicht zur 1. Fassung. Zit. nach: Wilhelm Meisters Wanderjahre oder Die Entsagenden. Stuttgart: Reclam, 1985. S. 7.
2 West-östlicher Divan, Noten und Abhandlungen: HA 2,165.
3 Brief an K. F. Zelter, 11. Mai 1820: WA IV 33,27.
334 1 Gespräch mit Eckermann, 2. Mai 1824: Eck., S. 91.
2 Wilhelm Meisters Wanderjahre, Drittes Buch: HA 8,460.

334 3 Brief an K. F. Zelter, 19. März 1818: WA IV 29,89.
335 1 Brief an die Gräfin A. L. Bernstorff, 17. April 1823: WA IV 37,19.
2 Brief an K. F. Zelter, 19. März 1827: WA IV 42,94 f.
336 1 Gespräch mit Eckermann, 11. März 1828: Eck., S. 538.
337 1 Briefliche Mitteilung aus dem Nachlaß von Frau Solger: Gespr. III 2, S. 281.
338 1 Aus einem Brief von Kanzler Müller an C. von Egloffstein, 24. Juni 1828: Gespr. III 2, S. 280.
2 Brief an S. Boisserée, 6. Juli 1828: WA IV 44,170.
3 Gespräch mit Eckermann, 15. Februar 1830: Eck., S. 573.
339 1 Wilhelm Meisters Lehrjahre, Achtes Buch: HA 7,563.
2 Zahme Xenien: GA 1,604.
3 Die Wahlverwandtschaften, Zweiter Teil: HA 6,448.
4 Brief an C. G. Carus, 23. März 1818: WA IV 29,99.
5 Brief an K. F. Zelter, 18. Januar 1823: WA IV 36,279.
340 1 Gespräch mit Eckermann, 13. Februar 1829: Eck., S. 250.
2 Brief an K. F. Zelter, 14. Dezember 1830: WA IV 48,41 f.
341 1 Brief an K. F. Zelter, 30. Oktober 1824: WA IV 38,278.
2 Materialien zur Geschichte der Farbenlehre; Einleitung: HA 14,9.
3 Gespräch mit Eckermann, 12. April 1829: Eck., S. 289.
342 1 Brief an N. von Esenbeck, 27. September 1829: WA IV 41,173.
2 Gespräch mit Eckermann, 17. März 1830: Eck., S. 586 f.
343 1 Maximen und Reflexionen, Nr. 988.
2 Aus F. Sorets Erinnerungen, 25. Januar 1830: Soret, S. 356.
3 Aus: K. Gutzkow, »Am Lethestrom«, 1876. Weimar, 1823: Gespr. III 1, S. 609.
344 1 West-östlicher Divan, Buch der Betrachtungen: HA 2,39.
345 1 Aus dem Tagebuch des E. Genast; Eintragung vom 24. April 1830: Gespr. III 2, S. 608.
2 Sprichwörtlich: GA 1,426.
3 J. H. Ch. Mahr, Goethes letzter Aufenthalt in Ilmenau; 1855: Gespr. III 2, S. 809 ff.
349 1 Brief an K. F. Zelter, 4. September 1831: WA IV 49,55.
350 1 Maximen und Reflexionen, Nr. 806.
351 1 Die Wahlverwandtschaften, Zweiter Teil: HA 6,398.
2 Brief an C. J. M. Seebeck, 3. Januar 1832: WA IV 49,191.
3 Ridels und der früher heimgegangenen Brüder Kästner, Krumbholz, Slevoigt und Jagemann Totenfeier: JA 25,262.

XI

Vorgänger, Zeitgenossen, Nachwelt

355 1 Wilhelm Meisters Wanderjahre, Zweites Buch: HA 8,283.
2 Der Kammerberg bei Eger: LA I 8,49.
3 Maximen und Reflexionen, Nr. 254.
4 West-östlicher Divan, Buch des Unmuts: HA 2,49.
5 Schicksal der Druckschrift: HA 13,112.
356 1 Zahme Xenien: GA 2,377.
2 Gespräch mit Eckermann, 12. Mai 1825: Eck., S. 126.
3 Epigrammatisch: GA 1,455.
4 Faust II, Zweiter Akt: HA 3,209 (V. 6807–10).
357 1 Maximen und Reflexionen, Nr. 1146.
2 Maximen und Reflexionen, Nr. 1267.
3 Wilhelm Meisters Wanderjahre, Drittes Buch: HA 8,486.
4 Meteore des literarischen Himmels; Plagiat: GA 16,915.
358 1 Wilhelm Meisters Wanderjahre, Drittes Buch: HA 8,465.
2 Wilhelm Meisters Wanderjahre, Zweites Buch: HA 8,176.
3 Wilhelm Meisters Wanderjahre, Drittes Buch: HA 8,466.
4 Propyläen; Einleitung: HA 12,38.
5 Wilhelm Meisters Wanderjahre, Drittes Buch: HA 8,467.
359 1 Brief an J. S. Zauper, 2. Februar 1823: WA IV 36,296.
2 Wilhelm Meisters Wanderjahre, Drittes Buch: HA 8,483.
3 Kurzgefaßte Miszellen aus den »Propyläen«, 1800: GA 13,333.
4 Italienische Reise, 25. Januar 1787: HA 11,165.
5 Wilhelm Meisters Wanderjahre, Erstes Buch: HA 8,123.
360 1 Die Wahlverwandtschaften, Zweiter Teil: HA 6,417.
2 Italienische Reise, 26. Oktober 1786: HA 11,118.
3 Materialien zur Geschichte der Farbenlehre; »Lücke«: HA 14,50.
361 1 Wilhelm Meisters Wanderjahre, Zweites Buch: HA 8,305.
2 Maximen und Reflexionen, Nr. 346.
3 GA 1,459.
4 Gespräch mit Kanzler Müller, 4. November 1823: Gespr. III 1, S. 611.
362 1 Epigrammatisch: GA 1,456.
2 Brief an Ch. von Stein, 19. November 1807: WA IV 19,461.
3 Brief an K. F. Zelter, 30. Oktober 1828: WA IV 45,38.
4 Propyläen; Einleitung: HA 12,50.

363 1 West-östlicher Divan, Noten und Abhandlungen: HA 2,242.
2 Maximen und Reflexionen, Nr. 986.
3 West-östlicher Divan, Buch der Sprüche: HA 2,55.
4 Brief an G. F. Schönborn, 1. Juni/4. Juli 1774: WA IV 2,172.
5 Brief an F. Schiller, 25. November 1797: WA IV 12,361.

364 1 Maximen und Reflexionen, Nr. 176.
2 Faust I: HA 3,135 (V. 4343 f.).
3 Maximen und Reflexionen, Nr. 1174.
4 Maximen und Reflexionen, Nr. 259.
5 Maximen und Reflexionen, Nr. 89.
6 Wilhelm Meisters Wanderjahre, Zweites Buch: HA 8,299.

365 1 Maximen und Reflexionen, Nr. 1173.
2 Wilhelm Meisters Wanderjahre, Drittes Buch: HA 8,473.
3 Maximen und Reflexionen, Nr. 119.
4 Maximen und Reflexionen, Nr. 158.

366 1 Maximen und Reflexionen, Nr. 159.
2 Maximen und Reflexionen, Nr. 1023.
3 Maximen und Reflexionen, Nr. 1183.
4 Zahme Xenien: GA 1,665.
5 Maximen und Reflexionen, Nr. 148.

367 1 Tagebuch vom 3. Januar 1832: WA III 13,200.
2 Brief an K. L. von Knebel, 5. November 1806: WA IV 19,228.
3 Brief an S. Boisserée, 27. September 1816: WA IV 27,170.
4 Gespräch mit Eckermann, 1. Februar 1827: Eck., S. 187.
5 Gespräch mit Kanzler Müller, 11. Januar 1830: Gespr. III 2, S. 543.

368 1 Gespräch mit Eckermann, 12. März 1828: Eck., S. 545.
2 Gespräch mit Eckermann, 22. März 1831: Eck., S. 387.
3 Maximen und Reflexionen, Nr. 1015.
4 Brief an den Grafen K. F. von Reinhard, 18. Juni 1829: WA IV 45,293.

369 1 Brief an K. F. Zelter, 4. März 1829: WA IV 45,187.
2 Maximen und Reflexionen, Nr. 313.
3 Die Wahlverwandtschaften, Zweiter Teil: HA 6,398.
4 Gespräch mit Eckermann, 14. März 1830: Eck., S. 582.

370 1 Brief an K. F. Zelter, 2. Januar 1829: WA IV 45,102.

371 1 Vorschlag zur Güte: HA 12,324.
2 Brief an J. S. Zauper, 2. Februar 1823: WA IV 36,297.

372 1 Brief an K. F. Zelter, 15. Januar 1826: WA IV 40,249.
2 Brief an K. F. Zelter, 30. Oktober 1828: WA IV 45,37.

372 3 Brief an K. F. Zelter, 4. März 1829: WA IV 45,186 f.
373 1 Brief an den Grafen K. F. von Reinhard, 12. Mai 1826: WA IV 41,30.
2 Gespräch mit Eckermann, 15. Mai 1831: Eck., S. 396.
3 Architektonisch-Naturhistorisches Problem: LA I 8,338.
374 1 Vorschlag zur Güte: LA I 8,62 f.
2 Der Versuch als Vermittler von Objekt und Subjekt: HA 13,13.
375 1 Brief an K. W. Freiherr von Fritsch, 7. Januar 1826: WA IV 40,231 f.
2 Brief an K. F. Zelter, 11. April 1825: WA IV 39,182.
3 West-östlicher Divan, Noten und Abhandlungen: HA 2,253.
4 Brief an K. W. Freiherr von Fritsch, 7. Januar 1826: WA IV 40,230.
376 1 Sprichwörtlich: GA 1,438.
2 Bedeutende Fördernis durch ein einziges geistreiches Wort: HA 13,41.
3 Maximen und Reflexionen, Nr. 327.
4 Dichtung und Wahrheit, Erster Teil: HA 9,81.
5 Brief an K. F. Zelter, 6. Juni 1825: WA IV 39,216.
379 1 Wilhelm Meisters Wanderjahre, Erstes Buch: HA 8,102.
2 Gespräch mit Eckermann, 21. März 1831: Eck., S. 385.
3 Gespräch mit Eckermann, 12. Mai 1825: Eck., S. 127.
4 Maximen und Reflexionen, Nr. 896.
5 Die Wahlverwandtschaften, Zweiter Teil: HA 6,384.
380 1 In: Aus meinem Leben. Dichtung und Wahrheit. Hist.-krit. Ausg., bearb. von Siegfried Scheibe. Band 2. Berlin [Ost]: Akademie-Verlag, 1974. S. 509. – Paralipomenon 31.
2 Brief an K. F. Zelter, 4. März 1829: WA IV 45,189.
3 Wilhelm Meisters Wanderjahre, Zweites Buch: HA 8,176 f.
4 Brief an K. F. Zelter, 28. April 1829: WA IV 45,257.
5 Glückliches Ereignis: LA I 9,83.
381 1 Zahme Xenien: GA 1,607.
2 Gespräch mit Eckermann, 27. Januar 1830: Eck., S. 565.
3 Aus den Erinnerungen von F. Soret, 4. November 1822: Soret, S. 22.
4 Gespräch mit Eckermann, 21. Februar 1827: Eck., S. 476.
382 1 Gespräch mit Eckermann, 23. Oktober 1828: Eck., S. 553 f.
383 1 Materialien zur Geschichte der Farbenlehre; Einleitung: HA 14,7.

383 2 Materialien zur Geschichte der Farbenlehre; »Lücke«: HA 14,49.

3 Luke Howard to Goethe. A biographical scetch: LA I 9,264.

384 1 Brief an K. F. Zelter, 1. November 1829: WA IV 46,129.

2 Dichtung und Wahrheit, Erster Teil: HA 9,9.

3 Materialien zur Geschichte der Farbenlehre; »Lücke«: HA 14,49.

4 Ridels und der früher heimgegangenen Brüder Kästner, Krumbholz, Slevoigt und Jagemann Totenfeier: JA 25,273.

385 1 Vorbetrachtung: LA I 8,285.

2 Gott und die Welt: GA 1,507.

3 Brief an K. F. Zelter, 9. Januar 1824: WA IV 38,12.

Johann Wolfgang Goethe

IN RECLAMS UNIVERSAL-BIBLIOTHEK

Texte

Campagne in Frankreich. Belagerung von Mainz. Mit Anmerkungen von I.-M. Barth. 5808 [3]
Clavigo. Trauerspiel. Nachwort von H. Bachmaier. 96
Egmont. Trauerspiel. Mit einem Nachw. 75
Faust. Der Tragödie erster Teil. 1
Faust. Der Tragödie zweiter Teil. 2 [2]
Gedichte. Mit einer Einl. hrsg. von S. Zweig. 6782 [3]
Die Geschwister. Schauspiel. **Die Laune des Verliebten.** Schäferspiel. Mit einem Nachw. 108
Götz von Berlichingen. Schauspiel. 71
Der Groß-Cophta. Lustspiel. Hrsg. von A. Binder. 8539 [2]
Hermann und Dorothea. Epos. 55
Iphigenie auf Tauris. Schauspiel. 83
Die Leiden des jungen Werther. Nachw. von E. Beutler. 67 [2] – auch als Reclam Leseklassiker
Die Mitschuldigen. Lustspiel. Nachw. von H. Bachmaier. 100
Die natürliche Tochter. Trauerspiel. Nachw. von T. Stammen. 114
Novelle. Das Märchen. Nachw. von E. von Reusner. 7621
Reineke Fuchs. Epos. Nachw. von H.-W. Jäger. 61 [2]
Satiren, Farcen und Hanswurstiaden. Hrsg. von M. Stern. 8565 [3]
Schriften zur Naturwissenschaft. Auswahl. Hrsg. von M. Böhler. 9866 [4]
Singspiele. Hrsg. von H.-A. Koch. 9725 [4]
Stella. Trauerspiel. Im Anhang: Schluß der ersten Fassung. Nachw. von H. Bachmaier. 104
Torquato Tasso. Schauspiel. 88
Urfaust. Nachw. von R. Petsch. 5273
Von deutscher Art und Kunst. Einige fliegende Blätter. Von J. G. Herder, J. W. Goethe und J. Möser. Hrsg. von H. D. Irmscher. 7497 [2]
Die Wahlverwandtschaften. Roman. Nachw. von E. Beutler. 7835 [3] – auch als Reclam Leseklassiker

Wilhelm Meisters Lehrjahre. Roman. Hrsg. von E. Bahr. 7826 [6] – auch als Reclam Leseklassiker

Wilhelm Meisters Wanderjahre. Roman. Hrsg. von E. Bahr. 7827 [6]

Goethe-Brevier. Hrsg. von J. John. Gebunden. Reclam Lesebuch

Kommentare, Erläuterungen und Dokumente

Goethes Dramen. Neue Interpretationen. 16 Beiträge. Hrsg. von W. Hinderer. 367 Seiten. Pbck.

Goethes Erzählwerk. Interpretationen. 15 Beiträge. Hrsg. von P. M. Lützeler und J. E. McLeod. 8081 [5]

Gaier, Ulrich: **Goethes Faust-Dichtungen.** Ein Kommentar. **Band 1:** Urfaust. Gebunden

Kommentar zu Goethes Faust. Mit einem Faust-Wörterbuch und einer Faust-Bibliographie, von Th. Friedrich und L. J. Scheithauer. 7177 [5]

Erläuterungen und Dokumente zu **Egmont**. Hrsg. von H. Wagener. 8126 [2]

Erläuterungen und Dokumente zu **Götz von Berlichingen**. Hrsg. von V. Neuhaus. 8122 [2]

Erläuterungen und Dokumente zu **Hermann und Dorothea**. Hrsg. von J. Schmidt. 8107 [2]

Erläuterungen und Dokumente zu **Iphigenie auf Tauris.** Hrsg. von J. Angst und F. Hackert. 8101

Erläuterungen und Dokumente zu **Die Leiden des jungen Werther**. Hrsg. von K. Rothmann. 8113 [2]

Erläuterungen und Dokumente zu **Novelle**. Hrsg. von Chr. Wagenknecht. 8159 [2]

Erläuterungen und Dokumente zu **Torquato Tasso**. Hrsg. von Chr. Grawe. 8154 [2]

Erläuterungen und Dokumente zu **Die Wahlverwandtschaften**. Hrsg. von U. Ritzenhoff. 8156 [3]

Erläuterungen und Dokumente zu **Wilhelm Meisters Lehrjahre**. Hrsg. von E. Bahr. 8160 [4]

Philipp Reclam jun. Stuttgart

